区域综合改革：中国教育改革的转型与突破

刘贵华 王小飞 等／著

教育科学出版社
·北京·

前　言

　　20世纪六七十年代，英国著名教育家阿什比（E. Ashby）曾总结说，人类教育史上曾发生过四次教育革命：第一次革命是将教育的责任由家庭转移到专门的机构，第二次革命是采用书写文字作为教育工具，第三次革命是印制术的发明使教科书成为教学基本依据，第四次革命是光、电、磁等技术广泛应用于教育领域，尤其是电子计算机。当今时代，以大数据、智能制造和无线网络革命为代表的信息技术，对教育的时间、空间、内容、形式和人际交往方式产生了巨大影响，这种变革使我们不得不虔诚地信服，这就是教育的第五次革命。

　　俗话说："不谋万世者，不足谋一时；不谋全局者，不足谋一域。"面对世情、国情和教情的变化，中国共产党以超凡的智慧，在党的十八届三中全会上通过了《中共中央关于全面深化改革若干重大问题的决定》（以下简称《决定》），对全面深化改革的重要领域和关键环节做出重大部署，特别是围绕党的十八大报告提出的"深化教育领域综合改革"总体要求，明确了教育改革的攻坚方向和重点举措，对促进教育事业科学发展、努力办好人民满意的教育，具有极为重要的指导意义。

区域性推进教育改革，是引领教育未来发展的最重要、最有效的形式。中国共有23个省、5个自治区、4个直辖市、2个特别行政区，称"市"的区域有670多个。2013年年末全国大陆地区总人口为136072万人，其中城镇常住人口为73111万人，占总人口的53.73%。今天中国13.6亿人口由56个民族组成，使用130种语言，是世界上人口最多的多民族国家。中国的国情是人多、地广、发展不平衡，区域间差别大，区域内差别更大。区域推进教育改革，最现实的价值在于创新符合国情、符合地方特点，具有现实针对性和可操作性的教育改革模式。区域突破是推进教育整体均衡发展最重要、最有效形式，通过在全国不同区域分别设立教育综合改革实验区，以小区域带动大区域，进而带动全国教育的整体发展，正逐步成为引领国内区域教育改革发展的新亮点。《国家中长期教育改革和发展规划纲要（2010—2020年)》指出："组织开展改革试点。成立国家教育体制改革领导小组，研究部署、指导实施教育体制改革工作。根据统筹规划、分步实施、试点先行、动态调整的原则，选择部分地区和学校开展重大改革试点。"这是实施区域推进教育改革的主要保障和指导原则。

区域教育发展问题既是各级政府决策的核心问题，也是学术界和社会所关注的重大理论和实践问题。自20世纪80年代以来，我国区域教育立足于区域经济、社会发展，在培养人才、优化教育资源、促进教育公平等方面做出了重要贡献。著名经济学家李稻葵说，新一轮改革方式的创新体现为让实践走在争议之前，以实际效果来判断是非，既注重顶层设计，又强调"摸着石头过河"。2008年5月，时任中央教育科学研究所所长袁振国提出在全国东、中、西部地区，选择有条件和代表性的地区组建教育综合改革实验区，我有幸成为首个实验区专家组组长，常年蹲点在杭州下城教育综合改革实验区，亲身体验了丰富多彩且充满无限魅力的教育生态园。2009年我以"区域教育发展模式研究"为题，成功申报全国教育科学规划课题。这几年来，我和我的团队坚持边实践边总结提炼，再用研究所得指导实践，服务地方教育决策，赢得了地方政府、校长、教师和学界的好评。他们的鼓励，更加坚定了我们全面深入探索区域教育发展问题的决心和信心。

当今改革正在"全面"与"深化"的过程中激发出新的能量。要全面阐述区域教育发展命题，就必须回答一系列理论和实践问题。

第一，什么是区域教育综合改革。这一问题具体包括：如何构建区域教育概念体系；区域教育改革的"前世今生"到底怎样；推进区域教育综合改革有没有"法理"依据或适切的"理论"，区域科学、生态学理论对研究区域教育是否适切；区域教育改革的意义与价值何在；等等。

第二，为什么要进行区域教育综合改革。生态学有个重要的概念叫生态承载力。1921年，帕克（Park）和伯吉斯（Burgess）在人类生态学领域首次应用了这一概念。生态承载力即在某一特定环境条件下，某种个体存在数量的最高极限。生态承载力包括两层基本含义：第一层含义是生态系统的自我维持与自我调节能力，以及资源与环境子系统的供容能力，这是生态承载力的支持部分；第二层含义是生态系统内社会经济子系统的发展能力，这是生态承载力的压力部分。这两部分力量的博弈决定了生态系统的稳定性和发展性。区域教育系统是典型的社会生态子系统，其稳定发展取决于区域教育生态承载力。因此，我们要回答的问题是：区域教育综合改革的主要动因是否就是区域教育生态承载力的失衡；如何测量区域教育的生态承载力；上述理论和方法可否经得起实践检验。

第三，哪些因素影响区域教育综合改革。区域教育的发展受多种因素的影响，在一定的历史环境中，这些因素对区域教育的影响力不尽相同，影响力大的因素可称为敏感因子，影响力小的因素可称为钝感因子。只有找准了敏感因子和钝感因子，才能有的放矢，增强改革的针对性和有效性。因此，我们必须认真研究如何科学判定区域教育综合改革的敏感因子和钝感因子，以及如何科学选择测量工具和模型等问题。

　　第四，如何科学有效地推进区域教育综合改革。这一问题涉及推进改革的若干实践路径研究，具体包括：如何制定区域教育综合改革发展规划；区域教育综合改革的关键领域和重要环节在哪里；推进区域教育治理现代化的原则和策略是什么；如何在区域内打造好特色学校群；区域教育综合改革有效实现的保障条件；等等。

　　总之，本书力求做到"四结合"：理论探讨与实践指导相结合；创新知识与服务决策相结合；阐述原理与解决问题相结合；定性研究与定量研究相结合。

　　区域教育是当下中国教育改革的核心问题之一，对区域教育综合改革问题展开探讨是解决这一问题的关键。解读中国特色的区域教育改革的本土性知识，必将丰富当代中国教育理论，对世界教育发展亦可做出中国化的理论贡献。

目　录

Contents

第一章

区域教育综合改革的源起与理论

中央政府下决心推动教育领域的综合改革，这是政策上的风向标，更是地方贯彻落实中央决定、推进区域教育改革发展的东风。综合改革是系统性改革，但一定不是"一刀切"式的改革；区域层面需要贯彻落实和推进综合改革，但绝非照章复制或干脆置之不理而另起炉灶。究竟什么是区域层面的教育综合改革？区域教育改革的"前世今生"到底怎样？推进区域教育综合改革有没有法理依据或可资借鉴的成套理论？改革的意义与价值何在？现代学科的高度分化与融合，让教育实践中的人们越来越意识到，教育问题很难用一元的、单向度的原则来解释。随着改革的不断深化，人们更愿意以跨学科的观点寻找问题的根源。教育生态学、区域研究的兴起，为我们探寻区域教育改革提供了新视角。

一、区域、区域教育与区域教育综合改革

区域教育受区域经济和其他区域条件制约，在发展的模式和速度上各不相同，这也是我国教育发展的一个非常显著的特点。区域教育的概念产生于20世纪80年代，我国区域经济发展促进了地方政府发展区域教育的积极性。

我国区域经济发展有较大差距，区域教育发展与区域经济发展之间虽然并不构成线性关系，但二者有较大相关性。

（一）区域：一个相对的空间范围

区域是地理学中用以研究地域差异性的一个基本概念，后被经济学、社会学、生物学等学科广泛运用。区域指的是占有一定的地域空间，具有特定的政治因素、自然条件、经济状况以及社会环境的地域范围，是由环境、资源、人口、经济组织、社会组织、基础设施、文化或教育背景等有机联系而构成的一个复合体。

但这界界定并不理想，而且对于区域的内涵，地理学也没有给出一个确切的解释，其他学科更没有提出人们公认的解释。哈特向认为："区域概念主要作为同一的地区——那就是特征的相似性。"（哈特向，1981）《简明不列颠百科全书》指出，区域"是通过选择与特定问题相关的特征，并排除不相关的特征而划定的……区域的界限却是由地球表面的各个部分的同质性和内聚性决定的，区域也可以由单个和多个特征来划定"（《简明不列颠百科全书》编辑部，1986）。房淑云、窦文章从系统论的观点出发对区域做了界定，认为区域是具有一定的内部结构和一定的社会功能，并有一定的历史发展的动态系统的空间地域范围（房淑云，窦文章，1997）。崔功豪等在研究了地理学中的诸多解释后指出：区域是一个空间概念，是地球表面上占有一定空间的、以不同物质客体为对象的地域结构形式。其基本属性如下：①是地球表面的一部分，并占有一定的空间（三维）；②具有一定的范围和界限；③具有一定的体系结构形式；④是客观存在的，是人们按照不同的要求、对象加以划分的，是主观对客观的反映（崔功豪，1999）。显然，尽管地理学没有对区域做出被人们普遍接受的解释，但是，以上学者的解释还是从不同的角度揭示了区域的基本特征，为我们进一步深化理解区域的内涵奠定了基础。

综上所述，区域具有以下基本特征：一是区域是一个地理空间概念，具有一定的范围或界限，是自然形成的，或者是人为规划发展起来的，抑或是根据一定的标准划分出来的地理单元。二是区域具有一定的均质性，也即区域具有某种相似性、共性或一致性。三是区域具有历史性，是一个历史范畴。任何区域的形成，都是特定的历史条件作用的结果，是社会生产与地域分工发展变化的产物。四是区域具有系统性。区域一般都具有一个以上的中心地（县区为主），由中心地连接腹地，构成一个功能体系。区域有自己的内部状态和结构特性。五是区域具有客观性。特定区域的形成，总是受一定的客观条件的制约，是在一定的客观条件下形成的，特别是地理因素，它对特定区域的形成起着重要作用。区域形成以后，其本身也就是一种客观存在。

此外，区域是一个相对的概念。在一个国家，大至一个省、州级行政区域或其他层级行政区的社会空间，小到一个村庄、一条街道，都可以叫区域。对区域的研究是多侧面、多角度的，有经济的、政治的、教育的、文化的、资源的、风俗习惯的、日常生活的、人口结构的以及人们的思想状况的，等等。本研究中的"区域"，如无特别说明，均指主要依据县域行政区划界定的空间范围。

（二）区域教育：介于宏观与微观之间的中观教育

教育发展作用在一定的空间上，表现为教育结构、规模和效益在地域空间上的扩张，教育活动与特定的中观空间的结合，便构成了区域教育。虽然关于区域教育，目前还难给出比较确切的、能够为人们普遍接受的定义，但是很多学者还是进行了有益的探索。顾建军认为"区域教育是指占有一定地域的人口集体与自然区域所构成的区域社会中所客观存在的相对独立而又基本稳定的教育实体"（顾建军，1999）。李亚东认为"区域教育是指县级（及县级以上）行政区划内的、与当地社会发展需求相适应的大教育体系"（李亚东，2003）。彭世华从地理学、经济学和教育学的角度，对区域教育进行了概括，他认为"区域教育是一个与国民教育相对应的教育发展的较小空间概念，一个便于从整体上组织、计划、协调和控制教育活动的空间范围，它在内涵上重在考虑教育发展的特殊性和差异性、行政区域的协调能力以及区位的影响"（彭世华，2003）[1-30]。沈喜云从对区域的定义出发，把区域教育界定为"介于宏观的国家教育与微观的学校教育之间的一种中观教育，相对于全国的教育整体而言是局部和整体的关系，是子类与类的关系，并且区域教育既体现着全国教育发展的一般规律和趋势，又体现着区域的相对独立性和特殊性"（沈喜云，2007）。

综上所述，在本研究中区域教育主要指有一定同质性和内聚力且有较大独立性和自主性的市、县（区）级行政辖区的教育。区域教育既要服务于国家战略又要服务于区域经济社会的发展，是一个开放的教育系统。

（三）区域教育综合改革：公共领域的系统改变

区域改革、区域发展是国家"十一五"以来发展的重点，这一点首先体现在经济领域中。从东部地区的珠三角、长三角、环渤海，到中部地区的黄河三角洲、皖江城市带、鄱阳湖生态经济区，再到西北、东北地区的关中—天水经济区、辽宁沿海经济带，我国区域规划和相关指导性意见以前所未有的速度密集出台。区域发展开始成为中国改革新的引擎。同时，改革的重点也从最初的单一关注经济领域，逐渐向综合性、整体性、系统性的社会改革发展，区域公共领域包括教育在内的综合改革呼之欲出。

区域教育在时间、空间及改革态势三种维度上拥有不同于经济的发展机理。在时间维度上，区域教育发展主要表现为区域教育规模或量的增长，这种增长是教育线性累积的过程；在空间维度上，区域教育发展主要体现为教育结构、教育功能质的提升，这种提升是中观教育结构与功能的空间优化过程；在系统变革动力的推动下，区域教育空间结构与功能不断衍化直至推动微观革新，形成有效的区域综合改革态势，这种态势在一定时空范围内产生迁移，从而在区域间形成吸引与辐射的交互作用。

从区域（以县域为主）层面推进系统的教育综合改革，是近些年来各国政府在宏观公共领域以及具体的教育发展决策过程中的新动向。党的十八届三中全会通过的《中共中央关于全面深化改革若干重大问题的决定》（以下简称《决定》）明确提出深化教育领域综合改革。全面深化改革，是深入贯彻党的十八大精神、实现经济社会持续健康发展、全面建成小康社会、加快推进社会主义现代化的客观要求，而深化教育领域综合改革，作为社会事业改革创新的第一任务，顺应了时代潮流，有助于满足人民的期待。

过去30多年的教育改革为教育事业取得显著成就提供了重要支持，推动我国从人口大国转变为人力资源大国，教育发展总体进入世界中等水平。但是，我国教育发展中不平衡、不协调、不可持续问题依然突出，改革进入攻坚期和深水区，思想观念束缚、体制机制障碍、利益固化藩篱，形成多种问题倒逼态势，若不深化综合改革，教育系统将难以担当全面建成小康社会、实现中华民族伟大复兴和中国梦的历史使命。《决定》特别强调更加注重改革的系统性、整体性、协同性，今后教育领域综合改革，不仅要着力破除制约自身科学发展的体制机制障碍，而且还要与其他社会领域改革相互配合，形成合力。

《决定》通过3段723字的篇幅，系统阐释了今后深化教育领域综合改革的总体要求，基本政策导向是瞄准"解决好人民最关心最直接最现实的利益问题"，朝着"努力为社会提供多样化服务，更好满足人民需求"的目标前进。其深层次战略意图，应是正确划分基本公共教育服务、非基本公共教育服务、非公共教育服务，构建政府、学校、社会之间新型关系，坚持保基本、强基层、建机制，从管理和办学体制，到学校教育教学环节，进一步激发各方面参与教育改革积极性，让孩子拥有更多更丰富的选择学习发展的机会，让亿万家庭都能感受到实实在在的改进实效，让发展成果更多更公平地惠及全体人民。

延伸阅读

1985年发布的《中共中央关于教育体制改革的决定》在部署义务教育时指出："实行基础教育由地方负责、分级管理的原则，是发展我国教育事业、改革我国教育体制的基础一环。"1993年，中共中央、国务院又发布了《中国教育改革和发展纲要》（以下简称《纲要》）。《纲要》进一步规定："改变政府包揽办学的格局，逐步建立以政府办学为主体、社会各界共同办学的体制。在现阶段，基础教育应以地方政府办学为主；高等教育要逐步形成以中央、省（自治区、直辖市）两级政府办学为主、社会各界参与办学的新格局。职业技术教育和成人教育主要依靠行业、企业、事业单位办学和社会各方面联合办学。"新修订的《中华人民共和国义务教育法》（2006 年 9 月 1 日起施行）第 7 条规定："义务教育实行国务院领导，省、自治区、直辖市人民政府统筹规划实施，县级人民政府为主管理的体制。"

（四）区域教育改革的主要模式

选择从区域层面推进教育改革，是近些年来国内外政府无论在宏观的教育规划，或是在具体的教育发展决策制定过程中的新动向。综合当前我国区域教育改革的实践情况，从动因、特征、形式及评价等方面看，以政府引导和科研合作为主要特色且经受了实践检验的改革模式，大体上可以归纳为以下几种。

1. 项目合作模式

（1）动因。项目合作模式是区域教育发展进程中出现较早、目前仍较为普及的一种合作改革模式。项目合作模式大多源自科研院所中研究人员的主动行为，带有较为浓重的院校特征。

（2）特征。科研院所中的研究人员基于特定来源的研究项目，在将任务按照理论或研究思路分解后，在实践中寻找适当的区域合作伙伴（如政府、学校或教师），以科研带动区域教育某一特定领域的发展。

（3）形式。科研项目的调研、教育理论的转化实验、产学研合作等，是项目合作推进区域教育发展与改革的具体实践形式。

（4）评价。项目合作模式的优点在于合作内容、形式的灵活多样，合作双方的分工明确，以及在特定领域内科研对区域教育的点面提升作用显著等。但模式的缺陷同样明显，例如科研项目来源的多样性导致合作内容的不确定性、合作形式的不稳定性，以及科研人员对实践参与者的天然的理论强势操控关系等。

2. 规划发展模式

（1）动因。从时间上看，教育规划可分为近期规划、中期规划和长远规划；从内容上看，教育规划可分为宏观规划、区域规划和学校发展规划。区域教育规划发展模式是教育行政体制改革的产物。从规划层面推进教育发展，是基于宏观层面的教育改革动因。

（2）特征。相对于国家的宏观发展规划，区域教育规划发展模式具有战略性、全局性、超前性、宏观性和可操作性等特点。区域教育规划发展的制定依据，主要来自区域政府的主动行为。

（3）形式。由本区域内所属各教育行政部门具有决策权、资源配置和使用权的中高层管理者或代表，以及科研院所的专业研究人员等共同组成，既可以是精密型的联合体，也可以是松散型的联合体。

区域政府主动寻求科研支持，政府与科研双方在合作过程中，需要对特定时期区域经济结构和社会性质进行摸底研究，需要结合国家教育方针和政策、国家教育发展战略、科学的理念、区域教育未来发展前景预测、被规划区域教育发展的主客观条件等因素，具体确定本区域特定时期内的教育规划发展模式。

（4）评价。规划发展模式有利于推进区域教育改革全面、均衡、协调发展，有利于启发思路、统一认识，有为区域教育发展规划主体在决策前提供咨询的作用，对区域教育发展决策及实施具有指导作用。与之相应，规划发展模式在微观层面的教育实践、合作关系中区域政府的强势地位以及科研人员专业指导的深度等方面存在问题（范卫萍，2005；李晓玲，2008）。

3. 特色示范模式

（1）动因。特色示范模式相比前两种而言，是在更为微观和具体的层面上对"区域内部互利合作"模型机制的突破与变革。特色示范模式缘起于区域主动追寻教育特色发展的动机，以辐射功能促进区域教育全面均衡发展是该模式的核心和理想期待。

（2）特征。在特色示范模式中，教育科研为政府决策和实践服务的意识更加明确化。该模式主要以中国特色的教育现代化为目标。改革开放以来中国区域教育长期实践发展所累积形成的突出特色，是改革的突破口。所选择的基本经验或特色实验，极具本土色彩，如教育均衡发展，农村教育现代化，学校、家庭、社区三位一体的德育体系，以及集团化办学等。东北三省教育厅与东北师范大学合作建立的教师教育实验区（陈帆波，王丹彤，2008）、青海省与陕西师范大学合作共建的教师教育创新实验区（陈丽娜，2008）等，就属于以教师教育为特色的示范区。中央教科所督导评估中心在 2003 年启动的"全国区域教育特色发展示范县（市、区）计划"也是特色示范模式的代表之一（中央教育科学研究所教育督导评估研究中心，2008）。

（3）形式。政府与科研院所合作推动区域及学校特色发展是特色示范模式的主要实践形式。在特色示范模式中，政府、学校与科研人员共同参与改革，区域之间的壁垒与界限逐步被打破，资源的充分共享是改革实践过程中的必要基础。

（4）评价。特色示范模式是否真正具有特色？这些特色能否真正发挥区域示范与辐射功能？该模式运行的成效还有待实践的检验。

区域间经济、社会、文化、人口等的差异性特征，在某种程度上决定了教育改革不能搞"一刀切"的模式。区域教育改革模式的选择，更要科学地结合区域经济、社会、文化、人口的实际发展状况，充分体现区域自身的特征。区域教育改革是国家宏观教育改革与微观的学校教育变革之间的中介，是与区域整体发展相吻合的一种相对独立的教育改革结构和运行机制。

4. 综合改革模式

早在 1989 年 5 月，国家教委就会同各省（区、市），在实施"燎原计划"的 100 多个县建立了全国农村教育综合改革实验区，并制定了 1990—2000 年十年发展纲要（国家教育委员会，2001）。这一模式将农村教育改革当作农村社会经济整体改革中的一个有机组成部分，开创了部省合作的新形式，也较早提出了教育"综合改革"的命题。进入 21 世纪以来，随着人们对国家综合改革"试验"的认识不断深化，"（中央）政府 +（区域）政府"

推动的综合改革模式日渐成形，如相继成立的上海浦东教育综合改革试验区、广东教育现代化综合改革试验区、成都城乡教育—体化改革试验区、武汉教育综合改革试验区（教育部，2008）就属此类。

区域教育综合改革模式在整合上述操作模式的基础上，将更加突出政府在教育改革中的公共使命与责任担当，要求政府的决策行为在实践操作过程中更为专业化，并且关注和兼顾区域间的合作互利与和谐发展，相互帮助，相互促进。

从前三种模式到综合改革模式，虽然都无法穷尽当前中国区域教育改革的所有类型，但基本反映出教育改革自国家层面向区域层面推进、自上而下与自下而上两种推进方式相结合的发展趋势，同时也反映出教育科研逐渐从边缘步入政府教育决策中心、参与主体逐渐多样化、区域政府主动参与国家层面改革等教育改革的基本趋势，教育科研推动区域教育全面均衡发展的综合发展模式日渐明朗。"整合"前三种模式的区域教育综合改革模式呼之欲出。改革开放以来，随着经济体制改革的不断深化，单纯的经济体制改革显然已经无法适应中国快速发展的实际情况，推动经济、社会和政治的综合改革逐渐成为改革的中心要务，并成为构建社会主义和谐社会的关键，这其中当然包括教育改革。

从这些改革模式的关系来看，项目合作模式强调"专家主导，项目推动"的操作模式，规划发展模式着重于"国家主导，政府推动"的操作模式，特色示范模式侧重于"特色发展，示范影响"的操作模式，三者均偏重于区域内部的互利合作，而后一种模式则偏重于系统推进、综合治理。从目前我国国情以及各种模式实践的条件与经验来看，"国家主导，政府推动"的综合改革模式，将是我国今后一段时期内公共教育领域发展和改革的主要操作模式。

二、区域教育改革的"前世今生"

教育是在一定的时间、空间范围之内发展的。伴随生态环境的变迁，群落及其文化经常会产生时空的迁移或漂移现象：从时间范畴看，文化中心区域的变迁必然导致区域教育模式的改变与转换；从空间范围看，区域教育经常会受到政治、经济、人口等社会结构或因素的影响，无论是在国际上还是在国内，总会客观或"主观"（如政府规划等）地存在一些教育发展的功能聚集区。

（一）区域教育改革的历时分布

区域教育发展的历时分布研究，不同于以往宏观的编年史式的研究。吴宣德认为，区域研究实际上是"教育史研究重构的一种尝试"（吴宣德，2003）[19]。这种"微"取向的研究方式，对于今日之教育学而言似乎还略显新鲜，但对于经济地理学、人口学、人类学、文化学等学科而言，实际上早已成为研究方法体系中一个不可回避的重要取向。

1."历时分布"的区域内涵

区域教育的历时分布即教育在不同区域中的变迁、变异。区域教育的历时变迁，既代表了区域教育均衡—非均衡—均衡的发展历程，也突显了不同时段或相同时段内区域教育的差异特征，这实际上也是教育的实然状态。与宏观且抽象的编年史研究相比，区域教育的历时分布重视区域"结构"的研究。这种结构，从表层来看似乎与社会、文化、自然环境等"静态"要素相关，但从深层次来看，则更多地表现出发展性的"动态"要素的具体、微观和实践特征。

区域教育有两个显著特点：第一，就其内容来看，是综合性的教育，因而具有国民教育的一般特征；第二，就其时空存在来看，是具有区域内聚功能的地区教育，是存在于某个地区内的国民教育，因而具有鲜明的区域特征。

区域教育的这两个特征，决定了其受两大类型要素体系的规定：一是国民教育影响意义上的区域教育构成要素；二是区域教育自身的客观发展要素。"历时分布"实际上涵盖了区域教育"构成"与"发展"要素的双重含义。

2. "历时分布"的区域特征

不同的学科、不同的研究目的对区域的划分原则和标准不尽相同，有所谓自然区域、行政区域、经济区域、教育区域等不同的区划类型。即使是同一类型的区域，也因不同的历史时期而存在着不同的空间划分方式。

从历时形态来看区域教育，特别是结合"结构"与"发展"要素来看，区域教育除了具备具体、微观和实践等特征外，本身仍然兼具了国民教育的一些总体特征，如（相对于区域内部而言的）整体性、（显著的）差异性、（不同区域之间的交流与影响的）辐射性或开放性。就整体性而言，区域教育也是各地理要素（包括自然要素和人文要素）相互作用、相互影响而构成的一个整体；就差异性而言，任何一个区域的教育都有自己的特性，都有区别于其他区域的典型特征；至于开放性，则任何一个区域教育都不是，也不可能是独立存在的，都必须与其他区域发生联系。一个区域的发展变化往往会影响甚至辐射到周边和相关地区。

3. "历时分布"的区域"突变"

编年史研究以"静态"或"流水"式研究为主，侧重统一性和秩序性。但区域研究特别是"历时分布"的结构化研究，强调研究区域发展的结构化"突变"，这种突变既是文化生态学意义上的，同时更是教育生态学理念的具体体现。具体来讲，按照常理，研究教育发展应当按照研究政治、经济、文化发展的传统套路，依时间顺序展开。但历史往往不会完全这样按部就班地向前推进。政治、经济、文化与教育几个要素之间经常"偶尔地"出现彼此历时分布的"错位"。这种错位在内聚特征明显的区域层面表现更为突出。

欧洲的高等教育历史悠久，以著名大学为中心的高等教育聚集区域在欧洲得以蓬勃发展并非突发的偶然，它是一定的政治、经济、宗教和文化等多方面发展的产物，是欧洲经济、社会发展状况的表现。中世纪时欧洲高等教育聚集区的发展与当时缓慢的政治、经济发展节奏并不一致，而是呈现出异军突起的态势。11 世纪之前，欧洲各国的经济、政治、文化发展水平参差不齐，整体水平与其他地区相比并无明显的优势，然而却兴起了如此多的大学，这一历史现象必然是由多种因素共同作用而形成的。从某种意义上说，教会与世俗国家的冲突所造成的封建势力之间的分立的政治格局，有利于大学在政治夹缝中求得生存，进而使这种自发形成的教育形式得以巩固并延续到后世。

同样，在中国，由于计划经济时代的体制及具有国家强制力的规划，重点建设的一些中西部地区的区域中心（更明显地表现为高等教育中心，如武汉、西安等），吸引了全国性的资源或人才，逐渐形成了教育发展的聚集区。这种特定发展阶段的区域教育的"历时分布"及其"突变"，就不大符合编年史式的发展特征。与欧洲中世纪大学因政治动力而产生的"突变"属于同一性质。欧洲教俗之争从两方面为中世纪大学的兴起提供了必要的条件。欧洲中世纪政教双方都需要拥有渊博的法学知识和神学知识的学者们的支持，而法学和神学仅在某些新兴的大学中才是发展较为充分的，世俗首脑急于得到大学的支持，给予大学大量的特许权，保证了大学的存在和发展。同样，中国计划经济时代的政策取向导致国家人才流、资源流直接导向中西部区域，从而为（高等）教育的密集布局创造了必要条件。

（二）区域教育改革的空间分布

从地理上讲，区域是组成某个整体的一个部分，属于相对概念。区域地理学以一种立体的整体观来看待地理环境与区域的空间联系。空间结构理论是区域发展研究领域中的新课题，通常应用于区域经济学，主要用于对区域未来发展方向的规划。

1."空间分布"说的理论依据

区域地理学理论以地貌特征为依据，是区域教育"空间分布"说的理论基础。例如依照山川河流对区域进行划分，特别是城市化进程中，伴随交通条件的不断发展与改善，依河流川道而形成的经济贸易枢纽，往往容易成为区域的教育文化中心。在区域研究中，这种划分方法为斯金纳所坚持（Skinner，1977）。按照"空间分布"说，宏观的教育类别可以划分为国际教育、国民教育以及区域教育；而中观与微观层面的教育类别，更可细致到教育空间的各种点、线、面、域或网络等。

国际教育是在世界教育资源的范围内，由各个传统民族国家分别控制的教育体系。这类教育以不同国别间的教育交流为媒介，通过教育科学的传播而影响各国，通过共同的教育规律将各国教育联系在一起。国民教育是以一国的领土为界，一个主权国家对本国国民实施的教育。区域教育则是一个主权国家之内，各个区域在国家教育制度约束和中央政府干预之下对本区域实施的教育，或者是一定区域范围之内所形成的有着某种共同特征的教育。有研究表明，"中国教育的发展在空间上呈现出一种地貌特征与多核心结构，在不同时段不断发生着各种变化"（吴宣德，2003）[128]。这种变化就包括前述的点、线、面与域等。

2."空间分布"的区域形态

点、线（轴）、面、域面或网络不是简单的空间形态，它们具有特定的经济、文化或教育内涵及相应的公共服务功能。区域空间结构就是由各种点、线、域面或网络相互结合在一起构成的。按照点、线、域面和网络之间的组合方式，区域教育的"空间分布"形态大致有以下几种组合模式：

- "点"构成节点系统，表现为条状城镇学校分布带和块状城镇学校群。
- "线"构成交通、工业等经济枢纽系统，围绕经济枢纽系统形成的文化教育枢纽，则又聚集起教育的中心系统。
- "域面"构成城市—区域系统，表现为城镇教育（学校）聚集区、城市经济及其教育功能区。
- "线—线"（轴）构成交通、通信、电力、供排水等网络设施系统，并带动形成文化教育等公共服务网络系统。
- "线—面"组成产业区域系统，相应产生服务产业的教育区域系统。
- "面—面"组成宏观经济地域系统，如经济区、经济地带，相应带来区域教育聚集带。

- "点—线—面"构成空间经济一体化系统，附带产生区域教育的空间一体系统。

3. "空间分布"的区域集聚

点、线、面之间的关系表现为节点相互依存，域面协调发展，通道配套运行，各种空间实体的联系交错密集，呈现为网络化系统。区域空间结构中的点，反映了某些公共服务活动在地理空间上集聚而形成的点状分布形态。

一般地，工业、商业、服务业、教育等公共部门的组织，在空间上因有集聚的要求往往呈现为点状，于是就形成了相应的工业点、商业网点、服务网点、学校点式分布等。由于这些点在空间上往往是同位的，因而引起区域内的人口和社会活动也向它们的集聚地集中。集相关经济活动、社会活动和人口于同一个地方的城市也就应运而生，并且成为区域空间结构中的重要的点。

集聚点是区域经济或教育活动的重要场所，是区域经济或教育的重心所在。经济或教育活动在地理空间上的集聚规模有大小之分，区域空间结构中的点也有规模等级之分。区域内各种规模不等的点相互连接在一起，构成了点的等级体系。

区域集聚的原则，因社会经济发展的重点不同而表现不同。例如，古代城市化进程中，山川河流等地理地貌特征是区域教育空间分布的主要依据；而现代化进程中，农业—工业—后工业—生态的发展逻辑则是区域教育空间聚集的主要依据。从国际范围来看，世界四大文明古国即四大文化教育集聚区域，均诞生和发祥于四大水系或流域（尼罗河、两河流域、恒河、黄河或长江）。而吴宣德根据空间分布说对中国区域教育进行了研究。他指出，在2000余年的时间中，多核心结构是中国区域教育发展的基本空间结构。例如他对拥有30名以上文学家的地区做对比研究发现，中国古代文学家总数为50人以上的38个地区中，有18个大体上可以归为长江流域地区，有7个可归为黄河流域地区，1个可归为淮河流域地区，1个可归为珠江流域地区，此外浙江、福建8地（岷江流域及沿海地区）以及北京、河北3地（辽河、海河流域）分属其他水系，与长江、黄河无关。其中陕西西安属于关中盆地，南阳系属南阳盆地，其余大部分地区均处于华北平原和长江中下游平原的丘陵地带（吴宣德，2003）[131]。

国际文化教育集聚区域以及中国文学家的这种区域聚集情况，大体符合区域教育布局的地理地貌特征及类型，即大多处于大江大河以及盆地谷底地区。这些地区也基本代表了世界和中国多核心的文化聚集区域。这种空间集聚的方式，更加反映出农业文明的区域文化教育中心之根——水资源的生态重要性。因为，水资源附近交通便利，便于节省运输成本，提高交通效率，增加贸易流量。如此，作为教育主体的人的空间区域集聚就容易实现。

三、区域教育的集聚、漂移与创新理论

在历史长河中，区域发展本身就存在很多不同的理论流派、类别、模型，并具有不同的特征，这些理论模型及其特征同样支持区域教育综合改革，特别是以集聚、漂移与创新为主要特征的改革与发展路径，符合区域教育改革发展的基本规律（表1-1）。

表1-1　区域发展理论概览

	第一阶段	第二阶段	第三阶段
时　间	19世纪初至20世纪40年代	20世纪50年代至70年代末	20世纪80年代至今
主要理论	农业区位理论 工业区位理论 中心地理理论 市场区位理论	二元结构论 增长极论 倒"U"形 依附理论 梯度推移理论	人力资本理论 知识空间溢出论 区域创新环境论
主要模型	集聚	集聚—漂移	溢出—创新

有区域集聚，就必然存在区域迁移或漂移。"集聚"较易理解，何来"漂移"说？前文提到，古代区域教育集聚大多出现在以水为中心的地带，山川河流等地理地貌特征是区域教育空间分布——漂移的主要依据；而现代化进程中，农业—工业—后工业—生态的发展趋向则是区域教育漂移的主要

时空原则。群落文化或生态系统结构所具有的能（量）流（动）和物质循环的功能，决定了当代及未来区域教育的集聚与漂移。

（一）集聚—演替论

伴随历史发展如政权更迭、文明变迁（如农业文明转向工业文明）、经济重心或产业结构特别是生态环境或资源状况的改变等，文化教育的集聚区域经常会出现变动或改变。游牧或农业文明时期，"逐水草而居"是区域教育漂移的基本依据；工业时代，产业中心变迁是区域教育漂移的基本依据；而当代以来，随着后工业时代的到来，生态群落的演替则正逐步成为区域文化或教育漂移的主要依据。

1. 生态群落系统及其演替

物种的多样性是近年来学界、社会关注的热点之一，其中生态群落及生态系统尤其引起生态学及跨学科研究者们长期的关注。在生态学中，生态群落及其所依存的生态系统得到格外青睐，其原因之一就在于识别群落组织的多样类型和全面地概括其中所包含的普遍性规律，对于社会学科或其他研究具有特殊而重要的借鉴意义。这一意义对于社会发展及区域教育研究同样重要。

（1）生态群落的系统与功能

群落（community）是生物群落的简称，指在一定时间内居住在一定地域或生境（空间）范围内的生物种群（population）的集合，即一定自然区域内所有生物的总和。任何一种生物或个体都不可能离开环境而单独生存。生态群落的演替总是沿着由低级向高级、由简单向复杂的方向发展的，经过长期不断的演化，最后达到一种相对稳定的状态。最初出现的生物比较稀少，相互之间关联较少，决定生存的是固有的生境因子。

生物群落是真正存在于自然界中的实体，其中植物群落最为突出，在生物群落的结构和功能中所起作用最大，尤以陆地植物群落为主。群落是种群的集合体，是一个比种群更复杂更高一级的生命组织层次。群落因其组成成分中生物类别不同而有不同名称。如果在一定地段上，共同生活在一起的植物种以多种多样的方式彼此发生作用，形成一种有规律的组合，这种多植物种的组合就叫作植物群落。它是不同种类植物松散地组织起来的单位。

自然界的生态群落有大有小，群落的类型繁杂多样，其特征差别很大，彼此之间的边界或明显或不明显。山坡上的一片桦林，湿地中的一片芦苇荡，河流中央的一块草地，乃至一块人工的草坪等，都是不同类型的群落；群落既可以小到如一片草地、一个池塘等，也可以大到如湖泊、海洋、森林、草原等。

动植物个体，通常是以群落的形式组合在一起共同生活的。只是由于动物的流动性很大，群落的组合更松散，在科学研究上多以种群为对象，而很少应用"动物群落"一词。植物群落是动物的食物资源库、隐蔽所和繁殖生息的地方。所以地球上没有毫无动物栖居的植物群落，也没有不与植物群落发生关系的动物群落。在动植物生活的地方甚至其躯体上，都附着有微生物的群体。因此，在一定地段的自然环境条件下，由彼此在发展中有密切联系的动物、植物和微生物有规律地组合成的生物群体，叫作生物群落。每个生物群落都是自然界真实存在的一个整体单位，占据着生物圈的一定地区，具有一定的组成和结构，在物质和能量交换中执行着独特的功能。

大自然中约有200万种生物个体，它们之间互相结合成生物群落，靠地球表层的空气、水、土壤中的营养物质生存和发展。这些生物群落在一定范围和区域内相互依存，在同一个生存环境中组成动态平衡系统。

（2）生态群落的演替

群落的发生、演化、发展甚至根本性的替代变化现象，可以称为群落演替（community succession），或称生态演替（ecological succession）。群落演替随时间而展开，是由一种类型转变为另一种类型的生态过程。随着演替的进行，组成群落的生物种类和数量会不断发生变化。演替过程只要不遭到人类的破坏和各种自然力的干扰，其总的趋势是物种多样性的增加，直到发展成顶极群落（climax）。

康奈尔（Joseph Cornell）与思拉泰（Ralph Slartyer）在1977年总结演替机制时提出了三种检验的模型：促进模型、抑制模型和耐受模型（图1-1）。

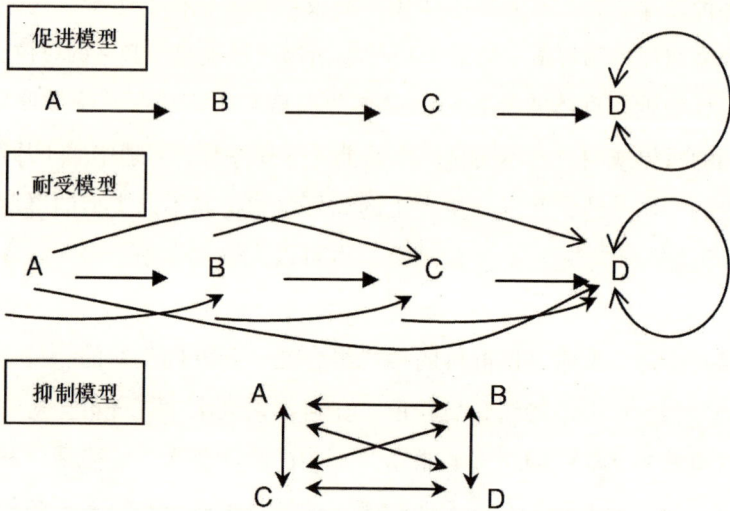

图 1-1 三类演替模型

注：A、B、C、D代表四个物种，箭头代表被替代。

资料来源：戈峰. 2002. 现代生态学 [M]. 北京：科学出版社：309.

群落演替的发生，一般是由于气候变迁、洪水、火烧、山崩、动物的活动和植物繁殖体的迁移散布，以及由于群落本身的活动改变了内部环境等自然原因，或者由于人类活动的结果，使得群落发生根本性质的变化。群落演替的现象是普遍存在的，在特定地段中一个群落被性质不同的另一个群落所替代，直至形成单元或多元的顶级群落，这是群落演替的最终结果。

2. 群落演替及其文化应用

前面曾经提到过，生态学本身作为一门跨学科的研究，其最大的价值体现在跨学科性及其应用性方面。群落的意义在于区域的自成体系性，因而生态群落的基本原理同样适用于对区域社会及教育系统的考察、文化应用等方面。群落的生存和发展需要健康的环境（如阳光、水、土壤），这种环境既是一种"氛围"，也是一种"文化"。文化周而复始、不断变革，而群落存在各种演替，其实也寓意着群落文化的迁移与改变。

对生态群落的文化应用研究，存在两种取向：一是将生态群落理论应用于研究区域教育领域的问题；二是将对某一特定教育现象或类别的演替机制研究应用于区域教育发展领域。二者都存在理论"借鉴"时的优势与缺陷，其优势在于问题研究的跨学科性，其问题则在于借鉴中的适切性与科学性。

生态群落演替的理论观点主要包括三点：①群落的发展是有顺序的过程，是有规律地向一定方向发展的，因而是能预见的；②演替是由群落引起物理环境改变的结果，即演替是由群落控制的；③它以形成稳定的生态系统，即以顶级群落所形成的系统为其发展顶点（戈峰，2002）[299]。

地球上的各种自然群落，如森林、草原、荒漠、沼泽等都是亿万年来地球历史发展演替的产物，是通过长期自然选择在一定地区产生的最合理、最有效的生物群体。人们研究群落现象，同样也从群落现象研究中得到理论启示，这样可以更有利于合理地创造人工群落，改造自然群落。例如，从复杂性系统自组织理论及生态物理学的视角考察和研究区域经济的发展，我们会发现产业群落形成过程中的产业生态位、产业集聚核、区域产业场、产业聚集势的作用和重要性，同时对产业聚集势及其势曲线随产业场的变化情况的分析和揭示，可以帮助我们了解区域经济群落及其系统的生成机理和发展演化规律。

回到生态学本身来看，当前关于生态群落的一些研究，主要集中在某种栖息地或某类有机体，如植物、鸟类、昆虫等的研究上，这些研究结果不一定适合于另一种栖息地或另一类有机体。如许多温带森林的植物演替的普遍性就不适用于热带森林（Ewel，1983）[217-223]。同理，在区域教育的集聚与漂移研究中，同样不适宜将对某一类教育个案与问题的研究，应用于对另一类教育个案与问题的研究。而以群落或系统的观点开展区域教育研究，则具备一定的适切性与科学性，具有进行此类特殊问题研究的可能性。

（二）集聚—漂移论

按照生态演替的理论，群落文化的发展同样也会经历演替：首先是历时性的；其次是变革性的，即群落文化与环境变化密切相关，其发展既是主动改造的过程，也是"被动"地被改造过程。伴随着环境的生态演变，文化核心地带也会改变，由此产生文化或教育的漂移现象。与生态群落类似，以人为中心的社会群落存在生态环境——"文化"。社会群落的演替实质上也存在群落文化的演替。群落文化的演替与改变，必然会影响到教育的发展。教育伴随群落文化演替而发生改变，如同河流随山川之势不断改变流向，可称为"漂移"。"漂移"既可以是表象的（或纵向的）核心—边缘式漂移，也可以是生态内在结构的（横向的）平衡—不平衡—平衡式漂移。

1. 核心—边缘式漂移

群落文化及其"区域化"形成的标志，往往与区域核心地带的形成密切相关；群落文化及其区域衰落的标志，也总是与区域核心地带的转移或"边缘化"相关。因此，核心—边缘演替关系构成了区域或群落文化变革的"表层"机理。"表层"表明其改变的仅是具体形态。而引起改变的往往是区域发展更深层次的综合发展背景、条件、水平及外部环境等，如区域政治结构、经济发展水平、交通条件、城市化水平以及人口变化等。

以中国为例，就整个历史发展来看，区域核心地带的形成就与中国（社会群落）文化的综合变迁关系紧密。早期农业文明时代，中国的文化中心多集中于北方黄河流域，那里也形成了密集的教育核心地带或区域。当然，在这一地带或区域内部，各个核心—边缘的漂移也仍然处于不断改变中。南宋之后，伴随人类活动范围的扩大、地理环境及气候条件等的变迁，以稻米文化为主的长江流域文明逐步兴起，开始形成中国古代另一个密集的区域教育核心地带。南方政治、经济等优势，逐步影响甚至支撑了文化与教育的兴盛。吴宣德根据文学家的数量分布，研究了中国北方与南方文化中心"核心—边缘"的演绎过程。他认为，中国文化与教育中心在南宋以后的转型较为明显。特别是从各地区在各时段拥有文学家的情况来看，北方地区的衰落和南方地区的上升体现得更为明显、直观（吴宣德，2003）[123]。具体可以河南、山东、陕西和江苏、浙江、安徽为例，直接了解其拥有文学家情况的变化趋势（图1-2与图1-3）。

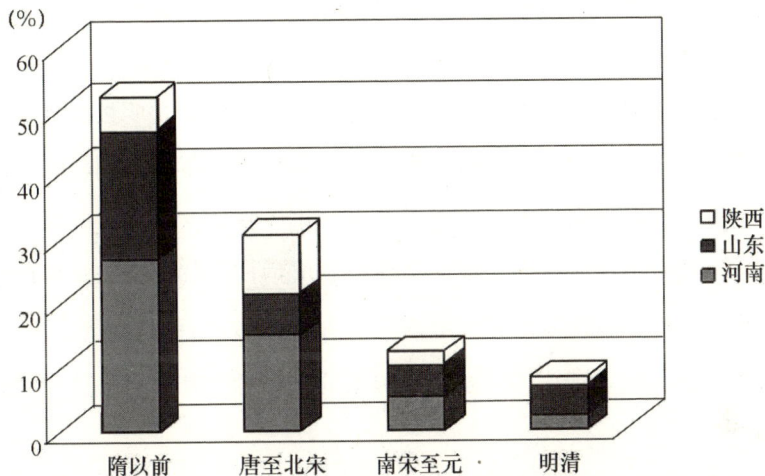

图1-2 豫鲁秦三省文学家分布趋势

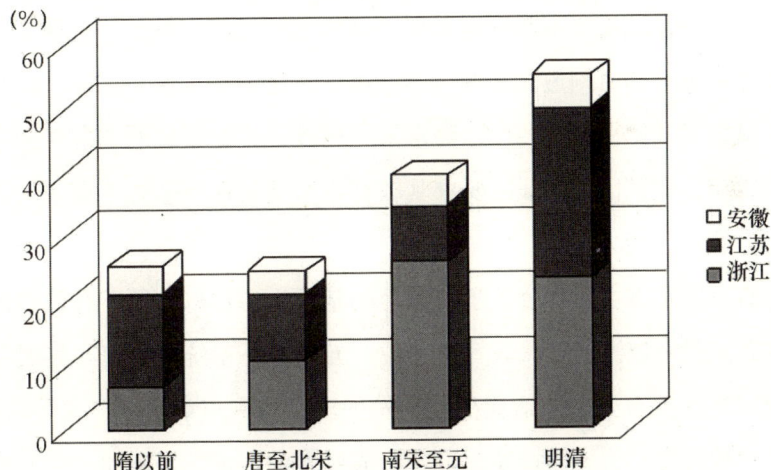

图1-3 皖浙苏三省文学家分布趋势

文学家是中国古代区域教育、文化最为集中的"表征"。从图1-2与图1-3来看，北方最具代表性的三个区域，在文化或教育上总体呈现出核心—边缘的变化趋势；而南方最具代表性的三个区域，则在文化或教育上总体呈现出边缘—核心的变化趋势。这两种变化趋势，实际上代表了中国古代文化及教育区域中心自北向南的漂移过程。改革开放以来，大量人才"东南飞"，中国的区域文化及教育核心地带，则又因为改革开放的政策导向，而发生了自西向东的漂移。

同样，从世界范围来看，四大文明古国所在的农业文明核心区域的优势地位，在近代工业革命之后，逐步为以欧美为代表的工业文明核心区域所替代；当代以来，以欧洲为中心的老工业发达国家核心区域的优势地位，则因为信息革命的发生，而逐步为美国等新核心区域所替代。全球范围的群落文明或文化的演替，表现为世界范围内区域教育的核心—边缘漂移。当代世界范围内的"美国梦"或中国等发展中国家的留学潮，其实也是这种漂移的具体表现之一。

2. 平衡—不平衡—平衡式漂移

生态系统的稳定性要求与群落的稳定性要求是一致的，生态群落的稳定性表现为生态系统需要不断发展以维护结构与功能的完整性。这种完整性指的是生态系统必须时刻遵循平衡—不平衡—平衡的基本循环规律。以县域为主的区域教育的国民教育特性，决定了区域教育生态系统的均衡性和稳定性是首要诉求，但其区域特征则要求其教育系统具备保持生态平衡或均衡的自组织与自我维护能力。

教育，除了占主导的公共学校教育的基础生态位以外，还有以多种结构存在的正式教育以及非正式教育生态位。教育生态系统的生存与发展有其基本的组织特性，需要按照适应变化、发展求新的观点或标准，去分析认识、整理和评价教育结构。而指导教育各组成要素的传承、复制和再生的教育理念，在不同阶段会使教育呈现出不同的特点。均衡发展的区域教育生态，是每个教育子系统以及每个与教育相关的主体都得到均衡、公平而充分的发展。构建以公共教育体系为"基础生态位"、终身教育体系为"实际生态位"的均衡发展的区域教育生态体系，全力保障弱势群体受教育权利的教育均衡发展的运行机制，是保证区域教育形成合理的结构，营造区域教育生态的重要策略。区域教育均衡发展的生态原理如图1-4所示。

群落体系

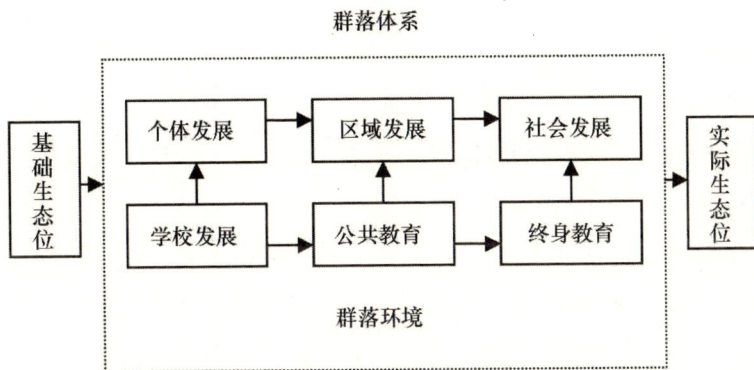

图 1-4 区域教育均衡发展的生态原理

如图 1-4 所示, 平衡—不平衡—平衡式漂移, 实际上体现的是群落的促进、耐受、抑制的生态演替过程, 其最终价值取向是高位均衡、公平优质及终身学习体系的建立。

(1) 高位均衡

高位均衡是指办学水平的均匀、各类教育的协调、办学形式的多样。高位均衡的发展形态是教育生态系统从不均衡到均衡, 不断循环往复、呈螺旋形上升的过程。均衡发展是区域整体发展, 是一种相对均衡的理想状态, 是不断实现高位平衡的过程。从均衡到不均衡是学校之间竞争的结果, 从不均衡到均衡是政府调控的职责。在区域内学校系统之间趋于均衡, 不是要求所有的学校都是一个水平、一个模式, 而是要在办学条件、师资水平相对均衡的情况下, 进一步鼓励学校深化改革, 办出特色, 它的目标是实现区域内各级各类优质教育资源快速扩张。

(2) 公平优质

公平优质指保障区域内每一位学生均等的受教育机会, 主要是全面关注社会弱势群体 (如进城务工人员随迁子女或留守儿童、残疾儿童、家庭经济困难学生等) 的教育问题, 以维护区域内每个适龄儿童接受公平教育的权利。区域教育要全面提升育人质量, 全面提高社会对教育的满意度, 实现学生的个性发展, 促进教育公平发展, 需要拥有三种资源: 固态资源、液态资源、隐性资源。固态资源指充足的教育投入，完备的教育设施，稳定的技术支持体系，主要指物质资源。液态资源指可流动资源，是信息流和智慧流，包括先进的教育理念和共享的人力资源。隐性资源包括科学、人文的教育发展环境，开放、民主的管理机制等。

（3）终身学习

终身学习的目标指向进一步扩大优质教育资源，形成教育类型覆盖面更广、教育发展水平更高的学习化社会；构建完善的终身教育体系，实现小康社会教育目标，即教育资源更充足、更宽裕，教育环境更和谐、更人本、可持续。均衡的教育生态理想是每个人都得到全面而充分的发展，但现实是我们无法根本性地回避资源紧张带来的竞争，因此，健全终身教育体系，建设有利于各级各类教育均衡发展的实际生态位，成为区域教育均衡发展的重要目标之一。

（三）集聚—创新论

20 世纪末期以来，伴随人力资本理论的发展，创新被认为是区域发展的最主要动力，人力资本和知识资本的重要性受到强调，技术资源和智力资本被视为区域发展的最主要因素。因而，区域内部的创新成为区域发展的关键。具体而言，集聚—创新理论可细分为人力资本、知识空间溢出、区域创新环境等不同的观点。

1. 人力资本理论

人力资本不仅是发展经济、提高市场竞争力的需要，也是一个区域实现可持续发展的重要保证。所以，区域创新理论着重于人力资本在区域发展中的重要意义，关注的是具有能动性、创造性的社会活动主体如何在技术更新、政策体制、文化观念、跨区域活动等方面突破原有的束缚，创造出更具生机和活力的新事物。

关于区域创新与人力资本的联系，最早由熊彼特于 1934 年在《经济发展理论》一书中提及，他主要关注的是企业家精神、创新及其制度背景。熊彼特认为，企业家的创新活动能够突破静态循环流转的现存经济关系，促进经济的发展。这些创新活动包括：引入一种新的产品或创生一种产品的新质量；采用一种新的生产方法；开辟新的市场；得到原料或半成品新的来源；实行一种新的企业组织形式。这样的企业家富有组织才能，敢于冒风险，有见识、有闯劲，具备企业家精神。因此，区域发展差异的根源在于一些区域缺乏企业家精神，而另外一些区域企业家精神表现得比较充分。但一个国家或地区是否出现企业家精神及企业家精神的多寡，通常和当地的文化有关，这包括特定区域特定时期的社会价值观念、阶级或阶层结构、教育制度、对工商业业绩的态度、其他社会奖赏的性质和程度等。

区域要不断创新发展，所需的人力资本不能仅仅局限于企业家。20 世纪 60 年代，美国经济学家舒尔茨、丹尔逊、贝克尔创立了人力资本理论。舒尔茨指出，要解开发达国家的经济增长之谜，仅仅从物质资本投资角度切入是不够的，应当将人的知识、素质、技能等方面内在质量提高所形成的人力资本因素包括进去，物质资本和人力资本水平提高是"增长残差"的重要成因。因此，他认为，一个国家的经济发展主要取决于人的质量，而不是资本存量的多寡或自然资源的丰瘠。劳动者的智力结构和质量是影响经济增长的重要原因。舒尔茨指出：人力资本在各个生产要素之间发挥着替代和补充的作用；社会经济增长的源泉是人力资本的积累；人类的时间是人力资本的组成部分，合理而有效地利用时间的能力也是人力资本的内容；教育是解决个人收入分配不平等的重要手段；教育之所以促进经济增长，是因为教育可以提高人们处理不均衡状态的能力（舒尔茨，1990），教育也是使个人收入的社会分配趋于平等的因素。丹尔逊认为：教育不是生产中的单独因素，而是生产中人力因素的一个组成部分；教育因素和教育投资指的是受正规教育年限的多少；"知识增进"是人力资本的组成部分，所谓人的"知识增进"，主要包括学生在校学习期间的学习质量和毕业后自学、进修所获得的知识，人的知识存量的扩大，知识应用所需时间的减少等；正规教育因素中只有五分之三会对经济增长起作用。贝克尔指出：人力资本投资的目的，既要考虑当前的经济收益，又要考虑未来的经济收益；在职培训是人力资本的重要内容；收集信息、情报资料，也是人力资本内容之一，同样具有经济价值。他提出了人力资本投资收益计算公式，还计算了高等教育的收益率，发现不同教育等级之间存在收益率差别。

从这三位研究者的研究结论中可以概括得出四点结论。其一，人力资源是一切资源中最主要的资源，人力资本的积累对实现区域创新和发展具有重要作用。其二，在区域经济增长中，人力资本的作用大于物质资本的作用，人力资本投资带来的增长速度比物质资源投资带来的增长速度更快。其三，人力资本的核心是提高人口质量，教育投资是人力资本投资的主要部分。不应当把人力资本的再生产仅仅视为一种消费，而应视为一种投资，这种投资的经济效益远大于物质投资的经济效益。教育是提高人力资本最基本的、主要的手段，所以也可以把人力资本投资问题视为教育投资问题。生产力三要素之一的人力资源显然还可以进一步分解为具有不同程度的技术知识的人力资源。技术知识程度高的人力带来的产出明显高于技术程度低的人力。所以，教育对区域的创新与发展具有重要的影响。其四，教育投资应以市场供求关系为依据，以人力价格的浮动为衡量符号。

2. 知识空间溢出理论

知识空间溢出效应指由某些特定区位的企业产生的，影响企业所在区位周围其他企业生产过程的知识外部效应。这种溢出效应可区分为局域空间溢出和全域空间溢出。局域空间溢出指位于一个区域的企业的生产过程仅仅受益于该地区知识的积累，在这种情况下，将出现经济行为的不平衡空间分布及区域经济增长的趋异（发散）。全域空间溢出意味着一个区域的知识积累将提高不管位于什么地方或区位的所有企业的生产力。比较来看，全域空间溢出效应不会强化集聚过程。一般认为，企业在一个地区的集中将同时产生不同水平的局域和全域知识溢出。

对知识空间溢出效应的探讨源自对知识的性质及其空间属性的认识。早在1966年波兰尼就对知识的分类提出了经典的划分，他将知识按存在方式的不同分为显性知识和隐性知识两类。显性知识是指那些已被或能被转化为各种符号的易于传递、复制和存储的知识；而隐性知识是指那些不可言传的，具有高度专有性和高度个人化的知识，因而这部分知识无法买卖，只能通过学习获得。阿明顿等研究者进一步指出，即使知识所有存量都可自由获取，空间和时间也都没有界限，但由于信息不对称，知识在任何两个人之间都不会是完全一样的，因此，只有一部分人可能将知识转化为新的发明或稀有资源。由此，隐性知识是通过个人渠道获得的，包括工作、社会关系和日常生活等。所以，拥有特定知识的人当然也就具有了特质性，这种特质性决定了技术工人、科学家、工程师等拥有不同知识存量的人的流动，会影响所在区域的新知识消化、吸收和再创新能力。即使在信息和通信技术飞速发展、互联网和局域网广泛运用的时代背景下，时空关系经常被假定为扁平的，距离、运输成本等因素对经济发展的影响弱化，但隐性知识的局域溢出特征仍然没有改变。卡尼尔指出知识有别于信息。知识在很大范围里仍是隐性的，这种隐性的知识对企业的地理区位具有黏性，在不计成本的情况下无法轻易传播。所以，为了充分利用知识，个体和企业与知识发源地的邻近仍然十分重要。因此，研发活动和创新集聚在特定区域，正是区域经济差异扩大的根本原因。

知识空间溢出通过三种途径影响特定区域的发展：一是知识空间溢出带来产业集聚的强化。创新作为区域经济增长的重要因素，从根本上说是知识拥有量的函数，这既包括企业内部的知识积累，也包括来自企业外部的知识，而且企业外部知识的重要性在不断提高。产业集群下同类企业、支撑产业以及高校、科研院所等创新机构，一方面给集群内的企业提供了一个可以以较低成本获得外部知识的网络，大大提高企业的创新效率；另一方面又会吸引更多的企业集聚到这里，使得本地经济在缪尔达尔式的累积因果效应或自强化机制下，保持持续增长。二是知识空间溢出带来人力资本的集中。知识的局域溢出，很重要的一个原因是隐性知识的个人化，这些知识往往是个人拥有但又难以言传的技术、技巧及心智模式，因此部分知识的获得只能通过人力资本的流动实现。知识掌握在技术人员手中，所以越是高级技术人员的流动就越会带动思想的流动。三是知识空间溢出促进面对面交流。不管是地方性隐性知识溢出，还是人力资本流动，都主要是通过面对面的交流来实现的。面对面交流可以通过提高企业和个人间非正式知识外溢的可能性而促进创新，可以通过竞争者行为以及竞争者反应的相互透明而促进创新，或者通过提高企业间合作和竞争能力而促进创新。这三种途径都促进了创新集聚的强化，而创新集聚又有利于形成更为丰富的知识溢出。但是，隐性知识的外溢难以在集群外部通过其他方便的手段获取，即知识的溢出是地方化的。

3. 区域创新环境理论

区域创新环境理论认为区域创新能力不仅取决于创新主体的能力（人力资本），而且取决于各主体之间以及区域内其他机构之间相互作用的效率，该理论是在区域创新系统理论框架下提出的。区域创新环境是指地方行为主体之间，在长期正式或非正式的合作与交流关系的基础上所形成的相对稳定的系统。

什么是创新环境？不同学者有不同的观点。欧洲创新环境小组最早提出区域创新环境的概念，他们把区域特征与创新活动联系在一起，强调域内创新主体的集体效率和创新行为的协同作用。卡麦格尼强调创新环境主要是创新网络，包括企业家间的个人关系网，企业之间正式或非正式的经济网络，企业与当地大学、研究机构、行业协会以及地方政府之间的研究与开发合作网和社会关系网。迪茨将创新环境视为有利于促进区域各个机构之间相互理解、彼此信任的社会资本、正式或非正式的制度和规则。也有学者认为，创新环境是企业之间形成的既竞争又合作的特殊文化氛围。离开了这种创新氛围，创新就很难产生。弗里曼提出，机构设置的主要目的是，在不断加剧的全球竞争和快速的技术变革环境下能够给企业创新活动以明确的支持，因此，机构与企业之间要有很强的相互关系，机构需要不断发展与企业之间的紧密联系和合作，以支持企业提高技术开发、改进和扩散的能力。如何强化这种合作关系，是创新环境理论的核心所在。创新环境，从抽象意义上讲就是一种使创新主体能够创新并能与其他创新主体相互协调的机制。

区域创新环境理论从系统论的角度提出了创新经济效应的一种解释。近年来，对创新环境的探讨正成为创新系统研究的重点。然而，由于其是基于系统论角度的研究，在研究中多突出区域文化、制度等因素对创新能力的影响，强调各因素之间的互动和关联，因此很难独立地抽象出影响区域创新能力的因子，更难寻找到合适的指标，运用数学、统计模型对不同区域创新系统的绩效进行检验，所以现有研究大多只停留在自然语言的陈述。

　　虽然区域教育不是一个新概念，但区域教育综合改革却是一个全新的命题。以生态学的理论或观点对区域教育综合改革进行解读，虽略显"稚嫩"，但为我们提供了研究深化教育综合改革的新视角。在一个相对的空间范围内，通过对教育主体与环境之间关系的中观和立体（生态位）考察，可以揭示出区域教育改革与发展中的一些普遍性问题与一般规律。

第二章

区域教育承载力的测量

中国地域辽阔，不同区域的教育发展状况存在较大的差异，在教育发展过程中面临着不同的具体情况，因此教育综合改革最终要落实到区域层面上。基于区域教育的上述特点，本章摈弃了以往但凡论及改革原因，必从政治、经济、文化、社会等维度进行笼统阐释的做法，而是从区域教育生态承载力的视角切入，对区域教育综合改革的动因进行探讨。

一、区域教育承载力与改革动因

（一）什么是区域教育承载力

1. 承载力的概念

承载力（carrying capacity）是一个力学概念，18 世纪末，马尔萨斯（Malthus）赋予了承载力概念现代性的内涵，并带来了深远影响。19 世纪末期，承载力概念在生态研究领域得到了广泛的应用。帕克（Park）和伯杰斯（Burgess）于 1921 年在有关研究中应用了承载力的概念，并将其定义为：某一特定环境条件下，某种个体存在数量的最高极限（郭秀锐，2000）。承载力的实质是生态系统的内部发展与环境制约之间矛盾的集中体现。

2. 区域教育的概念

在我国，大部分的教育研究者主要是依据行政区划来划分区域教育的，例如上海的闸北教育、甘肃的临夏教育等，在同一区域内部，教育的性质、内容、手段、方法以及外部支持系统都具有相关性和统一性，带有明显的区域特征。这种区域教育划分标准往往是符合我国的实际情况的。"区域教育是指在一定行政区划内或多个衔接在一起、共性比较突出的行政区划联合成的广义区域的教育。"（"区域教育可持续发展研究"课题组，2000）1994 年党中央、国务院召开了改革开放后第二次全国教育工作会议，按经济发展水平和教育基础，把全国分为三个片区，也就是一片、二片、三片地区，实行分类指导，后来逐渐叫东部、中部、西部地区（续梅，2008）。其中，经济发展水平和教育基础较好的地区为北京、天津、河北、辽宁、上海、江苏、浙江、福建、山东、广东和海南等 11 个省（市）；经济发展水平和教育基础一般的地区包括山西、吉林、黑龙江、安徽、江西、河南、湖北、湖南等 8 个省；经济发展水平和教育基础相对较差的地区为四川、重庆、贵州、云南、西藏、陕西、甘肃、青海、宁夏、新疆、广西、内蒙古等 12 个省（区）①。我们将在本章第三节中对全国 31 个省（区、市）的义务教育和高中教育承载力进行实证研究，并在此基础上，将各省（区、市）承载力排名与上述区域划分进行对比，以了解区域经济发展水平与区域承载力之间的关联度。在县域层次上，则选取成都市青羊区为个案，对该区 2002—2010 年的小学承载力进行实证分析。

---

① 将我国划分为东部、中部、西部三个地区的做法始于 1986 年，由全国人大六届四次会议通过的"七五"计划正式公布。东部地区包括北京、天津、河北、辽宁、上海、江苏、浙江、福建、山东、广东和海南等 11 个省（市）；中部地区包括山西、内蒙古、吉林、黑龙江、安徽、江西、河南、湖北、湖南、广西等 10 个省（区）；西部地区包括四川、贵州、云南、西藏、陕西、甘肃、青海、宁夏、新疆等 9 个省（区）。1997 年全国人大八届五次会议决定设立重庆市为直辖市，并划入西部地区，此后西部地区所包括的省级行政区就由 9 个增加为 10 个省（区、市）。由于内蒙古和广西两个自治区人均国内生产总值的水平正好相当于上述西部 10 省（市、区）的平均状况，2000 年国家确定的在"西部大开发"中享受优惠政策的范围又增加了内蒙古和广西。目前，西部地区包括的省级行政区共有 12 个，分别是四川、重庆、贵州、云南、西藏、陕西、甘肃、青海、宁夏、新疆、广西、内蒙古；中部地区有 8 个省级行政区，分别是山西、吉林、黑龙江、安徽、江西、河南、湖北、湖南；东部地区包括的 11 个省级行政区不变。

3. 区域教育承载力的概念

区域教育是一个生态系统，表明其发展水平的一个重要而直观的指标就是教育规模。但是，区域教育生态系统的发展并不是无限制的，而要受到教育资源（投资、师资、设施等办学条件，以及生源质量和学术氛围等）供给能力和发展环境（政治、经济、文化和对区域教育的需求等）的支持能力的限制，区域教育要可持续地、稳定地发展，就必须维护其数量与质量、结构与效益之间的协调性，就必须最大限度地与社会资源供给能力和社会经济持续发展相适应。一旦其发展规模超出自身教育资源的承受能力，区域教育的发展将难以为继。换言之，要保持区域教育的结构、规模、质量、效益持续稳定地协调发展，必须要有相应的教育资源和能支持其发展的办学环境，这就是区域教育的承载力。从以上定义可以看出，区域教育承载力包含两部分内容：一是指区域教育资源和环境的承载力；二是指区域教育系统所能承载的具有相应质量标准的发展规模。规模与环境、资源影响着区域教育的承载力。基于上述分析，我们认为，从区域教育承载力的内涵来讲，至少应该包含以下几个维度。

（1）教育资源承载力

区域教育生态系统要实现持续、健康运转，就需要持续不断地、有序地与社会生态系统进行物质、能量、信息交换，从中提取必要的教育资源是教育生态系统得以运转的基本条件和重要保证。从这个意义上讲，教育资源是决定教育承载力的关键因素，教育资源的状况对于区域教育事业健康发展具有重要意义。基于此，从广义上讲，一定规模和质量的教育活动所需的人力、财力、物力、信息等资源就是所谓的教育资源承载力；从狭义上讲，教育资源承载力主要是指教育所需办学资源的承载力，主要包括教育系统投入中一定的货币和人力、物力等资源。当然，在诸多教育资源中，教育的财政投入这一项往往是最关键的，也是最受人关注的，因为足够的经费与财力是获取教育资源的首要条件。

正是基于这种前提条件，我们对于区域教育资源的重点研究方向即是教育的财力与经费问题。经过分析和比较，我们认为影响区域教育财力资源的因素分别是教育经费是否有实际性短缺、教育资源分布是否平衡以及教育资源是否得到有效运用。下面我们就从我国区域教育财力资源的历史发展以及当前的基本状况着手分别予以探讨。

首先，关于教育资源短缺问题，虽然早在20世纪80年代我国政府就进行过相关改革，但是经费短缺问题却愈演愈烈。1985年《中共中央关于教育体制改革的决定》颁布以后，我国教育经费投入有了较大幅度的增长；到1993年，国家财政性教育经费支出已由1985年的278.44亿元增至867.67亿元。表面上看，教育财政经费已有了较大的增长，然而，我们看到的只是单纯的经费数额的增长，如果将1985年的国内生产总值（GDP）与1993年相比较，不难发现，1993年国家财政性教育经费占当年GDP的比例竟然还不如1985年的比例高（由1985年的3.25%下降至1993年的2.66%），与世界平均比例的差距也由1985年的1.75个百分点扩大到1993年的2.44个百分点。直到2012年，我国公共财政教育经费支出达到21165亿元，其与GDP之比才首次突破4%。这些数据表明，我国教育投入的财力资源依然无法满足国民教育的正常需求。图2-1将国家对教育的投入进行了层层分解和具体形象的呈现，说明了区域教育资源的具体来源。

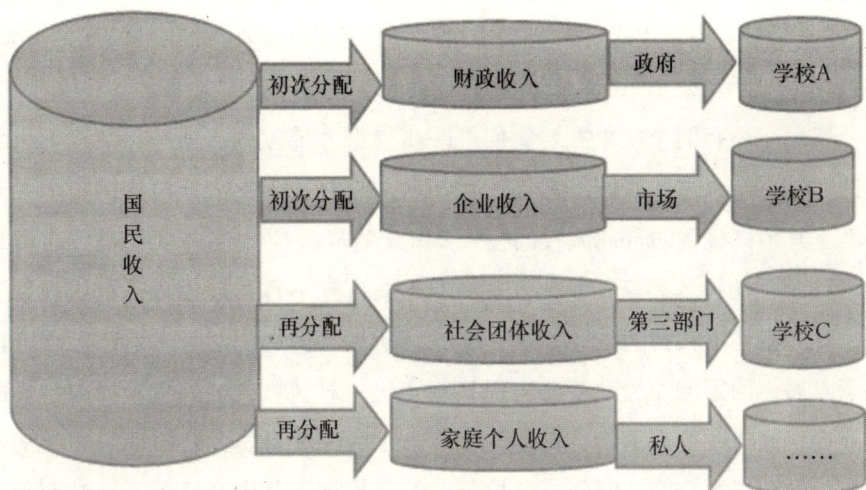

图2-1　教育投入流向

我国是一个人口大国，日益增长的教育任务与有限的教育经费之间的矛盾较为突出。这一矛盾如果得不到有效的解决，势必制约区域教育的健康、持续发展。因此，毋庸置疑的是，教育资源短缺是制约区域教育承载力的关键因子，它制约着区域教育生态系统的运行，是导致高校负债、质量低下等严重的教育生态失衡现象的罪魁祸首。

其次，教育资源分布存在不均衡的问题。从社会生态学的视角来看，资源的分布主要有两个层面的含义：一是指各种资源在地理空间上的分布，二是指国家和经济活动中的各种资源在不同使用方向上的分配。而教育资源的分布则倾向于后一种解释。它主要体现为人力、物力、财力等各种教育资源在不同使用方向上的分配。任何一个环节出现问题，都会打破资源分配的均衡。那么，教育资源分布不均衡主要有哪些体现呢？具体而言，这种不均衡主要有三个方面的表现：空间分布的不均衡、学校分布的不均衡和时间分布的不均衡。

我们以 2010 年我国高校在全国各省份的分布情况为例，对资源分配的不均衡性做具体阐述（表 2 - 1）。评价统计所包含的大学共有 980 所（不含军事类院校和港澳台地区院校），其中重点公立大学 119 所，一般性公立大学 599 所，民办院校 262 所，这三类院校分布在全国 31 个省（区、市）。

从表 2 - 1 中可以看到，我国教育资源明显存在地区分布不均衡的现象。高校集中地区主要是东、中部地区，而西部地区的高校相对稀少。

然而，还有两个现象需要我们进一步挖掘才能发现：第一，从我们所了解的学校分布来看，我国教育部门对知名重点高校如北大、清华的资源投入要高于其他高校，对部属院校的投入要高于省属院校，对"985 工程"、"211工程"院校的投入要高于其他院校，由此就自觉不自觉地形成了区域教育资源分配中各地学校待遇的不均衡；第二，从教育的历史时期来看，随着经济逐渐发展，国家的相关政策会出现某些变化，对区域教育的资源投入也会随之改变，这些改变自觉不自觉地就容易产生区域教育资源在时间分布上的不均衡。教育资源空间、时间、学校分布的不均衡，分别造成了区域教育承载力在时间上、空间上和学校之间的不均衡。

表 2-1　全国普通高校数量分布情况　　　　（单位：所）

数量排名	地　区	高校总数	重点大学数	一般大学数	民办大学数	所在区域
1	北京	62	27	26	9	东部
2	江苏	62	13	29	20	东部
3	山东	62	2	36	24	东部
4	广东	56	5	29	22	东部
5	辽宁	50	6	34	10	东部
6	陕西	49	8	24	17	西部
7	上海	44	9	20	15	东部
8	河北	44	3	30	11	东部
9	湖北	43	7	27	9	中部
10	四川	40	5	26	9	西部
11	河南	40	1	29	10	中部
12	安徽	38	3	26	9	中部
13	福建	37	2	17	18	东部
14	浙江	36	1	24	11	东部
15	湖南	36	4	22	10	中部
16	黑龙江	32	5	19	8	中部
17	广西	28	1	19	8	西部
18	吉林	27	3	21	3	中部
19	云南	25	1	18	6	西部
20	江西	25	2	17	6	中部
21	山西	22	2	15	5	中部
22	重庆	21	3	12	6	西部
23	天津	19	3	15	1	东部
24	贵州	18	0	17	1	西部
25	内蒙古	17	1	11	5	西部
26	甘肃	14	1	12	1	西部
27	新疆	13	1	10	2	西部
28	海南	8	0	4	4	东部
29	宁夏	6	0	4	2	西部
30	青海	3	0	3	0	西部
31	西藏	3	0	3	0	西部
共计		980	119	599	262	—

注：数据统计时间为 2010 年 1 月。表中的重点大学是指教育部直属大学、"211 工程"和"985 工程"建设高校（"211 工程"三期新增 5 所院校未包含在内）以及 2003 年教育部统计资料中的重点大学。

资料来源：邱均平，温芳芳. 2010. 我国高等教育资源区域分布问题研究：基于 2010 年中国大学及学科专业评价结果的实证分析[J]. 中国高教研究(7)：17-21.

此外，还要关注教育资源的浪费问题。浪费是社会生态系统中普遍存在的一种现象，从根本上讲，社会系统的生产、流通和消费三大过程中都存在浪费现象。而本书中所要阐述的浪费则主要是教育生态系统这个层面上的问题。它与我们通常所理解的生产、消费过程中的浪费问题有所不同。它主要存在于教育资源流动的各个环节中：首先，各种资源在以各级各类学校为主体的教育生态系统中进行配置；然后，在学校生态系统内部进行一系列生产过程；最后，以毕业生为主体的教育成果在社会生态系统中进行最终分配，也即就业。应该说，这一系列的环节中都不同程度地存在着教育资源的浪费现象。

这些教育资源的浪费现象主要表现在教师人才资源使用效率低下、学校资金使用效益不高、毕业生就业情况较差等多个方面。导致这些浪费现象的根本原因还是教育资源使用不当，没有实现教育的生态经济效益，教育承载力不断削弱，其最终结果是教育目标的落空以及促成更大的教育浪费。

（2）教育环境承载力

区域教育环境通常是指对区域教育有直接和间接影响的一切自然环境和社会环境的总和。区域教育的发展与区域教育环境存在互相影响、相互作用的关系。当区域教育的发展与外部环境相适应时，它就能对政治、经济和文化起到积极作用。反之，当教育的规模超过外部环境承载力时，它将打破区域教育系统与环境的生态平衡，环境承载力将限制区域教育承载力，可见，环境承载力是区域教育承载力的约束条件。

一是制度与政策环境。主要是指区域教育发展所面临的各种相关制度与政策环境。例如，《中华人民共和国高等教育法》（以下简称为《高等教育法》）规定：国务院统一领导和管理全国高等教育事业，省、自治区、直辖市人民政府统筹协调本行政区域内的高等教育事业……国务院教育行政部门主管全国高等教育工作……国务院其他有关部门在国务院规定的职责范围内，负责有关的高等教育工作。《高等教育法》的这些规定明确划分了各级政府在发展区域高等教育事业中所承担的责任，使得各级政府部门既有分工又有协作，保障了区域高等教育事业的协调有序发展。

二是经济环境。区域经济发展是区域教育存在、发展的根本基础，这是因为经济的快速发展能够给教育的各种基础设施建设提供有效的财力、物力，是保证教育事业发展进步的根本源泉。具体而言，经济对于区域教育发展的基础作用主要体现在经济发展水平和国家对区域教育的投入上。

首先，经济的发展为区域教育的发展提供足够的资源条件，即财力、物力的支持。当经济发展势头较好时，国家就能提供更多的财力、物力来保证区域教育的发展；而当经济发展堪忧时，国家提供给区域教育发展的财力、物力有限，社会就业岗位也会大幅缩减，进而影响区域教育的健康发展。例如 2008 年爆发的国际金融危机对我国的经济发展产生了许多不利影响，进而造成我国空前严峻的就业问题，这就集中体现了经济发展对教育发展的影响。

其次，教育是具有较强公益性的准公共产品，国家对教育事业的投入无疑是区域教育事业可持续发展的重要保障。目前，我国在增加教育投入方面也逐步形成了以财政拨款为主、多渠道筹措教育经费为辅的机制。教育投入保障机制的逐步完善、教育投入结构的日趋合理、教育的经济价值日益得到充分体现，也会激发各类投入主体对教育的投入热情，进一步拓宽教育经费的筹措渠道。

三是文化环境。文化环境是指存在于人类主体周围并影响主体活动的各种精神文化条件状况的总和。一个地区教育发展指向和发展程度必定与当地人民固有的文化思维密不可分，可以说，一个时代文化越发达，教育一般也越昌盛。潘懋元在谈到文化对区域教育改革与发展的影响时说："文化不仅在区域教育外部和内部起直接的制约作用，而且又介入区域教育的内外部关系之间，起着沟通教育内外部关系的桥梁作用。"（潘懋元，1997）[231] 从上述专家的言论中我们可以看出文化环境与区域教育之间有着潜在的、深层次的本质联系，它在潜移默化中影响着区域教育的发展。

（3）教育人口承载力

人类生态对教育生态发生作用的直接、关键因素是人口。因此，人口是影响区域教育承载力最直接的因素。人口对区域教育承载力的影响主要体现在人口数量、人口波动、人口分布、人口迁移及人口结构等五个方面。

一是人口数量与区域教育承载力。世界人口的第一个 10 亿用了自人类产生以来到 1830 年为止的漫长岁月，此后 100 年间增加了第二个 10 亿，第三个 10 亿只用了 30 年时间，而到 1976 年增加到第四个 10 亿的时间就缩短到了 15 年。在这种情况下，人们用一个并非危言耸听的词来形容人口剧增这一现象："人口爆炸"。人口数量的激增是教育生态的双刃剑：一方面，人口数量的增加会使得社会的教育需求日益增长，从而促进教育事业的发展；另一方面，人口的增长又使得社会所能提供的教育资源相对减少，会使得一定的教育资源承受更多的受教育人口从而破坏教育的承载力。美国经济学家舒尔茨等人关于教育的个人收益率和教育对经济增长的贡献的定量研究曾一度使人们过度相信教育的经济价值，许多发展中国家大力发展教育，教育生态系统的规模不断扩大。但由于这些国家的经济社会发展滞后，导致社会无法吸纳这么多受过教育的人口，从而引发了大量拥有高文凭的人才失业等新的社会问题。区域教育生态系统与整个社会生态系统之间的能量流、物质流受到破坏，系统之间的平衡被打破，反过来严重影响教育生态系统健康、稳定、可持续的发展。众所周知，任何一个社会生态系统都有人口容量的限制，教育的人口容量是指教育生态系统在其保持自身的相对平衡并能正常运行的条件下，所能承载的最大受教育人口数量。

从承载力的含义来看，教育的人口容量的实质是教育的承载力，影响教育人口容量变化的直接因素是教育生态系统本身拥有的各种资源，如教育经费、学校设施、师资队伍等，而这些因素又受到社会经济发展水平以及教育政策等多种因素的影响，这与前面我们所叙述的影响区域教育承载力的因子是一致的。教育生态系统的发生、发展有其自身的规律性，根据教育资源的供应量以及教育资源与人口的比例关系来规划教育事业的发展，是保持教育生态平衡，促进教育事业健康发展的重要条件之一。然而，教育人口激增导致的教育需求增长与教育生态系统健康发展所要求的适度教育人口容量之间却往往形成矛盾。早在 1968 年，库姆斯就在《世界教育危机：系统分析》中指出，不论是发达国家还是发展中国家都明显存在的供求之间的矛盾会继续扩大。不顾教育资源供应条件，忽视教育人口容量的限制，盲目扩大教育规模、追求过高教育普及率，必然导致教育生态失衡，给教育事业发展和人才培养带来巨大损失。

二是人口波动与区域教育承载力。从总体上看，世界人口呈增长趋势，但并不是直线式增长，而是呈骤然升降的波浪式增长，人口的波浪式变化，造成人口相对集中，进而使学龄人口在不同时期大起大落，直接导致种种的教育生态问题，其中之一就是教育规模的不稳定。在人口入学高峰到来的时候，经费、师资、校舍等教育资源都会面临不足，因此需要扩大教育规模；人口高峰过后，又会出现师资、设备等闲置与浪费。20 世纪 90 年代，学龄人口的剧增导致了国家教育需求的增加，教育资源的有限性和日益增长的教育需求之间的矛盾很大，国家投入了很大人力、物力、财力仍难实现供需之间的平衡。随着九年义务教育和高校扩招政策的大力推行，整个教育生态系统实质上处于一种高负荷运行状态，为了满足大多数人受教育的需求，我们实质上是以牺牲质量为代价换取入学普及率的。随着入学高峰的减退和适龄人口的减少，教育资源浪费和闲置的现象将逐渐显现。据调查发现，目前很多农村中小学生源不断减少。有的农村小学因没有学生而不得不停办，由此带来的问题有二：一是闲置的资源特别是师资如何安置，二是对高一级的教育生态形成威胁。区域教育生态系统必然受到这种人口波动的影响。

三是人口分布与区域教育承载力。区域教育承载力的不平衡还与人口分布的不平衡有关，在我国，人口比较稠密的城市一般也是高校比较集中的地方。关于人口分布，早在 1933 年，我国人口地理学家胡焕庸教授曾收集了当年全国各省县的数字，著成《中国人口之分布》一文，首次提出了瑷珲—腾冲人口地理分界线，"此线东南，人口计四万万四千万，异常之密集；西北约一千八百万，异常稀少"（胡焕庸，1983）[60-61]。1990 年第四次人口普查的数据显示，我国人口分布不平衡的格局基本未变：全国 11 亿人口中，东南部人口占 94.2%，西北部占 5.8%。我国人口分布的这一状况，直接影响到我国教育人口的地区分布。统计表明，我国教育人口的地域分布仍然呈东南稠密，西北稀疏的格局。人口分布的不平衡必然导致区域教育承载力的不平衡。我国东南部地区经济发展较快，各种教育资源相对比较丰富，教育人口容量较大，学校规模也较大。而我国西部地区，尤其是西藏、新疆、青海、内蒙古等地区，由于自然地理环境较差，经济发展缓慢，许多地方教育基础设施、教育资源短缺，现有教育资源所能承载的教育人口有限。因此，从宏观上讲，以现有教育资源条件承载现有的教育人口，我国西北部地区所承受的压力比东南部地区要大。

四是人口迁移与区域教育承载力。所谓人口迁移，就是人口在地区间的移动。就国际性人口迁移而言，它有利于迁入国科学技术和教育事业的发展，在当前，允许移民的国家，对移民的数量、质量、来源都有严格规定，一般都是有专门技能的高素质人才。这些人口迁入以后，成为迁入国教育尤其是高等教育中教学和其他科研事业一支很重要的力量，有利于科学技术成果的广泛交流和教育尤其是区域教育事业的繁荣。就国内人口迁移而言，它既是迁入地教育事业发展的动力，也是迁入地教育事业发展的压力，影响着教育承载力的起伏变化。自 20 世纪 80 年代末起，由于大量农民工进城，城市人口急剧增加，使得很多城市的受教育人口数量对当地的教育承载力形成严重威胁。人口迁移必然影响人口的地域分布，当然最终也会影响区域教育的生态分布。

五是人口结构与区域教育承载力。人口结构主要有人口的年龄结构和性别结构，对区域教育承载力产生直接影响的主要是年龄结构。一般而言，学龄人口总数并不受性别比例的影响，故这里不讨论人口的性别结构。然而，人口的年龄结构会直接影响教育生态系统内部的结构变化，影响各级各类学校在教育生态系统中的比例结构，最终影响各级各类教育的承载力。从区域教育承载力的概念界定也可以看出，能对教育承载力形成直接冲击的主要是学龄人口的数量，即人口的年龄结构。

（二）区域教育承载力失衡：区域教育综合改革的主要动因

从区域教育承载力的内涵出发，判断区域教育承载力是否正常，也应从内部承载力和外部承载力两方面进行分析。就内部承载力而言，它着眼于教育系统内部各要素功能的正常发挥，因此，判断区域教育内部承载力是否平衡，主要依据是区域教育资源在配置和使用过程中与教育结构、教育规模等的协调和适应程度，适应程度越高，说明区域教育作为一种"大教育系统"，指导、控制、管理及服务于系统要素的能力越强，区域教育系统内部各要素的作用越能充分发挥，内部承载力越佳。就外部承载力而言，它着眼于区域教育系统对外部各因素的支撑力，区域教育系统对外部因素（政治、经济、文化等）的支撑力度越大，说明区域教育系统与外部环境的协调和适应程度越高，外部承载力越强。

1. 区域教育资源配置的失衡

当区域教育资源在配置和使用中与内部各要素不适应时，区域教育系统内部各要素的作用就无法充分发挥。区域教育内部各要素主要是指构成教育活动必不可少的基本要素。当区域教育的规模超过外部环境的承载力时，将打破区域教育与其环境之间的生态平衡，外部环境将限制区域教育的发展。在这个复杂的生态环境中，对区域教育生态系统发展最具约束力的是教育设施、教师资源及经费投入。

首先，从教育设施看区域教育承载力失衡。教育设施是指向教育提供公共产品和公共服务并保证农村学前教育、义务教育和职业教育顺利进行的各种物质技术条件的总和。教育设施关系到学生、社会整体利益和长远利益，是使用期限较长的物质基础设施，是经济、社会、文化发展和受教育者成长必不可少的基础性条件。一些经济欠发达地区由于缺乏稳定的经费投入，现代教学媒体的硬件和软件建设难以跟进，导致教育承载力不强。

其次，从教师资源看区域教育承载力失衡。教育者主要指教师，即教育活动的主导者，是承担学校教育教学任务的专业人员，是引领整个学校发展的关键。在偏远地区、少数民族地区等经济欠发达地区，由于历史与现实的原因，优质师资长期得不到有效补给，师资力量薄弱，尤其是职业教育"双师型"师资奇缺，这是导致当地教育承载力较弱的重要原因。

再次，从经费投入看区域教育承载力失衡。例如在义务教育阶段，虽然税费改革后，中央及省级政府已经加大了对农村义务教育专项的投资力度，但资金规模相对小、使用效率不高等问题仍然存在。其中，导致农村义务教育发展滞后的根本原因就是我国公共投资供给体制不完善，农村学校在办学条件、师资队伍、经费投入等方面与城市学校存在较大的距离。近些年，我国各级政府采取了许多积极措施，不断增加财政对义务教育的拨款，普及义务教育的目标已基本实现。然而，必须承认，尽管在全国范围内城市义务教育阶段学生学杂费已经全部免除，但是义务教育发展不均衡的问题并没有解决好，以中央为主的转移支付方式过于单一，财政转移支付制度还不完善，缺乏省际、县际的横向教育转移支付制度，省际、县际、城乡之间义务教育发展存在着较大差距。

2. 区域教育外部环境的约束

区域教育政策是区域教育管理方法、管理手段的具体化。区域教育政策中最重要的是投资政策和评价评估制度，它们作为政策导向引导着区域教育行为方式的选择，直接影响着区域教育的政治环境。

区域经济发展的不平衡导致经济欠发达区域的教育发展缺乏坚实的财力、物力等物质基础支持。我国财政教育投入占 GDP 比重 2012 年已达到 4%，但与国际水平相比还存在一定差距。我国各地区经济发展很不平衡，正如《中国农村扶贫开发纲要（2001—2010 年）》指出的，全国 14 个集中连片特困地区农民人均纯收入 2676 元，仅相当于全国平均水平的一半。这就决定了不同地区的家庭对教育成本的分担能力存在很大差异。

与政治、经济环境因素相比，文化环境与区域教育之间具有潜在的、更深层次的本质联系，文化的发展为区域教育的发展提供了良好的文化环境，而区域教育的发展又会促进文化的繁荣和发展。区域教育的文化环境承载力集中体现在不同区域文化发展对于教育发展的需求上。目前，我国公民重教意识、就业意识、对教育与收入关系的认识以及对素质教育的认识还比较薄弱，地方政府重视教育的程度仍然不够。

3. 人口波动导致区域教育承载力失衡

人口的变化会引起非常现实的两个问题：一是在以发展为主题的前提下，如何根据适龄人口、财政支撑能力、社会需求等因素，科学地确定不同阶段的发展速度，把握发展的节奏；二是在发展的主题下，如何认识不同层次、不同类型学校的发展空间，即不同层次、不同类型的学校到底有多大的发展空间。特别是教育增量部分在层次与类型上的重新分布，必然涉及不同层次、不同类型学校发展定位以及区域教育宏观结构布局优化等重大问题。

以我国的研究生招生情况为例。1977 年 10 月国务院批转教育部《关于高等学校招收研究生的意见》，研究生教育自此得以恢复。1978 年，我国正式恢复研究生教育，并开始实行学位制度，当年全国报考研究生的人数约有 6.3 万人，考试录取人数共 10708 人。2013 年，我国研究生招生人数已达 60.8 万人。经过 30 多年的发展，我国研究生招生规模已是 1978 年的近 57 倍。研究生教育规模的迅速扩张，在一定程度上满足了经济建设和社会发展的需要，但也带来教育投入不足、生源质量下降等问题。

二、区域教育承载力的实证分析

（一）指标体系的构建

根据本章第一节的讨论，我们认为，从一般意义上讲，区域教育承载力的测量可以从资源、环境、人口三个方面来构建其指标体系。

从资源方面来看，其二级指标包括：生均教育经费、每万人学校数、每校容纳学生数、每班容纳学生数、教职工与学生比、专科以上教师比重、高级以上教师比重、生均学校占地面积、生均教学及辅助用房、生均生活用房、生均行政用房、生均其他用房、生均教学科研仪器设备、生均图书资料、生均拥有教学用计算机。

生均教育经费是用来衡量学校正常运转所需的费用，以及学校在编教职工的工资、学校建设费用等状况的一项指标。这一指标是不同地区财政部门根据当地的经济与教育发展的实际情况，制定财政年度预算以及向相关教育部门拨款的依据。一般来说，生均教育经费与教育承载力成正比关系，生均教育经费越多，教育承载力就越强。在反映教育承载力的众多因素当中，生均教育经费是必不可少的一项。

每万人学校数反映了学校的密集程度。学校是指按国家规定的设置标准和审批程序批准成立的实施教育的单位。学校不同于其他企事业单位和社会组织，是有计划、有组织地进行系统教育的组织机构，是培养人才的第一基础阵地。一般而言，某地区每万人学校数越多，说明该地区教育资源越丰富。随着部分农村人口进城务工以及城镇化步伐加快，部分农村中小学校撤并为城镇学校，学校数量减少，学校密集程度减弱。在保证教育质量的前提下，每万人学校数越多，区域教育承载力就越强。学校数是教育的组织载体，每万人学校数无疑是影响教育承载力的因素之一。

教职工与学生比衡量的是教职工数量与学生数量的对比状况，具体而言是学校教职工数与折合在校学生数的比例，这是学校评估中用来衡量学校办学水平是否合格的重要指标。由于教师是教职工的主体人群，而教师在学校中具有重要地位，因此，教职工与学生比是衡量学校教学工作的重要指标。它在一定程度上体现了区域教师资源的充足程度，也从一个侧面反映了区域教育承载力。

专科以上教师比重和高级以上教师比重，是对教师质量状况做出评估的重要依据。而高级以上教师又往往具备所教学科专业知识、专业技能和扎实的理论基础，他们教学经验丰富，教学业绩十分显著，并形成了一定的教学特色。一般来说，学校内专科以上和高级以上教师比重越高，其师资队伍的学历层次越高、教学经验越丰富。专科以上教师比重、高级以上教师比重都是反映区域教育承载力的重要因素。

生均学校占地面积。我们所说的学校用地面积一般包括建筑用地、绿化用地及活动场地三部分。在学校建成之后，应当在保证教育质量的基础上，确保有足够的生均学校占地面积。总之，在确保教育质量的前提下，生均学校占地面积与区域教育承载力成正相关。生均学校占地面积也是反映区域教育承载力的重要因素。

生均教学及辅助用房、生均生活用房、生均行政用房、生均其他用房、生均教学科研仪器设备、生均图书资料、生均拥有教学用计算机分别是用教学及辅助用房面积除以学生人数、生活用房面积除以学生人数、行政用房面积除以学生人数、其他用房面积除以学生人数、教学科研仪器设备值除以学生人数、图书资料数量除以学生人数、教学用计算机数量除以学生人数。这些指标均被用来衡量相应物质资源的拥有量。一般而言，生均教学及辅助用房、生均生活用房、生均行政用房、生均其他用房、生均教学科研仪器设备、生均图书资料、生均拥有教学用计算机数值越大，区域教育承载力就越强。

从环境的角度来看，其二级指标包括：居民人均年收入、社会劳动生产率、管理机制、政策法规。

从人口的角度来看，其二级指标包括：人口密度、流动人口子女数。其中，人口密度主要衡量单位区域内人口数量的多少。它是表示各地人口密集程度的指标，通常计算的是每平方千米或每公顷内的常住人口。一方面，人口密度的增加使得社会的教育需求日益增长，从而促进教育事业的发展；另一方面，人口密度的增加又使得社会所能提供的教育资源相对减少，使得一定的教育资源承载更多的受教育人口从而破坏教育的生态承载力。在确保教育质量的前提下，人口密度越大，在教育需求的拉动下，区域教育承载力越强。

流动人口子女数衡量的是流动人口子女在地区间的移动所带来的教育需求量。流动人口子女数主要反映区域内流动人口子女流动状况。20 世纪 80年代末以来，由于大量农民工进城，我国许多城市人口激增，使得很多城市的受教育人口数量对当地的教育生态承载力形成严重威胁。人口流动必然影响人口的地域分布，当然最终也会影响教育的生态分布，并对区域教育承载力造成一定影响。一般而言，流动人口子女数多的地区，教育承载力较强。

基于此，可以构建区域教育承载力指标体系（表 2-2）。

表 2-2　区域教育承载力指标体系

目标层	准则层	指标层
区域教育承载力	资源状况	生均教育经费
		每万人学校数
		教职工与学生比
		专科以上教师比重
		高级以上教师比重
		生均学校占地面积
		生均教学及辅助用房
		生均生活用房

续表

目标层	准则层	指标层
区域教育承载力	资源状况	生均行政用房
		生均其他用房
		生均教学科研仪器设备
		生均图书资料
		生均拥有教学用计算机
	环境状况	居民人均年收入
		社会劳动生产率
		管理机制
		政策法规
	人口状况	人口密度
		流动人口子女数

根据区域教育承载力的资源状况、环境状况及人口状况等三项指标，可以构建出区域教育承载力调控模型（图 2 - 2）。

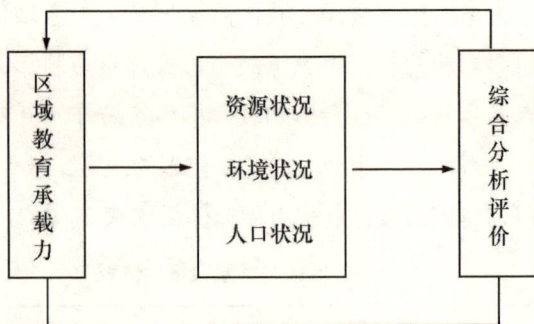

图 2 - 2　区域教育承载力调控模型

（二）实证研究方法

1. 相关研究方法的比较分析

与本研究相关度较高的方法，主要有以下几种（表 2 - 3）。

表 2 - 3 几种评价方法的比较

评价方法	特　　点	不　　足
层次分析法	适用于对具有多重复杂关系和因素的事物进行分析。具有系统性、灵活性、简洁性、实用性等特点	只能得出一种粗略的方案排序，主观性较强
数据包络分析法	以相对效率概念为基础，根据多指标投入和多指标产出对相同类型的单位（部门或企业）进行一种相对有效性或效益的排序	不能对所有参评对象直接进行排序，只能进行"好"到"不好"的大致分类
因子分析法	可以引入很多变量，可以分类，可以排名	对基础数据的准确度要求很高，在分析时是以整体进行分析，只能进行综合性的评价

（1）层次分析法（Analytic Hierarchy Process，AHP）

20 世纪 70 年代初，美国运筹学家萨蒂（T. L. Satty）基于网络系统理论提出了一种定量与定性相结合的、系统化和层次化的分析方法（即层次分析法）。这一方法将较为复杂的对象分为递阶的层次结构，同一层的各元素之间相互联系，且地位大致相等，通过逐层比较重要性程度得到层次排序，从而在此基础上进行一致性检验，最后，通过判断矩阵的最大特征值及其对应的特征向量的计算和归一化处理，就能得出各要素对应的权重（张兰芳 等，2010）。

（2）数据包络分析法（Data Envelopment Analysis，DEA）

数据包络分析法是运筹学、管理科学与数理经济学交叉研究的一个新领域，是以相对效率概念为基础发展起来的一种有效性评价方法。数据包络分析法通过线形规划技术确定生产系统的前沿面，得到各项决策单元的相对效率以及规模效益等方面的信息，其得到广泛应用的主要原因是不需要以参数形式规定前沿生产函数，也不用事先了解输入、输出之间的关联。这是一种运筹学评价生产效率的方法，并且特别适用于公共事业的评价，现已成为管理学、系统工程、决策分析和评估技术等领域一种重要的分析工具和手段。数据包络分析法很好地解决了综合评估方法所遇到的难题，这主要体现在以下四个方面：①以各决策单元输入和输出的权重为变量，从最有利于决策单元的角度进行评估；②假定每个输入都关联到一个或多个输出，而且输入与输出之间确定存在某种关系，使用该方法时不必确定这种关系的表达式；③所得到的相对效率评估系数与输入量和输出量的量纲无关；④把评估对象的评估指标值作为观测值，形成相对有效前沿面，以此作为评估的标准，因此又是一种统计分析方法。

（3）因子分析法（Factor Analysis，FA）

因子分析法是一种通过降维来简化数据的多元统计方法。一方面，因子分析可以将具有错综复杂关系的多个变量综合为较少的几个因子，从而再现原始变量与因子之间的相互关系；同时还可以根据不同类型的因子对变量进行分类，通过寻找出一组相互独立的较少数量的公共因子来代替互相关联的相对较多的原始变量。这样选取的公共因子能够集中反映原始变量中所含的大部分重要信息，从而起到简化分析的作用。另一方面，虽然因子分析并没有直接使用初始数据指标，只是对初始数据指标进行了浓缩，但是，因子分析过程中使用浓缩后的公共因子对原模型进行解释，所以，浓缩后的公共因子事实上比初始因子更具有解释价值。总而言之，这一方法可以在丢失最少信息的基础上，把一组观测的原始变量转化为少数几个综合因子，在将原始观测变量信息转化为这些因子具体的值后，用这些因子代替原来的观测变量进行统计分析，其评价的依据是数据间的相关性，在一定程度上减少了其他评价方法中的人为误差。

2. 研究方法的选择

数据包络分析法尽管在投入产出分析和效率分析方面具有重要的意义并且效果相当好，但是，一则投入产出在概念界定上存在一定的困难，二则该方法在评价对象上侧重于"效率"评价，因此，用其来测量区域教育承载力并不恰当。在衡量区域教育承载力时，涉及的指标很多，在综合评价过程中会遇到困难。层次分析法虽然具有系统、简洁、灵活、实用等特点，尤其适用于对具有众多相互关联、相互制约的因素的复杂事物进行分析，但是，它得出的结果是粗略的方案排序，主观成分很大，难以客观反映区域教育承载力。

相比之下，因子分析法在区域教育承载力的测量上具有得天独厚的优势：首先，因子分析法可以引入很多变量；其次，因子分析法的强项是通过降维形成分类和排名，可以将众多的指标转化为少数几个因子变量，这样就可以将测量区域教育承载力需要考虑的几十项因素简化为几项因素，便于抓住主要矛盾。再者，因子分析法十分便于在同一系统内进行排名和比较，可以根据每个因子变量的方差贡献率，确定一个客观的权重，从而计算出区域教育承载力的综合得分，这样就可以更加全面、更加客观地考察区域教育承载力。因此，本研究主要采取因子分析法。研究中，我们先运用因子分析法算出全国 31 个省（区、市）的区域教育承载力的综合因子得分，再根据综合因子得分对全国 31 个省（区、市）的区域教育承载力进行排名。

三、区域教育承载力指标体系的应用实例

近年来随着我国经济的飞速发展和综合国力不断增强，我国已从人口大国转变为人力资源大国。义务教育一直是我国教育改革和发展的重中之重。城乡免费九年义务教育全面实现，确保了所有义务教育阶段适龄儿童都能上学。教育部《2010 年全国教育事业发展统计公报》显示，截至 2010 年年底，全国 2856 个县（市、区）全部实现"两基"，全国"两基"人口覆盖率达到100％。国家在实现义务教育的全面普及和免费之后，明确了义务教育均衡发展在义务教育事业中的重要地位，并把让所有适龄儿童少年都"上好学"作为努力的目标。这是坚持以人为本、办人民满意的教育的迫切需要，也是新形势下教育自身得以发展和实施素质教育的必然要求。

2001 年，《国务院关于基础教育改革与发展的决定》指出应因地制宜调整农村义务教育学校的布局，明确提出要将调整农村义务教育学校布局作为一项重要工作，按照小学就近入学、初中相对集中、优化教育资源配置的原则，合理规划学校布局。然而，一些地方政府在开展当地中小学布局规划和

调整工作时，对当地农村情况缺乏实地考察与了解，最终使得农村中小学的布局不合理，致使部分贫困农村和山区儿童辍学流失现象加重，农村辍学率上升，区域教育发展失衡。《中国教育经费统计年鉴2010》的相关数据表明，2010年，各地区间地方普通小学生均教育经费的支出差距较为明显，北京、上海两地远高于其他省份。重庆、湖北、湖南、贵州四省份与北京、上海、西藏、新疆四省份相比，前者普通小学生均教育经费支出水平整体较低，其中贵州省最低，其普通小学生均教育经费支出约为北京的14%，全国平均水平的60%。

与义务教育有所不同，高中阶段教育担负着为高校输送优秀后备人才和提高国民综合素质的双重任务，它既是承接义务教育和高等教育的中间环节，又是直接为社会输送具有一定的知识和技能劳动者的重要教育阶段，主要包括普通高中教育和中等职业教育。近年来，我国普通高中教育的普及程度和办学水平不断提高，但普通高中在发展过程中办学模式单一、人才培养模式趋同，"千校一面"、缺乏办学特色等问题越来越突显。在"高考指挥棒"指引下，我国的高中学校，不分地域，不顾学生实际和个性发展，千军万马争过高考"独木桥"；"分数至上"、"升学率情结"的魔咒致使学生多样性、个性化、"条条大路通罗马"的生动活泼的成长空间和发展道路被挤压成"自古华山一条路"、充满高风险和不确定性的"羊肠小道"。不同地区对人才的多样性和差异化的需求越来越强烈，而高中同质化、趋同化的倾向使得这类人才需求难以得到满足。因此，各地区必须根据本区域实际情况和具体需要，鼓励区域内的高中学校走特色办学之路，极力改变高中办学趋同的现状。在1998—2008年的10年间，我国高中阶段教育经费投入占全部教育经费投入的比例呈现逐年下降的趋势，从21.41%（1998年）下降到了18.29%（2008年）。其中，中等职业学校教育经费占全部教育经费投入的比例从12.34%减少到了7.24%，普通高中教育经费占全部教育经费投入的比例从9.08%提高到了11.05%。沈百福（2006）认为：1999年开始的普通高校超常发展、九年义务教育的普及、各种经费保障措施法制化以及免费教育的实施，挤占了高中阶段教育经费投入，是高中阶段教育经费投入占全部教育经费投入比例下降的原因。到 2010 年，各地普通高中生均教育经费的支出差距有所扩大，北京、上海两地的支出水平远高于其他省份，重庆、湖北、湖南、贵州四省份与北京、上海、西藏、新疆四省份相比，前者普通高中生均教育经费支出水平整体较低，其中贵州省最低，其普通高中生均教育经费支出约为上海的 15%，全国平均水平的 64%。

（一）指标选取与数据来源

我们将义务教育与高中阶段教育作为研究对象，对不同区域教育承载力状况进行实证分析。由于不同县域的数据难以获得，下文先以省域为分析单位，选取 2010 年的数据对我国 31 个省（区、市）的教育承载力进行横向比较分析；根据数据的可得性，我们对表 2-2 的相关指标进行了取舍，最终得到如下指标体系（表 2-4）。

表 2-4 不同省（区、市）义务教育与高中阶段教育承载力指标体系

目标层	准则层	指标层
区域教育承载力	资源状况	生均教育经费
		教职工与学生比
		专科以上教师比重
		高级以上教师比重
		生均学校占地面积
		生均教学及辅助用房
		生均生活用房
		生均行政用房
		生均其他用房
		生均教学科研仪器设备
		生均图书资料
		生均拥有教学用计算机
	环境状况	居民人均年收入
	人口状况	人口密度

注：表中所涉及的全国 31 个省（区、市）的数据，主要来自《中国统计年鉴 2010》、《中国教育经费统计年鉴 2010》、《中国教育统计年鉴 2010》、《中国人口统计年鉴 2010》。

（二）研究步骤

1. 取样适当性（KMO）检验

如果 KMO 的值大于 0.5，表示样本数据适合进行因子分析。在本研究中，Bartlett 卡方值第二次因子分析的 KMO 值为 0.791，达到显著程度，因此可以进行因子分析（表 2-5）。

表 2-5　KMO 和 Bartlett 检验

取样足够度的 KMO 度量		0.791
Bartlett 球形度检验	近似卡方	338.840
	自由度	45
	显著性	0.000

2. 样本相关系数矩阵的特征值及方差贡献率

本研究以主成分方法作为因子的提取方法，将特征值大于等于 1 作为选定的因子提取标准。在本次分析中，特征值大于 1 的因素共有两个，它们对样本方差的累计解释率达到了 78.253%，即有两个满足条件的特征值，这两个因子可较好地解释待分析的问题。于是，取前两个主成分分别作为第一主成分、第二主成分（表 2-6）。

表 2-6　总方差贡献率解释表

成分	初始特征值			提取平方和载入			旋转平方和载入		
	合计	方差的百分比	累积百分比	合计	方差的百分比	累积百分比	合计	方差的百分比	累积百分比
1	6.468	64.684	64.684	6.468	64.684	64.684	5.290	52.898	52.898
2	1.357	13.569	78.253	1.357	13.569	78.253	2.535	25.355	78.253

3. 旋转后的因子载荷矩阵

表 2-7 显示的是经正交旋转后的因子载荷矩阵。因子载荷值越高，表明该因子所包含指标的信息量越多。

表 2 - 7 正交旋转后的因子载荷矩阵

	成　分	
	1	**2**
生均教育经费	0.854	0.375
教职工与学生比	0.168	0.880
生均教学及辅助用房	0.125	0.597
生均行政用房	0.302	0.813
生均其他用房	0.767	0.537
生均教学科研仪器设备	0.935	0.265
生均图书资料	0.783	0.255
生均拥有教学用计算机	0.851	0.364
人口密度	0.883	-0.005
居民人均年收入	0.919	0.217

4. 构造基于回归的主成分分析模型

设 F_1、F_2 分别代表第一主成分、第二主成分，则

$F_1 = 0.854x_1 + 0.168x_2 + 0.125x_3 + 0.302x_4 + 0.767x_5 + 0.935x_6 + 0.783x_7 + 0.851x_8 + 0.883x_9 + 0.919x_{10}$

$F_2 = 0.375x_1 + 0.88x_2 + 0.597x_3 + 0.813x_4 + 0.537x_5 + 0.265x_6 + 0.255x_7 + 0.364x_8 - 0.005x_9 + 0.217x_{10}$

其中 x_1、x_2、x_3、x_4、x_5、x_6、x_7、x_8、x_9、x_{10} 分别指生均教育经费、教职工与学生比、生均教学及辅助用房、生均行政用房、生均其他用房、生均教学科研仪器设备、生均图书资料、生均拥有教学用计算机、人口密度、居民人均年收入。

5. 指标综合得分

主成分 F_1、F_2 分别从不同方面反映了区域教育承载力，虽然主成分 F_1、F_2 综合原信息的能力较强，但还是不能直观地反映出各个地区的教育承载力强弱，故构造出如下综合评价模型（设 F 表示 F_1、F_2 因子的综合得分）：

$F = F_1 * 0.52898 + F_2 * 0.25355$

其中，0.52898 和 0.25355 分别为第一主成分、第二主成分的方差贡献率。利用 SPSS 软件创建公式，整理得出表 2-8。

表 2-8　全国 31 个省（区、市）小学教育承载力排名

地　　区	综合得分	排　　名
北京	1.926	1
上海	1.828	2
天津	0.763	3
江苏	0.444	4
浙江	0.427	5
福建	0.218	6
广东	0.204	7
辽宁	0.129	8
内蒙古	0.016	9
陕西	0.003	10
吉林	-0.003	11
重庆	-0.084	12
河北	-0.085	13
黑龙江	-0.087	14
山东	-0.091	15
山西	-0.138	16
海南	-0.226	17
湖南	-0.234	18
湖北	-0.254	19
新疆	-0.264	20
宁夏	-0.293	21
西藏	-0.298	22
安徽	-0.352	23
广西	-0.363	24
河南	-0.380	25
甘肃	-0.406	26
四川	-0.415	27
青海	-0.421	28

地　区	综合得分	排　名
江西	−0.465	29
云南	−0.505	30
贵州	−0.595	31

同理得出2010年全国31个省（区、市）初中和普通高中教育承载力排名（表2−9与表2−10）。

表2−9　全国31个省（区、市）初中教育承载力排名

地　区	综合得分	排　名
上海	2.570	1
北京	1.612	2
浙江	0.782	3
天津	0.705	4
江苏	0.650	5
辽宁	0.581	6
山东	0.195	7
河北	0.154	8
吉林	0.096	9
湖南	0.091	10
内蒙古	−0.025	11
福建	−0.059	12
黑龙江	−0.078	13
陕西	−0.097	14
新疆	−0.103	15
宁夏	−0.155	16
广东	−0.164	17
湖北	−0.248	18
山西	−0.248	19
河南	−0.349	20
青海	−0.354	21
西藏	−0.404	22
安徽	−0.489	23

续表

地　区	综合得分	排　名
江西	－ 0.499	24
四川	－ 0.513	25
海南	－ 0.539	26
重庆	－ 0.549	27
广西	－ 0.568	28
甘肃	－ 0.603	29
云南	－ 0.685	30
贵州	－ 0.708	31

表 2 - 10　全国 31 个省（区、市）普通高中教育承载力排名

地　　区	综合得分	排　名
上海	3.119	1
北京	2.699	2
天津	0.828	3
浙江	0.547	4
福建	0.394	5
江苏	0.392	6
广东	0.113	7
山东	－ 0.025	8
西藏	－ 0.086	9
海南	－ 0.090	10
湖南	－ 0.131	11
辽宁	－ 0.227	12
山西	－ 0.236	13
江西	－ 0.264	14
新疆	－ 0.275	15
青海	－ 0.279	16
河北	－ 0.281	17
云南	－ 0.307	18
内蒙古	－ 0.322	19
宁夏	－ 0.378	20

续表

地　　区	综合得分	排　　名
黑龙江	− 0.386	21
重庆	− 0.400	22
吉林	− 0.429	23
陕西	− 0.431	24
四川	− 0.464	25
安徽	− 0.472	26
广西	− 0.474	27
湖北	− 0.505	28
甘肃	− 0.524	29
河南	− 0.531	30
贵州	− 0.573	31

在县域层次上，本研究以成都市青羊区小学教育为例，选取2002—2010年的数据进行纵向分析。相关数据均由青羊区教育局提供。由于数据的限制，加之青羊区在2011—2013年的三年中，部分指标没有将义务教育和高中阶段教育分开统计，这三年数据的统计口径与以往年份不同，因此研究中仅选取表2-4中的9个指标，研究步骤与上文相同，在此不再赘述。表2-11的KMO和Bartlett球形度检验结果显示，KMO值为0.791，大于0.5，达到显著程度，因此可以进行因子分析。

表2-11　KMO和Bartlett检验（成都市青羊区）

取样足够度的KMO度量		0.714
Bartlett球形度检验	近似卡方	316.009
	自由度	36
	显著度	0.000

表2-12显示，特征值大于1的因素共有三个，它们对样本方差的累计解释率达到了88.405%，即有两个满足条件的特征值，这三个公共因子有较好的解释力。

表2-12　总方差贡献率解释表（成都市青羊区）

成分	初始特征值			提取平方和载入			旋转平方和载入		
	合计	方差的百分比	累积百分比	合计	方差的百分比	累积百分比	合计	方差的百分比	累积百分比
1	5.010	55.661	55.661	5.010	55.661	55.661	4.146	46.067	46.067
2	1.763	19.586	75.248	1.763	19.586	75.248	2.032	22.576	68.643
3	1.184	13.158	88.405	1.184	13.158	88.405	1.779	19.763	88.405
4	0.685	7.614	96.020						
5	0.224	2.487	98.506						
6	0.091	1.006	99.512						
7	0.038	0.422	99.934						
8	0.006	0.064	99.998						
9	0.000	0.002	100.000						

提取方法：主成分分析。

经正交旋转后的因子载荷矩阵见表2-13。

表2-13　正交旋转后的因子载荷矩阵（成都市青羊区）*

	成　分		
	1	2	3
生均教育经费	0.959	0.107	-0.104
教职工与学生比	-0.329	-0.829	-0.013
专科以上教师比重	0.583	0.760	-0.100
高级以上教师比重	0.912	0.381	-0.059
生均学校占地面积	-0.367	-0.243	0.864
生均教学行政用房	0.089	-0.056	0.972
生均生活用房	-0.937	-0.142	0.081
生均教学科研仪器设备	0.958	0.087	-0.031
生均图书资料	-0.080	0.721	-0.235

提取方法：主成分分析。旋转法：具有 Kaiser 标准化的正交旋转法。

注：* 旋转在 4 次迭代后收敛。

同理可得到青羊区小学教育承载力综合评价模型:

$$F = F_1 * 0.46067 + F_2 * 0.68643 + F_3 * 0.88405$$

表 2-14 为青羊区小学教育承载力各因子得分及综合得分的计算结果。

表 2-14 成都市青羊区小学教育承载力各因子得分及综合得分

年 份	第一公因子得分	第二公因子得分	第三公因子得分	综合得分
2000	-0.82941	-1.74718	-0.07669	-1.649198867
2001	-0.50217	-1.60797	0.02595	-1.312152404
2002	-0.67513	0.05488	0.57382	0.233944712
2003	-0.57132	-0.07953	0.58498	0.199369807
2004	-0.56036	0.28585	-0.08558	-0.137582025
2005	-0.99403	1.84734	0.29595	1.071784394
2006	-0.40553	0.69197	-2.31748	-1.760594732
2007	0.41637	0.34692	0.11842	0.534634665
2008	0.6486	0.28842	0.75484	1.164087005
2009	1.43129	0.25333	1.34052	2.018332382
2010	2.04169	-0.33403	-1.21473	-0.362624937

(三) 研究发现

实证研究发现,总的来说,区域义务教育和高中阶段教育的承载力仍然呈现东部地区较高而中西部地区较弱的格局。具体结论如下。

(1) 小学教育承载力呈现东部地区较高而中西部地区较弱的格局。全国31 个省(区、市)小学教育承载力排名前八位的分别为北京、上海、天津、江苏、浙江、福建、广东及辽宁,这些地区的小学教育承载力较强。排名后八位的分别为贵州、云南、江西、青海、四川、甘肃、河南、广西,这些地区的小学教育承载力较弱。值得注意的是,河南与江西两省小学教育承载力分别排名第 25 位和第 29 位,原因主要在于河南、江西两省小学生均教育经费(河南 2271.10 元,江西 2647.43 元)分别排名全国第 31 位和第 29 位,教职工与学生比分别排名全国第 31 位和第 30 位。西藏与新疆的小学生均教育经费排名较为靠前，因此其综合排名并未垫底。

（2）全国31个省（区、市）初中教育承载力排名前八位的分别为上海、北京、浙江、天津、江苏、辽宁、山东、河北，排名后八位的分别为贵州、云南、甘肃、广西、重庆、海南、四川、江西。值得注意的是，辽宁初中教育承载力排名较为靠前（第6位），主要原因在于其生均教学及辅助用房面积较大（4.8平方米），排名全国第4位，生均拥有教学用计算机数量排名全国第3位。重庆初中教育承载力排名较为靠后（第27位），主要原因在于其生均教学及辅助用房面积（2.7平方米）排名全国第28位，生均图书资料（0.4册）排名全国倒数第一。

（3）全国31个省（区、市）普通高中教育承载力排名前八位的分别为上海、北京、天津、浙江、福建、江苏、广东、山东，排名后八位的分别为贵州、河南、甘肃、湖北、广西、安徽、四川、陕西。值得注意的是湖北与河南两省仅位列第28位和第30位，主要原因在于湖北生均图书资料、生均教学及辅助用房均排名全国第29位，生均拥有教学用计算机排名全国第30位，而河南生均拥有教学用计算机（0.057台）排名全国第31位，生均图书资料（0.17册）排名全国第29位。

（4）从县域层面看，成都市青羊区小学教育承载力呈现出总体上趋向提高，局部时间节点上有所波动的特点。从各个指标提取的公共因子的载荷来看，生均教育经费、高级以上教师比重、生均教学科研仪器设备等指标的影响最大；从纵向上看，2000年成都市青羊区小学教育承载力的综合得分最低，此后，除了2004年、2006年和2010年有所波动外，其综合得分均有较大提升，并于2009年达到最高。由此可见，随着国家全面实施义务教育免费等政策措施，成都市青羊区小学教育承载力较之以往有了较大改善。

相关政策解读

2011年，第十一届全国人民代表大会第四次会议审议通过的《中华人民共和国国民经济和社会发展第十二个五年规划纲要》提出，"实施区域发展总体战略"，"推进区域良性互动发展，逐步缩小区域发展差距"。党的十八届三中全会明确提出"深化教育领域综合改革"，"逐步缩小区域、城乡、校际差距"。以上这些国家战略的发布和实施表明，深化教育领域综合改革，推进教育的可持续发展，最终需要落实到区域层面上。如何贯彻落实国家关于区域发展的总体战略？如何增强教育在贯彻落实国家战略中的地位与作用？这些都要求我们进一步加强有关区域教育发展的研究。

区域教育均衡发展战略的重中之重，在于实现区域内义务教育的均衡发展。随着九年义务教育的全面普及，法律规定的适龄儿童"有学上"的问题得到了有效解决。近年来，区域义务教育的均衡发展日益受到国家的重视，多项相关政策接连出台。2005 年教育部印发《关于进一步推进义务教育均衡发展的若干意见》，提出各地在实现"两基"之后要把推进义务教育均衡发展作为义务教育阶段的一项重要任务。2006 年教育部在四川成都召开全国推进义务教育均衡发展现场经验交流会，明确指出要用 3—5 年的时间，努力使区域内义务教育的资源配置更加合理和规范。2009 年教育部在河北邯郸又一次召开了全国推进义务教育均衡发展现场经验交流会，提出了两个阶段性目标，即力争要在 2012 年实现区域内义务教育的初步均衡，到 2020 年实现区域内义务教育基本均衡（刘延东，2009）。2010 年教育部印发《关于贯彻落实科学发展观进一步推进义务教育均衡发展的意见》，进一步对提高经费保障水平、合理配置教育资源等方面提出了指导性意见，以促进义务教育的均衡发展和内涵的有效提升。同年，《国家中长期教育改革与发展规划纲要(2010—2020 年)》（以下简称《教育规划纲要》）强调：到 2020 年，我国义务教育要基本实现区域内的均衡发展，确保适龄儿童少年接受良好的义务教育。2011 年，按照《教育规划纲要》的要求，教育部制定了义务教育分规划和教师队伍建设分规划，与相关部门共同启动了义务教育学校标准化建设工程，加大了对各地义务教育均衡发展的支持力度，深化了义务教育经费保障机制、中小学校舍安全工程、农村薄弱学校改造计划、教师"国培计划"、中小学教师"特岗计划"。同年 3 月，教育部与北京等 16 个省（区、市）签署了义务教育均衡发展备忘录，进一步在省部级层面上推动了义务教育均衡发展工作。

知识链接

谈松华等认为，由于我国区域发展历史进程中长期存在的不平衡性，我国区域教育协调发展战略实现的路径与进程是从非均衡发展到逐步实现均衡协调发展。该研究指出，历史和现实决定了我国教育在一定阶段必然要实行非均衡发展的战略。此战略强调：要从不同发展水平的地区所处的实际发展阶段出发，使教育发展的任务、目标与本地区所处的发展阶段相适应，分阶段有步骤地推进教育的改革和发展，尽可能缩短传统发展阶段所需的时间，采取特定的发展方式，创造有利条件来为均衡协调发展服务。实现从非均衡发展转变为均衡协调发展，关键在于发展条件较好的地区要有效地发挥示范与带头作用，探索、形成与中国国情相符合的现代化教育模式，使欠发达地区实现跨越式的发展。（谈松华，王蕊，王建，2002）[100]

典型案例

在《教育规划纲要》文件精神的指导下，河北省三河市把农村教育摆在超前发展的战略位置，制定了一系列有利于农村教育发展的优惠政策。一是创新农村办学模式，实现幼小一体化。统筹规划建设幼儿园，改扩建、新建农村小学校舍。三河市积极响应《教育规划纲要》中提到的"采取多种形式扩大农村学前教育资源，改扩建、新建幼儿园，充分利用中小学布局调整富余的校舍和教师举办幼儿园（班）"，根据教育布局结构调整富余的教师和校舍，将幼儿园建在小学内部，但又相互独立，形成了"校中有园"、"校园分立"的格局。在小学内建幼儿园，可谓一举多得，不仅解决了农村留守儿童入学难问题，满足了群众就近入学的愿望，还切实减轻了农民的经济负担。二是制定优惠政策，稳定边远地区教师队伍。师资是发展教育的关键。三河市坚持把优化队伍结构、提高农村教师队伍素质摆在重要战略位置，通过构建"聘、训、奖、补、流"五项机制，筑牢教育发展根基。可见，国家的教育政策、教育法规和教育制度是影响区域教育发展的重要因子。

　　地处我国西部的成都市青羊区的教育发展模式应该会给我们更多的启示。近年来，特别是中央教科所青羊教育综合改革实验区成立后，青羊区在科学发展观的指导下创新体制机制，在推进区域教育优质均衡发展方面做出了更多的尝试，获得了显著的成效。青羊实验区坚持走城乡统筹发展的道路，以教育集团的形式推进城乡优质教育的均衡发展，不断拓展教育均衡的"深度"及"广度"，打造出了一批特色鲜明、内涵丰富的涉农学校，并使其成为中西部均衡教育的标杆，例如典范实验小学西区、树德小学西区、泡桐树小学绿舟校区、石室小学西区等。当前，青羊实验区消除了范围内的"三无"（无高级职称教师、无市级学科带头人、无市优秀青年教师）学校，大幅度提升了郊区农村学校优秀骨干教师的比例。青羊实验区牢固树立了"全域成都"的理念，在实现学校间教育均衡，破解区域内城乡教育二元结构的同时，将区域的优质教育资源发散到成都市第三圈层，以解决县域之间教育发展不均衡问题。青羊实验区与彭州共同创建的"N+1"远程教育模式，使彭州的孩子们可以真正享受到优质教育资源，彭州的师生可以"进入"青羊实验区内任何一所品牌学校。青羊不仅对彭州、蒲江以及甘孜州等地实施长期的对口支援，例如仅向甘孜州得荣县提供的资金就累计达到近千万元，而且还不断向蒲江、得荣送去优质的管理和教学骨干，发挥其"造血"功能。青羊共选派了3名校长和68名优秀青年骨干教师赴得荣，仅在蒲江一地就培训了2300名教师、182位名师、65名校级干部。（中国教科院成都青羊实验区专家组，2011）

第三章

区域教育综合改革的影响因素

区域教育的发展受多种因素的影响，在一定的历史环境中，这些因素对区域教育的影响程度各异。本章主要论述影响区域教育的敏感、钝感因子，并通过建立区域教育发展的综合指数和数学模型来确定影响区域教育发展因素的敏感性。

一、区域教育综合改革的敏感、钝感因子

任何类型和层次的区域教育环境都包含着多种因素，例如教育的投入、制度、结构、理念以及资源配置等，这些因素在不同阶段和不同区域都在不同程度上影响着区域教育的运行效果。美国行政生态学家雷格斯（Fred W. Riggs）将其中对生态影响很小的因素称为无感因素，将与这种生态之间具有较大交互影响的因素称为敏感因素。影响区域教育的环境是多种多样的，单一的环境类型又是由多种影响因子构成的，各个因子对区域教育系统的影响作用各异，有的影响作用较大而敏感，甚至是限制性的，有的影响作用较小而钝感。为了研究的方便和保证研究的科学性，在此将它们统分为敏感因子和钝感因子。

（一）区域教育综合改革的影响因素

影响区域教育发展的最主要敏感因素有人才、资金、文化，还有宏观教育政策与微观的制度和规则等，这是就区域教育生态整体而言的。具体到微观的教育系统、教育层次，则可能是上述某一个因素特别敏感，其他的因素只是一般性影响因素。而生态系统及各级子系统的具体敏感因素的确定，不仅需要理论推断，更需要通过事实或实践加以验证。

区域教育受到许多因素的制约，其中包括区位条件、自然条件、经济条件、民族文化、政策、人口和管理水平等。

区位条件即区位本身所具有的特点、属性、条件和资质，它是一个综合性的概念，包括多种构成要素：社会、经济、政治、文化、教育等。区位条件在多个方面影响着区域教育的发展，区域教育资源的配置和流动情况往往取决于所处区位的地理位置、交通和信息条件。根据资源最佳配置原则，区域教育资源会向区位条件较好的地区流动，优质的区位条件，例如便利的交通、通畅的信息和优越的地理位置都有利于区域教育资源的流通，使区域教育资源得到合理的配置。反之，区位条件较差，交通不便、信息闭塞、地理位置偏远，都会妨碍区域教育资源的快速流动和合理配置。

自然条件也就是我们常说的自然环境，它包括地形、气候、水文、生物、土壤等各种要素，从人类文明产生的历史来看，人类早期文明的繁荣和发展主要依赖于自然条件的优越，也正因为如此，古代东西方文明的发源地大多出现在自然条件优越的大江大河附近和名山之间。因为优美的自然环境不但造成一种宁静、适宜的学习气氛，而且能陶冶人的情操，有利于人的健康成长。自然环境是区域教育发展重要的影响因素，其对校舍选址、学校布局、课程计划以及教育主体等都有着深刻的影响。譬如区域教育重要主体——学校，在选址和布局时，总是建在一定地域范围内的，所以校址的选择、学校的分布要受到自然条件的直接制约。另外，现代学校的选址，虽然要更多地受到人为因素的影响，但同样也需要建在自然地理条件较好的地域。在我国，贫困山区特有的现象———一师一校或者复式班级，其存在的原因主要是自然环境的影响。山区地形复杂、交通不便，有些学生上学要走几个小时的路，为了便于学生上学，学校布局大多趋向分散。由此看来，自然环境对区域教育发展有着广泛而深刻的影响。

经济为教育的发展提供了物质保证，决定着一个国家或一个地区教育资源投入的总量。一般情况下，经济水平决定着教育发展水平，经济发展到什么程度，教育才能相应地发展到什么程度。如果离开一定的经济发展水平谈发展教育，只会使教育成为无源之水。反过来，区域教育的发展必然会极大地促进经济的快速发展，二者是辩证统一的。此外，经济条件犹如一块磁铁，会对教育发展所需的人力资源产生巨大的吸引力，如欧美经济发达国家之所以能吸引大批外国留学生、科学家入籍本国，中国东南沿海地区之所以能吸引许多内陆英才，经济因素恐怕在其中发挥了很重要的作用。

区域教育的发展总是与历史传统及民族文化密切相关，任何一个地区的教育都必然要在历史文化的根基之上得到发展，脱离民族文化的教育必然经不起时间的考验。文化能为区域教育的发展提供直接或间接的教育资源，能促使区域教育形成自己的特色。此外，民族特有的思维方式和价值观念也在教育的方方面面潜移默化地影响着区域教育的发展。

人口是在一定地域和时间内的人的群体，是一个综合了多种社会关系、内容复杂的社会实体。人口在一定层面上会对区域教育产生重要影响。在教育资源一定的情况下，人口的年龄结构、区域分布情况、总量、素质等都会制约区域教育的发展。例如，在一定的教育资源条件下，人口数量多的地区人均资源就少，反之则较多；人口素质高、中等年龄人口比重较大的地区，其高等教育在教育体系中的比重较大；人口稠密的地区，通常学校网点相应也多。可见，人口对区域教育的发展制约是多方面的。

管理是一种社会现象。凡是期望消耗最少的人力、物力、财力和时间成本来达到特定目标的集体活动，都离不开管理。教育是培养人的一种社会活动，其发展离不开教育管理。教育管理水平的高低将直接影响区域教育能否协调并合理地发展。

在促进教育生态良性循环的因素中，政策、法规起着非常关键的作用，这是由区域教育的规定性所决定的。政策能够直接影响和控制区域教育的发展方向，它属于上层建筑，能引导教育的正向发展。尤其是国家的教育战略方针，其制定和变更会极大地影响区域教育的发展。例如，《教育规划纲要》的颁布和实施，必将对各区域的教育产生深远的影响。同时区域教育像其他一切社会系统一样，都必须在一定法规的框架下运作。教育法及相关法规是构成良好教育生态的重要因素，教育法规的制定，明确了教育规范，使教育运行有法可依，成为教育管理的利器。比如，经济活动有其内在规律性，市场规律就像一只看不见的手，时时刻刻在对市场进行调节，然而，法律制度作为另一只看得见的手，也在时刻发挥着作用。教育活动也一样，不仅要遵循其内在规律，而且要在有形的政策和法规的制约和保护下进行。此外，在教育管理方面，体制（包括宏观管理体制、投资体制及相应的运作机制）的确立也推动着教育生态系统的有效运转。

（二）区域教育综合改革的敏感、钝感因子

教育生态系统的因素可以归纳为教育系统中流动的能量、物质和信息等，在区域教育中这三者不断地流动，构成一个循环系统，时刻作用于教育生态系统。在教育生态系统中，教育物质流主要包括资金的注入、设施与装备的供给等，资金可视为其中的一部分，它虽可转化为物质，但并不代表物质流的全部，有的物质性需求并不是资金可以转化的。教育信息流包含一切教育技术、理论、情报，也包括意识形态和教育文化等层面的因素。教育能量流可分为有形和无形两类，教育人才的凝聚度、活力和层级，可视为有形的能量流，也是最重要的部分。

总而言之，区域教育的影响因素之间是互相联系的，这些因素本身也是不断发展变化的。区域教育的发展往往是以上各要素共同作用的结果，只不过在不同的区域、不同的历史时期，其中的某一个或某几个要素可能占主导地位。

1. 不同区域的敏感、钝感因子不同

对于经济不发达地区，教育经费投入可能是影响其教育发展的敏感因子。教育投入是教育发展的经济基础和必要条件。教育发展包括四个方面：规模

扩大、结构优化、质量和效益提高。较高的教育投入水平可以使更多的人获得受教育机会，使学校具有更好的教育环境，使教师具有更高的社会经济地位，从而保持较高的教育教学水平，保证国家教育事业的健康快速发展，使社会获得更多高素质人才，形成更充裕的人力资本存量，全面提升国民教育水平和人口素质。对于经济不发达地区而言，教育投入总量不足是制约区域教育发展的主要问题，教育经费投入可能是影响其教育发展的敏感因子，与优化人才资源和政策相比，加大教育经费投入能更加高效地促进其教育发展。所以，在努力增强地方财政收入能力的同时，健全国家层面的教育财政转移支付制度也是十分有必要的。

对经济发达地区来说，影响其教育发展的敏感因子是国家的宏观政策和人才的聚集度，而钝感因子则是教育经费。对于教育的发展来说，教育投入是其必要条件，而从根本上说，教育的良好发展会受到文化、经济以及制度环境的影响，其中，人才的聚集度和国家的宏观政策尤为重要。教育属于文化领域，这里应是一片僻静的山林，树木只有在密集的山林里方能茁壮成长，长成参天大树和栋梁之材，而国家的宏观政策往往从长远和全局的角度约束和指导着教育发展，为教育的发展指明方向，例如，我国实施科教兴国战略，把科技进步和劳动者素质的提高摆在重要的战略位置，以提升我国的科技实力，并不断增强其向现实生产力转化的能力。我国高等教育也因此得到了飞跃式发展：2008 年，全国普通高校在校生人数为 1998 年的 4.5 倍，共 2021 万人；招生总人数是 1998 年的 6 倍，共 607.7 万人。近些年，随着经济发达地区教育经费投入的增加，优化人才聚集度和国家宏观政策的逐步完善，为教育发展提供了良好的外部环境，大大促进了教育的发展。

2. 同一区域不同发展阶段的敏感、钝感因子不同

区域教育综合改革是一项受关注度高、涉及面广、影响深远的社会变革活动，能量流、物质流和信息流共同组成了区域综合改革的相关因子，但同一区域在不同发展阶段的区域综合改革敏感、钝感因子不同。以吉林省改革开放以来的教育改革为例，1978—1992 年，该省处于教育优先发展战略酝酿阶段，提出要像抓经济建设那样抓好普通教育，教育改革的重心在普通教育。

由于教育还处于恢复阶段，因此教育经费、政策、管理人才、师资队伍等都是教育改革的敏感因子。吉林省在 1983 年 9 月通过了《关于加强和改革普通教育若干问题的决定》，提出从增加教育投资、加强学校领导班子建设、认真整顿教师队伍等方面推动教育发展。1993—2001 年，该省处于教育优先发展战略确立阶段，随着教育事业的蓬勃发展，在校学生数不断增加，教育经费、学校用地和基本建设成为该阶段教育改革的敏感因子，吉林省委、省政府明确提出：在改善城乡居民生活水平，提高职工生活待遇时，优先安排提高教师工资和改善住房条件；在制定城市建设规划和年度基建计划时，优先考虑学校建设布局，保证学校的用地和基本建设；在安排地方财政预算时，保证教育经费优先增长。2002 年以来，吉林省已处于深入推进教育优先发展战略的阶段，在这一阶段，该省把促进教育公平和推动教育均衡发展作为重点建设内容，着力推进义务教育均衡发展，促进中等职业教育的发展，并不断提高高等院校的教育质量和办学水平。义务教育管理体制、农村义务教育经费投入、中等职业学校优质资源整合、高等教育经费投入及骨干教师队伍成为吉林省这一阶段教育改革的敏感因子。

二、区域教育综合改革敏感、钝感因子的测量方法

（一）什么是灰色系统理论

灰色系统理论是 20 世纪 80 年代，由我国学者邓聚龙教授提出并创立的一种理论。这是一种用来研究数据少、信息贫乏的不确定性问题的新方法，主要是在数学方法及理论的基础上，通过对已知部分信息的价值开发，提取有用价值，用于解决包含未知因素的问题。如今，灰色系统理论受到了国内外学者的广泛关注，并已经广泛应用于社会、经济、农业、工业、生态等众多领域，解决了生产生活以及科学研究中的许多实际问题。

具体来说，灰色系统理论主要目的是实现对系统运动规律、运行行为的

有效监控和准确描述。它通过分析已知的那部分信息和少量数据的系统特征、表现以及运行机制，来揭示在这种环境下事物的发展变化规律，从而为人类生产生活中的少数据、贫信息问题的解决提供理论支持。灰色系统理论的主要技术内容包括分析现象、处理有限数据、建立模型、预测发展趋势等。其中灰色序列算子、灰色关联分析、灰色 GM 预测模型、灰色决策方法和灰色聚类分析等是灰色系统理论的重要组成部分。面对待解决的问题，人们往往会从社会、经济、生态等系统的特征数据着手，探索各因素间的内在联系和发展趋势。灰色系统理论认为，任何客观系统，都必然存在某种内在规律，在复杂的表象、凌乱的数据中，我们总能找到并选择适当的方法去利用它、分析它。因此，序列算子生成是灰色系统理论研究的基础，通过序列算子，能够使常常出现的定量研究结果与定性分析结论不符的问题得到有效的解决。

灰色系统理论产生于一般系统理论，它是伴随着社会经济的发展和需求的变化衍生出的一种新的科学理论。灰色系统是与白色系统相对应的一个概念。灰色系统理论认为，我们对自然和社会的研究要树立起"系统观"，从系统化的角度出发，认识事物的发展规律和本质，在宏观上进行整体把握。对系统的控制则要关注系统内部和外部的信息，通过对系统内部和外部信息流的掌握，挖掘事物的本质变化，进行有效的信息控制。经典控制理论、现代控制理论和模糊控制理论之间虽然有明显的差异，但仍有一个共同点：所研究的对象系统必须是信息完全已知的系统，即白色系统。然而，是否存在所谓的白色系统还有待商榷，因为面对自然系统、社会系统等，我们掌握的信息总是不完全的，内部信息不完全的系统极其普遍。

灰色系统理论和模糊数学、概率统计是最常用的三种不确定系统研究方法。它们的共同点在于研究对象具有不确定性，不同点则在于研究对象在不确定性上的区别。具体来说，模糊数学着重研究客观事物间的差距过渡不分明的问题，其研究对象的特点是"内涵明确，外延不明确"，比如"老年人"的内涵是明确的，但要规定这个内涵的界限则有难度；概率统计着重研究的是"随机不确定"现象，考察的是某种不确定性较强的现象每种可能性结构发生的概率大小，它要求样本较大，并服从某种典型分布；灰色系统理论研究的重点在概率统计，其研究对象具有"外延明确，内涵不明确"的特点，重在解决"小样本、贫信息"的不确定性问题。

（二）灰色系统理论应用的可行性

一般的抽象系统往往包含着多种因素，例如经济系统、社会系统、生态系统、农业系统、教育系统等，这些系统内部的因素相互作用，形成了整个系统的运转，并最终决定系统的发展趋势。而我们对系统的研究和分析，极其重要的一点就是要对系统内部的因素进行分析，因为只有弄清楚了是哪些主要因素在影响着系统的发展，这些因素间是怎样的层次关系，以及哪些因素对系统发展有利，哪些因素阻碍了系统的发展等问题，我们才能对系统进行有效的控制和管理。例如，在教育系统中，我们希望提高教育质量，而影响教育质量的因素是多方面的，有政治、经济、文化等教育外部因素，也有校长、教师、学生等教育内部因素。在众多因素中，对于某一地区教育发展起决定性作用的因素有哪些，哪些因素影响较大，这些都可以通过灰色系统理论中的数学模型得出结论。

灰色系统理论之所以能够运用于教育领域，最根本的原因在于它的理论性质契合了教育系统相关问题研究的特点。通过灰色关联度的分析，可以了解影响教育系统发展的内部主导因素和潜在因素，各因素的优势和劣势，进而通过这些信息为教育活动的评价打下基础。具体而言，灰色系统理论在教育问题的研究过程中，首先把教育系统看作一个灰色系统，通过灰色关联度的计算来分析教育系统内部各种因素间的相似度或差异度，然后运用灰色关联度数学模型来分析系统中主行为因子和相关行为因子间的密切度，最终判断出影响系统发展的主要因素和次要因素分别有哪些。在实际教育系统中，具有公共产品性质的教育，例如义务教育往往极容易受到政府教育决策的影响，因为这些政策直接决定了各区域的教育资源分配情况，对教育发展有重大影响。另外，教育作为一种投资，受到投资者的能力、投资成本、预期收益等因素的影响。从政府角度看，政府的教育投入水平和努力程度直接决定着当地教育发展水平，而地理条件、基础设施、人口密度等直接影响着教育投资的边际成本和边际收益。从个人角度看，居民收入水平决定了教育投资的水平，影响着教育的预期收益。

（三）如何运用灰色系统理论

在区域教育综合改革研究中运用灰色系统理论，首先要确定可以量化的区域教育综合改革的影响因素，并且事先预测这些影响因素具有相关性，尽管这些影响因素并不很明晰，但是可以肯定一点：它们之间是互相影响、互相关联的。区域教育综合改革需要通过多个指标才能得到充分反映，因此，在灰色系统理论中，考察某区域教育综合改革的状况，需要依据多个指标，而一个单独的指标不可能覆盖全部的区域教育。这为灰色系统理论的具体应用提供了可能，但是也存在一定的问题，需要在具体应用时加以化解。根据灰色系统理论建立的数学模型，需要选取一个相对稳定的参考系数，也就是参考序列，其他影响因素是比较序列。区域教育的参考序列较难选取，可以采取组合方法，对每个观测指标进行敏感度分析，进而根据敏感系数进行排名，选出具体的钝感因子与敏感因子。

基于上述有关区域教育综合改革的重要影响因素的讨论，以及本书第二章对于构建区域教育生态承载力指标体系的探讨，同时，为了方便运用灰色系统理论进行分析，此处对区域教育综合改革的相关变量进行了选择。

（1）区域教育发展变量：区域教育综合改革的主要目标在于提高区域教育的发展质量，而最能反映一个地区教育发展程度的存量指标就是人均受教育年限。因此，我们将人均受教育年限作为因变量，即灰色系统理论中的序列变量。以下为计算公式：

$$APY = \frac{\sum_{i=1}^{n} p_i \sum_{j=1}^{i} x_j}{\sum_{i=0}^{n} p_i}$$

在该公式中，APY 指人均受教育年限；P_i 指各级教育程度人口；i、j 皆指各级教育水平（文盲或半文盲、小学、初中、高中、大专及以上）；n 则是各级教育水平的类别数；x_j 为各级教育的平均受教育年限，以上各级教育分别按 0 年、6 年、3 年、3 年、4 年计算。

（2）政府教育投入水平：生均预算内教育事业费直接用于教育事业的发展，占政府教育投入的绝大部分，所以常用来反映政府的教育投入水平，本研究选用城镇（农村）初中生均预算内教育事业费作为政府的教育投入水平的代理变量。

（3）政府投入教育的努力程度：教育投入水平只反映了教育投入的绝对值，但是如果该地政府非常重视教育，可能会在力所能及的范围内增加教育投入，促进教育发展，所以选用初中生均预算内教育经费占初中生均经费的比例反映政府教育投入的努力程度。

（4）居民收入水平：对于多数家庭而言，教育投资受到其收入水平的约束，本研究选择城镇居民人均可支配收入（农村居民人均纯收入）作为居民收入水平的代理变量。

（5）师资状况：教师质量是影响教育质量的主要因素，考虑到高级以上职称的教师往往具有良好的职业素养，本研究把高级以上教师比重作为师资状况的代理变量。

（6）基础条件：除了以上这些重要影响因素之外，其他基础条件，例如文化传统、基础设施、地理位置、风俗习惯等也都影响着教育的发展。为了不受变量之间共线性的影响，考虑到数据的可得性，本研究把人口密度作为其他因素的代理变量。一般来说，人口密度越大的地区，越容易产生教育的规模经济效益，有利于教育的普及。

三、区域教育综合改革敏感、钝感因子的模型构建

（一）区域教育综合改革敏感、钝感因子的灰色关联度模型

要建立灰色关联度模型，第一步是确定出该模型的参考序列和比较序列，

第二步是通过一系列的映射计算出比较序列因子与参考序列的关联度，最后一步是依据关联度进行敏感性评价（图3－1）。

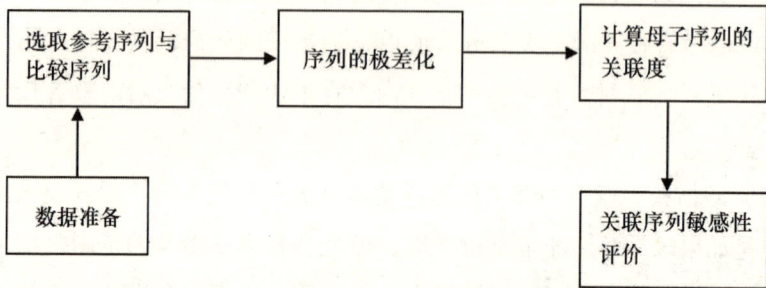

图3－1　灰色关联度模型建立流程

运用灰色关联度理论分析区域教育影响因素的敏感性，首先需要了解建立区域教育发展数学模型的基本术语：灰色序列生成。

灰色系统理论认为，虽然各系统的表象都是纷繁杂乱的，且内部数据零散交错，但系统的运转就是依靠这些灰色系统有限的信息来维持的，因此，系统必然是一个整体，而这一整体必然有其自身的运作规律，重点在于我们如何去发现和利用这种规律。灰色系统理论就是通过对原始数据的挖掘和整理，即灰色序列生成，来探寻系统变化规律的。

在区域教育领域的研究中，我们运用灰色关联度理论，建立了适合区域教育发展的数学模型。选取区域教育敏感性的影响因素为子序列，即比较序列：

$$x^{(1)}(k) = \{x^{(1)}(1), x^{(1)}(2), \cdots, x^{(1)}(n)\}, x^{(2)}(k) = \{x^{(2)}(1), x^{(2)}(2), \cdots, x^{(2)}(n)\}, \cdots, x^{(m)}(k) = \{x^{(m)}(1), x^{(m)}(2), \cdots, x^{(m)}(n)\}$$

选取在各种子序列因子对应条件下的区域教育发展稳定性系数作为母序列，即灰色序列或比较参考序列：

$$x^{(0)}(k) = \{x^{(0)}(1), x^{(0)}(2), \cdots, x^{(0)}(n)\}$$

因各因子的量纲不同及数值相差甚远，必须消除母子序列的各因子量纲的影响，因而采用差值变化的方法对数据进行处理：

$$\Delta_i = \frac{x_i(k) - \min x_i(k)}{\max x_i(k) - \min x_i(k)}$$

通过序列算子对原始数据进行均值化或者无量纲化。比较参考序列 $y_0(k)$ 与比较序列 $y_m(k)$ 的差值 Δ_t：

$$\Delta_1 = \left| y_0(k) - y_1(k) \right| = (\Delta_1(1), \Delta_1(2), \cdots, \Delta_1(n)); \Delta_2 = \left| y_0(k) - y_2(k) \right|$$
$$= (\Delta_2(1), \Delta_2(2), \cdots, \Delta_2(n)), \cdots, \Delta_m = \left| y_0(k) - y_m(k) \right| = (\Delta_m(1), \Delta_m(2), \cdots, \Delta_m(n))$$

新序列 Δ_i 分别求极值的最小值与最大值，代入公式求关联系数：

$$E_i = \frac{\min(\min(\Delta_i)) + P \cdot \max(\max(\Delta_i))}{\Delta_i(t) + P \cdot \max(\max(\Delta_i))}$$

式中 P [0，1] 为分辨系数，取值为 0.5；$i = 1，2，3，\cdots，m$；$t = 1$，2，3，$\cdots$，n

求关联度 $r_j = \dfrac{1}{n} \sum_{j=1}^{n} E_i(t)$

最后，对关联度 r_j 由大到小进行排序，关联度越大，表明该因子对区域教育的影响越敏感。

由于成都市青羊区没有"每万人口中大专及以上人口所占比例"等指标的统计数据，此处仅以湖北省 2004—2007 年数据为例说明上述分析工具的运用方法及其运算结果的实际意义。对于县域层次上的区域教育敏感、钝感因子的定量分析步骤、分析方法及其结果的解释与此处相同。由于受到数据可得性的影响，本研究选取区域教育人口的受教育程度代表区域教育发展的总体水平，将区域教育人口的受教育程度作为灰色序列，用"中高级职称教师比例"这一指标替代第二章中的"高级以上教师比重"指标，选取中高级职称教师比例、教育经费占 GDP 比例、高等教育学校机构数作为比较序列（表 3 - 1）。

表 3 - 1　2004—2007 年湖北省教育人口受教育程度及其关联因子

指标体系	2004	2005	2006	2007
每万人口中大专及以上人口所占比例（%）	53.7	63.5	68.2	71.2
中高级职称教师比例（%）	73.4	72.9	72.9	73.1
教育经费占 GDP 比例（%）	5.3	5.2	3.8	4.0
高等教育学校机构数（所）	85	85	86	87

通过无量纲化各序列因子，得出参考序列 $y_0 = (1, 0.56, 0.83, 1)$，比较序列 $y_1 = (1, 0, 0, 0.4)$

$$y_2 = (1, 0.93, 0, 0.13)$$

$$y_3 = (0, 0, 0.5, 1)$$

比较参考序列 $y_0(k)$ 与比较序列 $y_m(k)$ 的差值 Δ_t：

$$\Delta_1 = \left| (1-1) \right|, \left| 0-0.56 \right|, \left| 0-0.83 \right|, \left| 0.4-1 \right| = (0, 0.56, 0.83, 0.6)$$

$$\Delta_2 = \left| (1-1) \right|, \left| 0.93-0.56 \right|, \left| 0-0.83 \right|, \left| 0.13-1 \right| = (0, 0.37, 0.83, 0.87)$$

$$\Delta_3 = \left| (0-1) \right|, \left| 0-0.56 \right|, \left| 0.5-0.83 \right|, \left| 1-1 \right| = (1, 0.56, 0.83, 0.33)$$

求出新序列极值的最大值与最小值：

$$\Delta_{max} = max(\Delta_{ij})$$

$$\Delta_{min} = min(\Delta_{ij})$$

关联系数矩阵中各因子的计算公式为：$E_{ij} = \dfrac{\Delta_{max} + \Delta_{min}}{\Delta_{ij} + \Delta_{max}}$

$$E_{ij} = \begin{vmatrix} 1 & 0.60 & 0.50 & 0.60 \\ 1 & 0.63 & 0.51 & 0.50 \\ 0.45 & 0.60 & 0.50 & 0.72 \end{vmatrix}$$

通过公式 $\gamma_{ij} = \dfrac{1}{n} \sum\limits_{j=1}^{n} E_{ij}$，计算得到比较序列与参考序列的关联度为：

$$\gamma_{14} = 0.675, \gamma_{24} = 0.66, \gamma_{34} = 0.568$$

按 γ_{ij} 的数值大小排出相应的关联序：$\gamma_{14} > \gamma_{24} > \gamma_{34}$，由关联序可以看出，湖北省每万人口中大专及以上人口所占比例与中高级职称教师比例的关联度最高，说明教师对人才培养的影响最大，其次是教育经费占 GDP 比例，高等教育学校机构数对人才培养的影响排在第三。从已考察的数据来看，影响湖北省区域教育人才培养的敏感因子是教师，也就是说教师是区域教育人才培养的重要影响因素，其敏感度最大。对湖北省区域教育人才培养影响较小的是高等教育学校机构数，其敏感度最小。

（二）区域教育综合改革敏感、钝感因子的实证分析

鉴于数据的可获得性，本研究采用 2002—2012 年全国 31 个省（区、市）的数据。数据主要来自《中国统计年鉴》、《中国教育经费统计年鉴》、《中国人口统计年鉴》。根据人均受教育年限，计算各省份的教育基尼系数，所得结果如图 3 - 2 所示（具体数据见附表 1）。

由图 3 - 2 和附表 1 可以发现，2002—2012 年，全国教育基尼系数呈逐渐增大的趋势。2002 年最小，为 0.130，说明受教育程度较为均衡，此阶段，省际差距不大；而到了 2012 年，教育基尼系数增加到了 0.154，是 10 年来的最大值，这说明随着时间的推移，教育水平差距在不断扩大。整体来看，西藏地区教育基尼系数最低，介于 0.063—0.088，其居民受教育程度的差距虽然也呈现逐渐增大的趋势，但相对而言仍然是最为均衡的；而北京、新疆、天津的教育基尼系数都在 0.158 以上（除新疆 2002 年教育基尼系数为 0.151以外），浙江在 2006 年之后教育基尼系数也一直位于 0.160 之上，2011 年和2012 年其教育基尼系数均为全国最高，分别为 0.172 和 0.176。由此说明从全国来看，这四个地区的教育不均衡程度是居于前列的。

从全国各省份教育基尼系数的变化趋势来看，基本上所有省份都是持续增大的。其中，青海和浙江逐年增大的趋势最为明显。青海的教育基尼系数由 2002 年的 0.118（全国倒数第 4 位）升至 2012 年的 0.175（全国第 2 位），而浙江也由 2002 年的 0.128（位于中等水平）急升至 2012 年的 0.176（全国首位），说明这两个地区的教育不均衡程度越来越高。北京、河南及黑龙江的教育基尼系数最为稳定。北京的教育基尼系数稳定在 0.160—0.166，增减幅度为 0.006；黑龙江的教育基尼系数介于 0.137—0.149，增减幅度为 0.012；河南的教育基尼系数介于 0.121—0.135，增减幅度为 0.014。由这种趋势可以发现，这三个地区的教育差距虽然有所扩大，但处于较为稳定的状态，教育不均衡程度的变化并不十分明显。

由图 3 - 3 和附表 2 可以发现，整体上，全国初中生均预算内经费占初中生均经费的比例在 2002—2012 年是逐年增加的，由 2012 年的 61.2% 增至

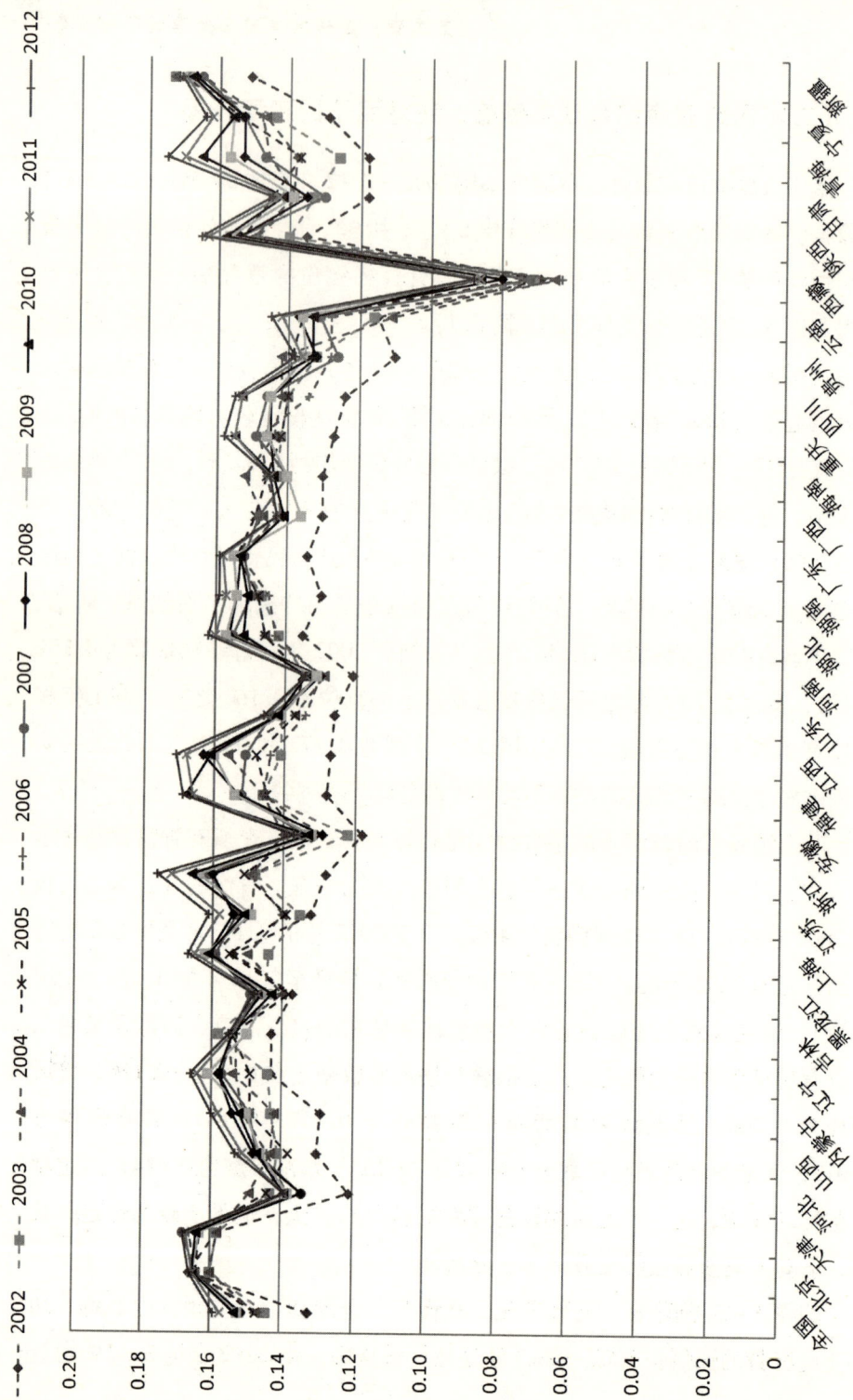

图 3－2　教育基尼系数

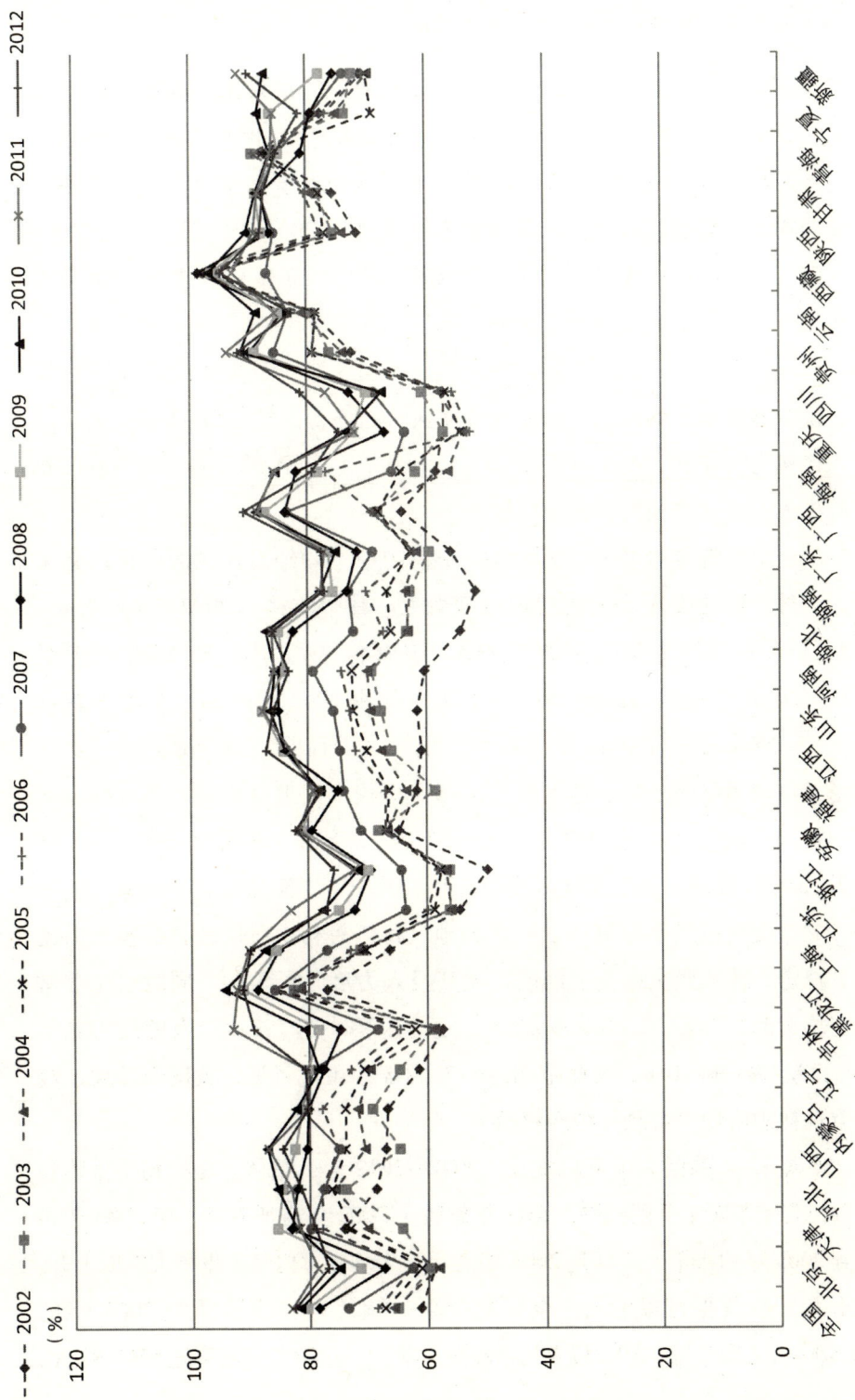

图 3 – 3 初中生均预算内经费占初中生均经费的比例

2012 年的 82.5%，上升了 21.3%，并且各地区间投入比例的差异越来越小，由 2012 年的 47.2% 缩小到了 2012 年的 20.1%，由此可见各地区相关部门普遍越来越重视初中阶段教育的经费投入，对于初中阶段教育的预算内经费投入力度也越来越大。具体来看，重庆在 2004 年（53.7%）、2005 年（54.1%）、2006 年（52.5%）和 2012 年（74.6%）的投入比例均为全国最低，浙江在 2002 年（49.7%）、2003 年（56.1%）和 2009 年（69.8%）三年的投入比例为全国最低，四川、江西等地区投入比例也较低，说明这些地区的投入力度还有待加强。此外，西藏在 2002—2012 年的投入比例基本在 92.6% 以上，居于全国首位，说明西藏重视对初中阶段教育的投入，在这方面的投入力度较大。

从全国各省份初中生均预算内经费占初中生均经费比例的变化趋势来看，吉林、湖北投入比例的增长幅度最大。其中吉林由 2002 年的 57.4%（最低值）持续增至 2011 年的 92.9%（最高值），上升了 35.5%，尤其是 2010—2011 年其投入比例大幅上升；湖北则由 2002 年的 54.2% 增至 2012 年的 85.9%，上升了 31.7%。另外，江苏、江西以及上海等地区投入比例的增长也较为显著。除了这些投入比例变化较大的地区之外，还有部分地区的投入比例在 2002—2012 年较为稳定。例如青海、西藏和云南地区。从图 3-3 可以发现，这三个地区变化较小。其中，青海的比例介于 80.8%—89.1%，变化范围小于 10%，说明该地区每年对初中阶段教育的投入力度十分稳定；西藏跟全国其他地区相比其投入力度是最大的，同时也是非常稳定均衡的，介于 92.6%—98.8%，变化范围小于 7%；云南的投入比例介于 78.4%—88.6%，变化范围也小于 11%。由此可见，我国西部地区较为重视初中阶段教育预算内经费投入。

由图 3-4 和附表 3 可以发现，2002—2012 年，整体上全国初中生均预算内经费呈不断上升的趋势，2003 年相较于 2002 年有所下降，至 2006 年再回到 2003 年的水平，尤其是 2008 年之后，生均预算内经费更是大幅度上升。从附表 3 的数据可以看出，全国初中生均预算内经费最低为 2003 年的 998.09 元，之后以每年 10% 以上的增幅快速增长，至 2012 年已高达 6743.87 元，

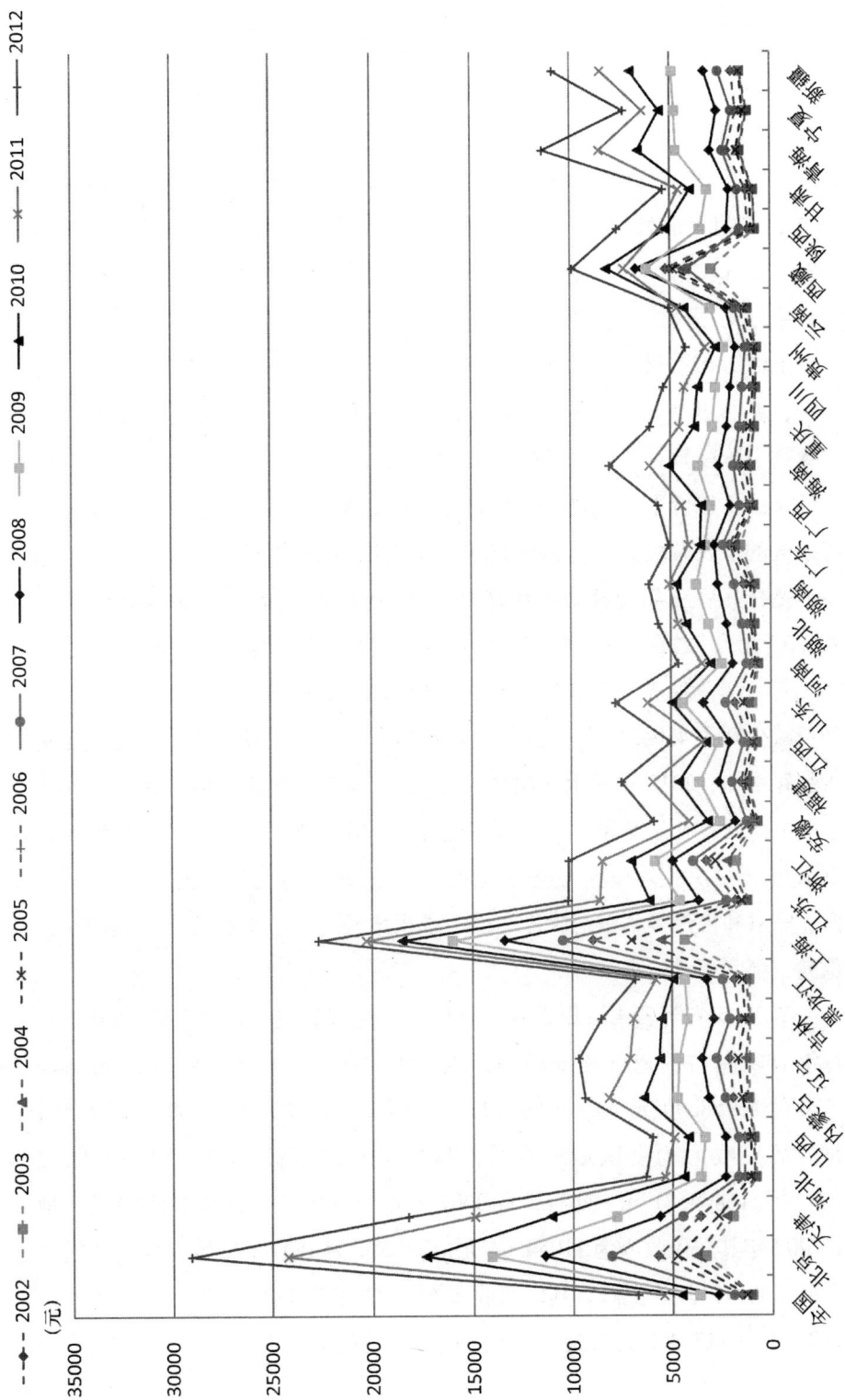

图 3 - 4 初中生均预算内经费

为 2003 年的 6.7 倍，可见初中生均预算内经费投入越来越受到相关部门的重视。相比较而言，2002—2008 年，河南的初中生均预算内经费是全国最少的，最低为 608.54 元（2003 年），最高为 1210.74 元（2007 年）；2008—2012 年，贵州的初中生均预算内经费是全国最少的，最低为 1760.46 元（2008 年），最高为 4225.72 元（2012 年）。这说明从 2008 年开始，河南加大了初中生均预算内经费投入力度，而贵州的经费投入力度增速落后于河南。另外，上海 2002—2010 年初中生均预算内经费投入量最大，居全国第一位，2010 年之后，北京后来居上成为投入最多的地区。由此说明，上海、北京非常重视初中阶段教育预算内经费投入。

从全国各省份生均预算内经费的变化趋势来看，北京、上海、天津和青海等地区的增长幅度最大，速度最快。北京虽然 2003 年的经费投入有所减少，但是在其后三年内经费不断增加，至 2006 年恢复到了 2003 年的水平（5706.57 元）；之后，从 2007 年开始，经费投入急剧增加，至 2012 年达到 29052.63 元，为原先的 5 倍多。上海的情况跟北京相同，在 2003 年生均预算内经费减少到了 4394.1 元，之后于 2006 年又恢复到了这一水平。此后经费投入一路增加，2012 年的生均预算内经费为 2002 年的 5.2 倍，并且在 2010 年之前上海始终处于全国领先位置。此外，贵州、四川、重庆、广东地区也是自 2008 年之后生均预算内经费迅速增加，其增长速度较之前更快。山东、江西、安徽和福建等华东地区虽然也表现出增长趋势，但相比之下其增长比较稳健，幅度相对较小。

由图 3-5 和附表 4 可以发现，整体上，全国居民收入在 2002—2012 年以每年 10% 左右的速度逐渐增加，最低为 2002 年的 9225.98 元，最高为 2012 年的 26958.99 元，10 年间增长了近两倍。具体来看，2002—2006 年，贵州的居民收入为全国最低水平，与当年收入最高的地区相比差距在 11890.69—16864.71 元。此后，自 2007 年起，甘肃变为居民收入最低的地区，2007 年其居民收入为 11054.64 元，2012 年为 18498.46 元。而每年居民收入最高的地区均为上海，其居民收入在 2002 年为 18754.33 元（最低值），在 2012 年为 44754.5 元（最高值）。收入最高的上海跟收入最低的甘肃之间

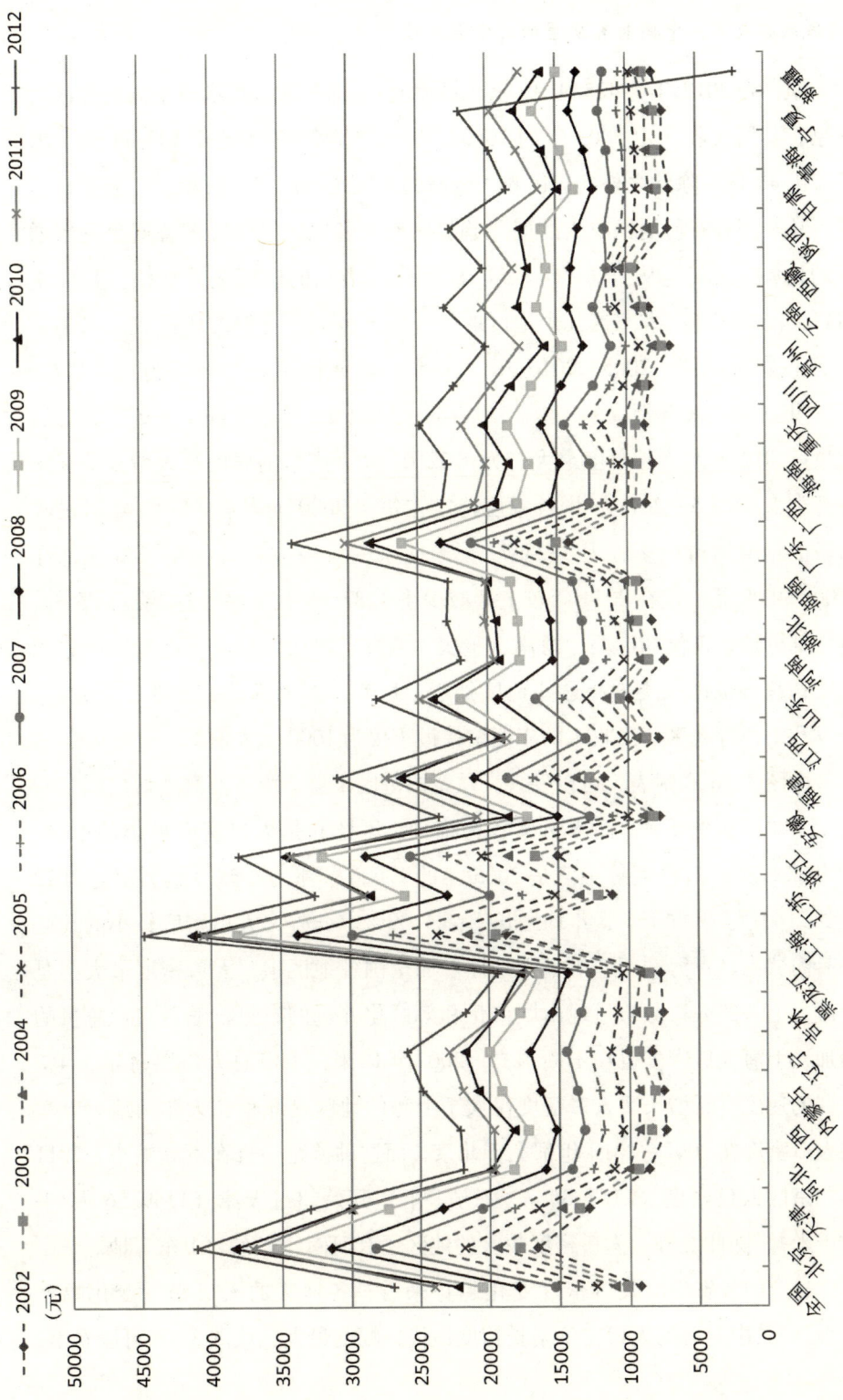

图 3 - 5 居民收入

的差距，在 2012 年为 42559.95 元（最大值）。居民收入仅次于上海的地区为北京，其居民收入由 2002 年的 16603.28 元增至 2012 年的 41103.11 元，增长了 1.48 倍。除此之外，居民收入较高的地区还有广东、天津、江苏等。

从全国各省份居民收入的变化趋势来看，各地区居民收入普遍呈逐年增长的趋势。尤其是从 2006 年开始，居民收入增长的速度显著加快。具体来看，上海、广东、北京这几个地区的增长幅度较大。上海的居民收入水平一直居于全国首位，2005—2010 年，其增长幅度稳定在每年 3000 元左右，2011 年居民收入有所减少，由 2010 年的 41320.72 元减少到了 40532.29 元，2011—2012 年的增长幅度最大，为 4222.21 元。广东的居民收入增长情况跟上海类似，2005—2011 年增长幅度稳定在每年 2000 元左右，2012 年居民收入较上年增加得最多，为 3825.72 元。北京的居民收入每年增长幅度都在 3000—4000 元，仅在 2011 年较上年减少了 1282.68 元。除了这些地区之外，其他部分地区，例如广西、海南、重庆、西藏、陕西、甘肃等地区居民收入的增长趋势也都很类似，这些地区处于一般水平。而河北、江西、黑龙江、吉林和山西等地区居民收入的年度增幅最小仅为 1000 元左右。

由图 3-6 和附表 5 可以发现，从全国范围来看，由于西藏地域广阔，约占全国总面积的 1/8，而人员又较为稀少，因此它是人口密度最小的地区，10 年来，其人口密度最小值是 2005 年的 1.62 人/平方千米，最大值是 2012 年的 2.47 人/平方千米，年均增长率为 1.39%。此外，人口密度较小的地区还有内蒙古、青海、新疆等偏远地区。而全国各地区中，人口密度最大的是上海，上海的人口分布呈现出城市化和郊区化并进的态势，随着人口总量的增加，上海人口密度也在不断提高。2002 年以来，上海总人口以每年 3.4% 左右的速度不断增长。人口密度仅次于上海的地区是北京和天津两地。天津的人口密度在 2002—2010 年都大于北京，而这种差距一直在不断缩小，2011 年北京的人口密度（1167.86 人/平方千米）开始超过天津（1149.56 人/平方千米）。除此之外，人口密度较大的地区还有河南、广东、山东等地。

从全国各省份的人口密度变化趋势来看，各地区的人口密度变化幅度较小。其中上海的人口密度增长速度最快，幅度最大，从图 3-6 可以看出，

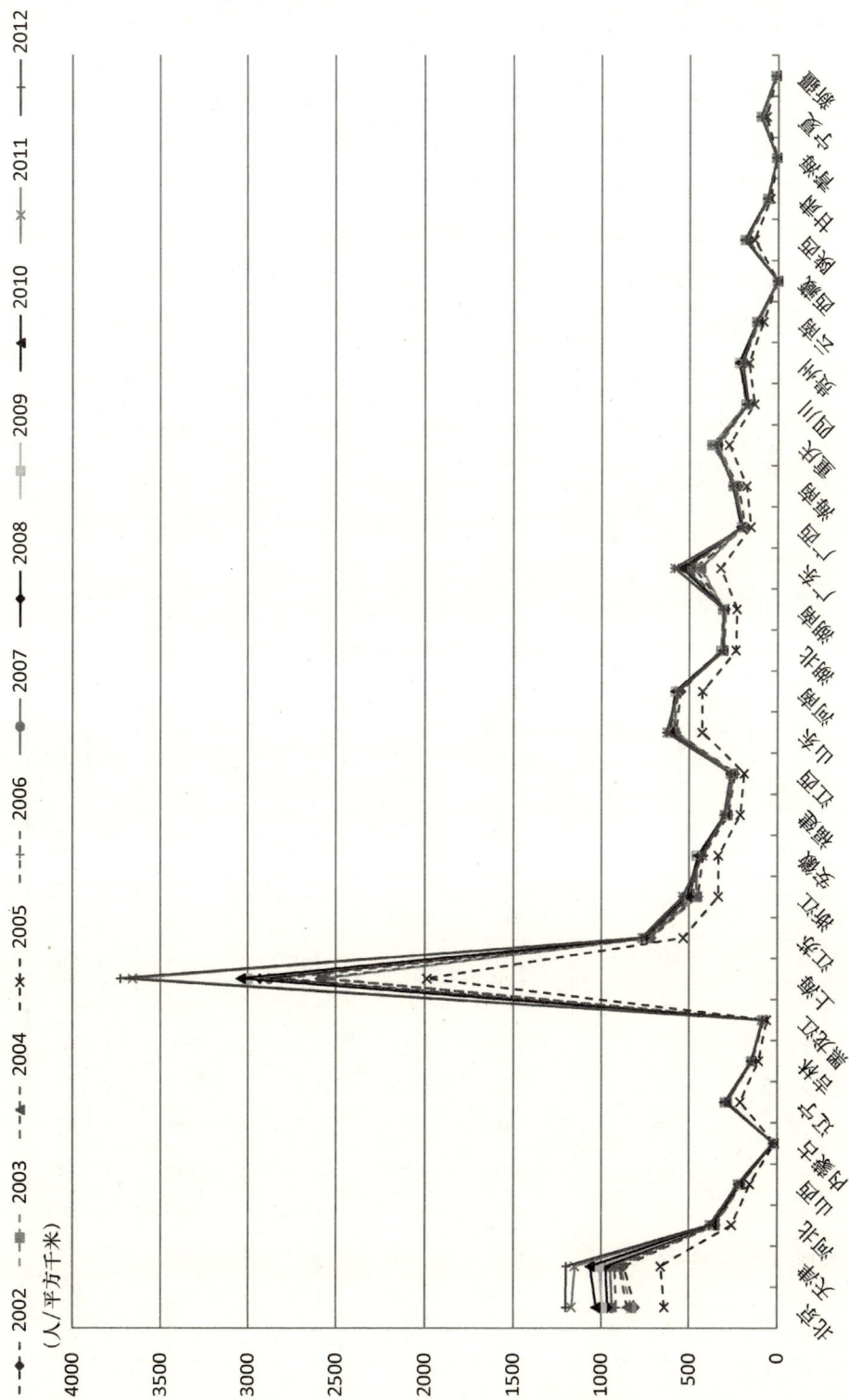

图 3 - 6 人口密度

图例：- ◆ - 2002　- ■ - 2003　- ▲ - 2004　- ✳ - 2005　- ✚ - 2006　- ● - 2007　- ◆ - 2008　- ■ - 2009　- ▲ - 2010　- ✳ - 2011　- ✚ - 2012

(人/平方千米)

2005 年上海的人口密度减少到了 1988.22 人/平方千米，但 2005 年后又急剧增大，在这 10 年间，上海人口密度的最大值和最小值之间的差距为 1737.91 人/平方千米。另一个人口密度变化相对较大的地区是广东，其 2005 年的人口密度（最小值）和 2012 年（最大值）之间差距为 257.68 人/平方千米。此外，北京、天津的人口密度也有缓慢增加的趋势。重庆的人口密度在 2005 年达到最低水平（277.82 人/平方千米），之后出现不断上升的趋势，但在 2012 年（354.68 人/平方千米）仍低于 2002 年时的水平（367.62 人/平方千米）。而其余地区，如山东、江西、福建、陕西和贵州等，其人口密度在这 10 年间都较为稳定。

通过公式 $\gamma_{ij} = \dfrac{1}{n} \sum_{j=1}^{n} E_{ij}$，计算得到比较序列与参考序列的关联度，见表 3-2（部分原始数据和中间计算过程产生的数据详见附表 6—附表 18）。

表 3-2　比较序列与参考序列的关联度

	初中生均预算内教育经费占初中生均教育经费的比例	初中生均教育经费	居民收入	人口密度	其中敏感因子	其中钝感因子
北 京	0.777	0.770	0.757	0.947	0.947	0.757
天 津	0.888	0.926	0.949	0.951	0.951	0.888
河 北	0.913	0.935	0.918	0.896	0.935	0.896
山 西	0.959	0.937	0.908	0.940	0.959	0.908
内蒙古	0.956	0.964	0.887	0.823	0.964	0.823
辽 宁	0.896	0.906	0.851	0.846	0.906	0.846
吉 林	0.864	0.911	0.823	0.824	0.911	0.823
黑龙江	0.850	0.969	0.892	0.900	0.969	0.850
上 海	0.514	0.665	0.651	0.949	0.949	0.514
江 苏	0.872	0.969	0.849	0.878	0.969	0.849
浙 江	0.780	0.914	0.764	0.870	0.914	0.764
安 徽	0.928	0.952	0.908	0.794	0.952	0.794
福 建	0.877	0.886	0.911	0.864	0.911	0.864

续表

	初中生均预算内教育经费占初中生均教育经费的比例	初中生均教育经费	居民收入	人口密度	其中敏感因子	其中钝感因子
江 西	0.942	0.829	0.812	0.833	0.942	0.812
山 东	0.918	0.961	0.878	0.831	0.918	0.831
河 南	0.882	0.954	0.910	0.751	0.954	0.751
湖 北	0.949	0.869	0.864	0.892	0.949	0.864
湖 南	0.895	0.895	0.895	0.902	0.902	0.895
广 东	0.859	0.897	0.833	0.946	0.946	0.833
广 西	0.915	0.941	0.921	0.911	0.941	0.911
海 南	0.945	0.951	0.927	0.928	0.951	0.927
重 庆	0.844	0.909	0.954	0.950	0.954	0.844
四 川	0.891	0.921	0.928	0.923	0.928	0.891
贵 州	0.824	0.959	0.950	0.876	0.950	0.824
云 南	0.858	0.930	0.932	0.909	0.932	0.858
西 藏	0.544	0.515	0.548	0.512	0.548	0.512
陕 西	0.939	0.619	0.812	0.725	0.939	0.619
甘 肃	0.645	0.912	0.944	0.920	0.944	0.645
青 海	0.704	0.882	0.922	0.873	0.922	0.704
宁 夏	0.859	0.945	0.960	0.918	0.960	0.859
新 疆	0.712	0.764	0.805	0.716	0.805	0.712

从表3-2可以看出，福建、重庆、四川、贵州、云南、西藏、甘肃、青海、宁夏、新疆10个省的居民收入对其区域教育产生很大的影响。其原因主要是受我国城乡二元结构、居民收入分配结构等因子的影响，我国居民的收入差距扩大，由此导致区域教育发展的不平衡。影响区域教育的另一个敏感因子是政府投入教育的努力程度，从表3-2可以看出，山西、江西、山东、湖北、陕西5个省的初中生均预算内教育经费占初中生均教育经费的比例对其区域教育影响非常大。而北京、天津、上海、湖南、广东5个省的人口密度对其区域教育影响很大。 纵向比较发现，四个影响因子中，初中生均教育

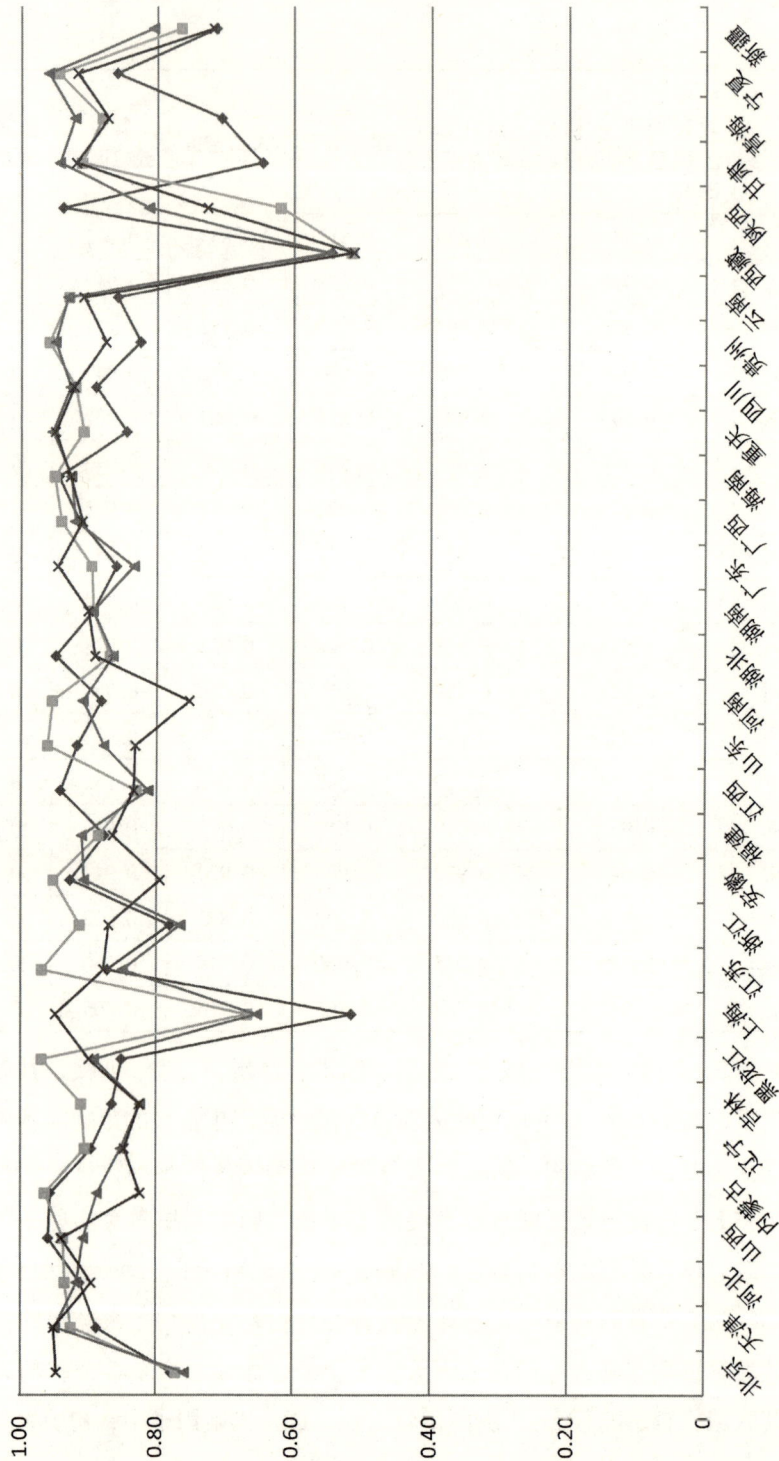

图 3-7　各地区教育敏感因子的敏感程度

经费对区域教育的影响较小，相对于其他因子而言是钝感影响因子。

从图 3-7 也可以看出某一地区的具体影响因子的敏感程度，比如影响北京区域教育的因子的敏感程度从大到小分别为人口密度、初中生均预算内教育经费占初中生均教育经费的比例、初中生均教育经费、居民收入。教育的发展程度与经济的发展程度不完全相同：经济发达的地区，教育可能并不发达；而经济发展水平较低的地区，教育水平可能并不低。如果按影响因子的敏感度大小进行主体功能区划分，比如将居民收入视作影响教育发展的一个敏感因子，那么福建、重庆、四川、贵州、云南、西藏、甘肃、青海、宁夏、新疆 10 个省份就可以被划分为一个主体功能区，山西、江西、山东、湖北、陕西 5 个省份为第二个主体功能区，北京、天津、上海、湖南、广东 5 个省份为第三个主体功能区，其余的省份为第四个主体功能区。这样既有利于消除原来根据经济发展水平划片的弊端，也能够为同一教育主体功能区决策的制定提供很好的实践基础，从而有针对性地制定教育决策。

相关政策解读

2013 年 11 月 12 日，中国共产党第十八届中央委员会第三次全体会议通过《关于全面深化改革若干重大问题的决定》（以下简称《决定》），提出深化教育领域综合改革。为深化教育领域综合改革，全会指出要全面贯彻党的教育方针，坚持立德树人，加强社会主义核心价值体系教育，完善中华优秀传统文化教育，形成爱学习、爱劳动、爱祖国活动的有效形式和长效机制，增强学生社会责任感、创新精神、实践能力。强化体育课和课外锻炼，促进青少年身心健康、体魄强健。改进美育教学，提高学生审美和人文素养。大力促进教育公平，健全家庭经济困难学生资助体系，构建利用信息化手段扩大优质教育资源覆盖面的有效机制，逐步缩小区域、城乡、校际差距。统筹城乡义务教育资源均衡配置，实行公办学校标准化建设和校长教师交流轮岗，不设重点学校重点班，破解择校难题，标本兼治减轻学生课业负担。加快现代职业教育体系建设，深化产教融合、校企合作，培养高素质劳动者和技能型人才。创新高校人才培养机制，促进高校办出特色争创一流。推进学前教育、特殊教育、继续教育改革发展。

《决定》所提出的教育改革方向，可谓涉及教育领域的方方面面，体现出很强的系统性；综合改革的目标指向也非常明确，而在这个目标系统中，缩小区域、城乡、校际差距，实现教育公平无疑是改革的重点和难点所在。

知识链接

能量、物质和信息的流动共同组成了教育生态系统，教育生态系统因素归纳起来可以分为能量流、物质流和信息流，各类因素由许多小因子组成。这些因子当中有钝感的，有敏感的，钝感因子是指对教育生态影响较小的因子，反之，敏感因子就是对教育生态影响较大的因子，并且不同区域的敏感因子和钝感因子存在差异。我们只有找出了影响教育生态系统的敏感因子，才能针对教育发展改革提出建设性的意见。

典型案例

上海：21 世纪初上海首先开始了教育综合改革的一系列试验。经教育部同意，2003 年上海市全面启动教育综合改革试验，内容涉及学校、专业设置和招生计划的审批权改革，高校办学体制和治理体制改革，课程教材和招生考试制度改革，教育经费筹措与收费改革等。2010 年教育部和上海市共建国家教育综合改革试验区，形成共建机制，在教育公共管理体制等七个方面进一步加大教育改革创新的力度，以期在教育综合改革的重要领域和关键环节取得突破，为全国教育事业改革发展积累新经验。

浙江：在招生考试和办学体制等方面进行了有效探索。从 2007 年开始，浙江省重点高中招生推行"分配制"，即把重点高中招生名额按一定比例分配到初中学校。浙江省还最先依据中央政府颁布的有关中外合作办学条例筹办了中国第一所（具有独立法人资格、拥有独立校区的）中外合作大学——

宁波诺丁汉大学。

　　江苏：20 世纪 90 年代率先推进高等教育管理体制改革，在中等城市进行整合高校资源办学试点，率先推进普通高校办学体制改革，举办民办二级学院，并将独立学院资源布点到中小城市，率先推进高教园区建设，开展五年制高职试点，在普通高校招生、中外合作办学、中小学教师国际培训以及中职办学模式和培养模式等方面进行了前瞻性的改革创新探索。

第四章

区域教育综合改革发展规划的编制

区域教育综合改革发展规划，是立足区域全局、面向区域未来，在系统分析影响区域教育发展各要素的基础上，积聚多种优质资源，整合多种有利因素，确定区域教育的价值追求、发展目标、改革思路、战略任务、布局方案、政策保障等的活动过程与文本表达。编制规划主要包含两方面内容：一是编制规划的工作与活动，弗里德曼认为，规划是"将社会推向一个共同目标的一系列共同参与的行动"，是"一项联系思想与行动的社会技术实践"（杨培峰 等，2013）[7]，这一实践活动的水平，决定了规划文本与规划实施的质量；二是科学、有效地表达规划成果，形成规划文本，将确立的价值理念、发展目标、战略任务等以一定形式清晰地表达出来，让规划执行者一目了然、易懂易行。

一、规划编制

编制规划需要开展有序、有效的规划活动，只有有条不紊地推进相关活动，才能顺利完成编制规划的任务。编制规划需要开展四项活动，即健全规划组织、明确规划基础、编制战略框架、优化战略框架。

（一）党政主导，社会协同，健全规划组织

区域教育综合改革事关区域全局，牵涉多个领域，涉及多个部门，不能仅靠教育部门自身的力量来推动。"要使改革取得成效，必须紧密依靠各级党委、政府加强领导。只有加强党委和政府领导，才能打破条块分割的局面，促进各部门配合。"（吴德刚，2011）因此，区域教育综合改革发展规划的首要特征是党政主导，规划制定的主体是党委和政府。

在发挥党政主导力量的同时，还要促进社会协同。区域教育综合改革的重要目的，是以教育改革为纽带，影响和带动相关领域，促进全局发展。综合改革的基本思路，是改变教育发展的封闭运行状态，既考虑教育发展所需的社会性支持，也考虑教育对社会的贡献，在教育与社会的双向互动中提高教育与社会的整体发展力。区域教育综合改革发展规划要体现这一目的和思路，需要盘活区域中的各个要素，促进社会协同。

首先是编制规划时的社会协同。编制规划时要突破教育视域，积聚各行业、各部门的人力物力。既要考虑教育综合改革的先导性功能，也要考虑区域经济、社会与文化发展的承载力，还要考虑社会各行业和其他部门的支持。在规划编制的人员组成上，要有教育以外的其他部门人员参加，要让他们发挥实质性的作用。在规划文本完成后，要充分征求社会各界和各部门的意见，在凝聚各方智慧的基础上促进规划编制的社会协同。

其次是实施规划时的社会协同。实施规划不仅是教育系统内部的任务，也是相关部门各司其职、共同奋斗的纽带。在实施规划时，要提高规划的社会知晓率与认同度，要在尽可能大的范围内以多种形式宣讲、推介教育综合改革发展规划，"综合应用法规、规划、标准、规则、财政、信息服务、政策指导、督导和必要的行政措施"（杨银付，2014），指导和督促各部门落实规划中的相关要求，高质量完成规划任务，在过程督导中促进社会协同。

根据党政主导和社会协同的基本要求，编制规划时应由党政牵头，首先成立区域教育综合改革发展规划领导小组，党政一把手任组长，其他各部门负责人参加，负责确定区域教育的发展方向、综合改革的目标和重点，审查

规划的必要性、可行性、先进性和科学性，根据规划的实施需要提供政策保障与资源支持，形成规划及其实施的决定性意见等。然后成立规划编制小组，由教育行政部门牵头，其他各部门派员参加，在领导小组的部署下，负责现状调研和战略目标、战略任务、实施策略、保障措施等的拟定，形成规划文本，并提供相关的论证性资料，为领导小组决策做好支撑。还要成立专家咨询小组，聘请教科文卫、经济、社会等多方面专家，负责提供最新信息、决策建议和规划论证。三个小组均在党政领导下工作，形成规划合力。

（二）立足全域，分析"环境"，明确规划基础

健全了规划组织后，规划编制小组应立足区域全局，分析本区域的基本情况，以此明确规划的现实基础。梳理区域全局的现实情况，首先要分析教育综合改革的外部环境。外部改革环境是指教育系统以外影响教育综合改革的各要素的总和，包括社会经济、舆论氛围、文化风貌、传统习俗等多个方面，这些方面对区域教育综合改革起着不可低估的作用，编制规划时要充分考虑这些因素的正面或负面作用，利用其优势规划特色改革项目，立足其劣势确立改革攻坚项目。如深圳南山教育综合改革实验区在制定区域教育综合改革发展规划时，首先立足全域，分析和明确了改革环境。

> 深圳市是我国南部改革开放的前哨城市。南山区是深圳市的教育、高科技、文化、知识型服务业汇集的重点行政区域，位于深圳市西南部。全区陆地面积185平方公里，海岸线长达43.7公里，东南距香港海上距离5.5公里，西南距离澳门59.1公里。户籍人口近60万人，但管理与服务人口近年连续递增，2011年年底已达170万人左右。2009年实现本地生产总值1720.5亿元，到2011年本地生产总值跃升到2441.75亿元，人均国民生产总值（GDP）达到22.3万元，按当年平均汇率折算为3.45万美元，达到了中等发达国家和地区的水平。目前，全区在内地和香港、纽约上市的公司超过了100家。

> 2009年，国务院批准了《珠江三角洲地区改革发展规划纲要

（2008—2020 年）》，把珠江三角洲的改革与发展提升到了国家战略层面。而后，《前海深港现代服务业合作区总体发展规划》又得到批准并开始实施，粤港澳经济将进一步融合，区域合作新格局正在形成，南山区迎来了又一个腾飞的机遇。

　　根据国务院批准的《珠江三角洲地区改革发展规划纲要（2008—2020 年）》、《前海深港现代服务业合作区总体发展规划》以及广东省委、省政府和深圳市委、市人民政府的相关决定，面对南山区发展过程中的新机遇和新挑战，新一届南山区委、区政府提出，举自主创新大旗，树国际城市标杆，全力建设国家核心技术自主创新先行区、现代服务业发展样板区、和谐社会建设示范区及教育科研高地（"三区一高地"）。在具体的功能区建设方面，包括建设前海深港现代服务业示范区、后海总部经济聚集区、大沙河创新产业走廊、蛇口网谷互联网基地、深圳湾商圈区域性消费中心，并加快大学城建设步伐，努力把南山区建设成为宜居宜业的国际化海滨城区。……

　　区委、区政府提出，在未来五年，要进一步推进产业升级，实现"四大转变"，抢占产业发展"四个高端"：从高新技术强区向创新技术强区转变，抢占高新技术产业的高端；推动服务业向知识型服务业转变，抢占现代服务业的高端；推动文化产业向文化创意产业转变，抢占文化产业发展的高端；推动传统优势产业为支撑向战略性新兴产业为支撑的转变，抢占战略性新兴产业的高端。（《教育综合改革实验丛书》编委会，2012a）[2-4]

　　从上述材料来看，深圳南山区在分析教育综合改革的外部环境时抓住了基础性环境和改革性环境两大要素。首先分析了教育发展的基础性环境，明确了教育综合改革的社会起点：从教育综合改革的大环境——深圳谈起，突出了深圳"改革开放"的特点与"前哨城市"的定位，这一特点和定位对南山区的教育综合改革理念、思路与方向提出了要求。再从产业特点、区域面积、海岸线、地理位置、户籍人口、生产总值、发展战略、区域格局等方面分析南山区的社会发展情况，梳理了南山区教育综合改革的社会基础。南山区的上述材料，为分析教育综合改革的基础性外部环境提供了思路，结合其他区域的经验，分析基础性外部环境可选用如下内容与方法（表4－1）。

表4－1　基础性外部环境分析的主要内容、方法与要求

主要项目	分析的主要内容	分析的基本方法与要求
经济	经济总量、经济增长、经济结构、人均可支配收入、家庭消费倾向、家庭教育投入等	数据统计，客观准确
政治	国家政策、社会治安、治理结构、公共服务、法律法规等	概括描述，择其精要
人口	数量、密度、年龄结构、职业构成、教育程度、社区风貌等	数据统计与概括描述相结合
地理	地理位置、周边环境、地势状况、交通情况等	准确概括和描述
科技	信息技术、科创发明、创新意识、先进手段在教育中的运用等	数据统计与概括描述相结合
社会	社会习俗、道德风尚、价值观念、进取状态等	抓住关键，概括描述
文化	文化资源、文化氛围、总体文化水平等	数据统计与精要描述相结合

深圳南山区在分析基础性外部环境时，没有对上述要素逐一加以说明，而是突出了与教育综合改革密切相关的重点要素，如地理位置、区域优势、经济发展与社会规划等，有详有略，重点突出。

除分析基础性外部环境外，深圳南山区还分析了综合发展的改革性环境。综合发展的改革性环境，是指社会、经济、政治等方面的改革趋势及其对教育改革的基本要求，是区域教育综合改革的社会动力。南山区在制定区域教育综合改革规划时，分析了《珠江三角洲地区改革发展规划纲要（2008—2020年）》和《前海深港现代服务业合作区总体发展规划》给区域发展带来的新机遇和新挑战；重点提及了南山区委、区政府提出的"举自主创新大旗，树国际城市标杆，全力建设国家核心技术自主创新先行区、现代服务业发展样板区、和谐社会建设示范区及教育科研高地"的区域发展战略、"学、

研、产、产业服务、生活服务"的功能区建设、实现"四大转变"和抢占产业发展"四个高端"等区域改革重点，这些改革战略、目标与重点既为教育改革提供了良好的机遇，也规定了区域教育综合改革的方向与内容，是编制规划时不可忽视的重要内容。综合南山区和其他区域的经验，改革性外部环境分析的主要内容、方法与要求可归纳如下（表4-2）。

表4-2　改革性外部环境分析的主要内容、方法与要求

主要项目	分析的主要内容	分析的基本方法与要求
政策	各级推进社会、经济发展的改革政策	分析政策的改革取向、思路与要求；以政策为依据，精要分析
举措	各级推进社会、经济等改革的主要举措	择要分析
成效	各级推进改革取得的主要成效	数据统计与概括描述相结合，择要分析
规划	分析区域社会整体发展规划的战略目标、战略任务与改革重点	择其精要，概括描述
氛围	分析区域改革的整体状态与氛围	概括描述

在分析了区域教育综合改革的外部环境后，南山区对教育发展的基本情况进行了如下梳理。

建区二十年来……南山教育创新办学体制，深化课程改革，构筑人才高地，促进国际交流，破解发展难题，初步实现了从规模扩张到内涵发展的战略转型，基本满足了市民"有学上"继而"上好学"的需求，创造了教育发展的"深圳速度"，打造了教育的"深圳质量"，走出了一条具有南山特色的素质教育之路。"十一五"期间，全区新建学校9所，新增学位15840个，高考成绩连续18年位居全市之首。继成为广东省第一个教育强区、全国首批课程改革实验区之后，先后成为广东省第一个推进教育现代化先进区、全国推进义务教育均衡发展先进地区、全国阳光体育先进区、全国社区教育示范区、全国未成年人思想道德教育实验区、全国教育综合改革实验区、全国环境教育实验区，获得首届全国教

育改革创新特别奖，教育现代化水平位居全省乃至全国前列。在培养创新人才、提高市民素质、优化投资环境、服务经济发展、促进社会和谐等方面，都发挥了不可替代的作用，做出了重大贡献。(《教育综合改革实验丛书》编委会，2012a)[235-236]

对教育发展状况的分析，称为内部环境分析。内部环境分析是指对区域教育发展水平的整体概括、分析和判断，是教育综合改革的行业起点与专业基础。南山区的内部环境分析包括了教育现状与行业改革两个方面。教育现状是指区域教育的现实发展水平，在分析教育现状时，南山区较为准确地把握了区域教育的现实状况、主要优势与面临的挑战，概述了教育的整体转型、教育需求的满足情况，以及教育的特色发展、现有规模和质量等方面，明确了综合改革的行业起点。综合其他区域的经验来看，分析教育现状应主要从区域教育规模、结构、条件、质量、支撑性因素、经验和挑战等多个方面入手，分析的主要内容、方法与要求如下（表4-3）。

表4-3 教育现状分析的主要内容、方法与要求

主要项目	分析的主要内容	分析的基本方法与要求
规模	学校数、学生数、教师数等	数据统计、对比，精确呈现
结构	各级各类教育的分布	数据统计、对比，客观准确
条件	经费投入、硬件水平、信息化程度、师资队伍等	数据统计、数据对比与概括描述相结合
质量	教育的整体水平和效益	数据统计、数据对比与概括描述相结合
经验	在前期发展中取得的主要经验	描述、分析，择其精要
挑战	与其他区域相比，和教育发展要求的差距，以及由此面临的挑战	概括、分析，突出重点

行业改革环境是指教育系统内的改革基础、改革氛围与改革保障等。南山区在分析行业改革环境时，重点思考了教育系统内的中宏观政策是否有利于综合改革，呼唤怎样的综合改革等问题，"广东省第一个推进教育现代化

先进区"、"全国推进义务教育均衡发展先进地区"、"全国教育综合改革实验区"等，突出了"第一"和"改革"两个要素，明确了南山区教育综合改革的动力与保障。综合各种材料来看，行业改革环境分析主要包括教育的中观与宏观政策、教育治理的基本模式、系统联动的内部机制、区域教育改革现状与氛围等。这一分析的主要目的，是明确区域教育综合改革的政策优势与劣势，为建构综合改革的政策保障体系奠定基础，分析的主要内容、方法与要求如下（表4-4）。

表4-4 行业改革环境分析的主要内容、方法与要求

主要项目	分析的主要内容	分析的方法与要求
政策	分析各级党委政府对教育改革的基本要求和出台的教育改革政策	抓住关键性政策，明晰改革的方向、空间与重点
制度	是否建立了"管办评分离"和"部门协同"的新型管理制度等	精要概括，客观分析
现状	分析目前区域改革的主要领域、举措与效果	统计、描述、分析，抓住关键和重点
氛围	分析区域教育系统内改革的空间、对改革的态度和支持力度等	择其精要，概括描述

在分类分析了区域教育综合改革的内外部环境后，南山区还对内外部环境进行了综合分析。综合改革的基本思路是统整教育内外系统，实现教育与社会的共生，编制规划时应力求统整内外部环境的各个要素。南山区综合分析内外部环境时主要着力于三个方面：一是分析引领性，即区域教育和外部系统相比，优势何在，为什么会有这种优势，这种优势对今后的教育综合改革有什么作用，如何才能保持这种优势；二是分析差异性，即社会综合改革和教育综合改革的最大差异是什么，如何才能既体现教育与社会的联动，又尊重教育综合改革的独特规律，实现教育综合改革的社会性与独特性的统一；三是分析挑战性，即教育发展现状与社会发展需求之间的差距，以及由此带来的改革挑战。这三个方面的分析，为明确区域教育改革环境，确立区域教育综合改革战略提供了重要依据。

南山区在分析了教育对"培养创新人才、提高市民素质、优化投资环境、服务经济发展、促进社会和谐等方面"发挥了不可替代的作用，做出了重大贡献后，开始分析区域教育综合改革面临的新机遇与新挑战。

当前，世界经济政治发展的不确定性对创新型人才的需求日益强烈，以创意产业为代表的"新经济"成为推动经济发展方式转型的重要动力。"新经济"必然催生"新教育"。面向全民的、有质量的"新教育"已经成为世界教育发展的主旋律。

我国正值加快转变经济发展方式、全面建设小康社会的关键时期，促进教育公平和提高教育质量已经成为国家教育发展的核心任务。作为改革开放的前沿和窗口，深圳市在推动经济发展从要素驱动向创新驱动转变的过程中，肩负着排头兵的重要使命，对"新教育"的需求更为迫切、更加强烈。

根据深圳市委市政府对南山区的功能定位，南山要在未来一段时期内建成国家核心技术自主创新先锋城区、深港现代服务合作示范区、和谐社会建设示范区和教育科研高地，需要大批高素质创新型人才和高素质劳动者，必然要求教育超前发展、优质发展、持续发展。

面对难得的机遇和严峻的挑战，必须清醒地认识到，南山教育面临着学前教育优质学位供给不足与人民群众对高质量学前教育需求不断增长的矛盾，职业教育培养能力相对不足与区域产业升级换代对技能人才需求旺盛的矛盾，普通高中教育培养模式比较单一与区域经济社会发展对人才需求多元化的矛盾，终身教育体系不够完善与全民教育需求不断增加的矛盾等。因此，南山教育促进公平、提高质量的任务仍然艰巨，深化改革、全面创新的要求十分迫切。(《教育综合改革实验丛书》编委会，2012a)[236-237]

南山区在分析新机遇和新挑战时，突出了创意产业、创新驱动、自主创新、经济发展方式、"新经济"、创新型人才对教育公平、教育质量、教育超前发展等提出的新要求，"新经济"、"新教育"对优质学位、人民需求、人才需求、培养模式、教育体系、教育改革、教育创新等提出的新挑战，这一挑战既是教育自身的发展要求，更是区域社会经济对教育改革的整体诉求，这些新要求、新挑战和新诉求是区域教育综合改革的立足点、突破点与创新点。

（三）确定"区位"，聚焦"因子"，编制战略框架

在立足全域明确规划基础后，应根据内外环境的分析结果确立区域教育综合改革的战略框架。战略框架是未来几年区域教育综合改革的战略目标、战略重点、发展路径、战略举措与战略支撑等构成的整体蓝图。这一框架首先要体现"综合改革"要求，强化教育改革的系统性、整体性与协调性。"综合"，一是指改革涉及的范围大，包括经济、政治、文化等多个领域的整体协同；二是指教育系统内部各个方面的整体联动。综合改革的主要目的是避免单一的散点式的改革，区域教育综合改革发展规划要体现"综合"特点，既应根据区域社会、经济、文化的发展态势，形成全方位推进教育改革的战略框架；也应把教育体系内某一领域的改革作为核心，拉动其他方面的改革，促进教育体系的完善，形成综合改革的区域生态。

因此，好的战略框架往往具有统筹全局、促进部门融通的功能，这一功能主要体现在两个层面。一是教育内部系统与外部系统的统筹。教育综合改革发展规划要能统筹教育、经济与社会的综合发展，要把规划纳入社会发展的大背景，在政治、经济、社会发展的网络中思考教育的发展定位和综合改革的整体框架；要善于发掘和利用教育系统外的各种有利因素发展教育，制定出的战略框架要能体现教育改革与社会改革的互动格局，要能促进教育系统和社会各部门的融通。二是统筹教育内部各要素。在编制战略框架时，既要分析影响教育发展的内部要素，也要分析各要素之间的联系以及形成合力的主要路径，强化改革项目的系统带动功能，注重选择"牵一发而动全身"的改革项目，通过具体项目的实施促进系统内各部门的融通，形成教育系统内部的改革合力。

　　要编制体现上述特点的战略框架，需要根据内外环境的分析结果确定"区位"。区位是自己所在区域的社会、经济、教育等发展情况和其他区域相比所处的位置，是编制战略规划的基础与起点。区位分析方法目前多采用SWOT分析法。"SWOT分析是一种用来确定地区发展竞争优势（strength）、竞争劣势（weakness）、机遇（opportunity）和威胁（threat），从而将区域发展战略与区域内部资源、外部环境有机结合的分析方法。"（杨培峰 等，2013）[7]这一方法首先要根据内外环境的分析结果，在横向与纵向比较中分析本区域经济、社会和教育各项指标的发展水平与匹配程度，清晰认识自己的区位优势与劣势，明确目前所处的位置。其次要把握教育发展大势，这一发展大势既要考虑国家和本地有关教育改革的基本要求，也要考虑本地社会经济发展对教育的需求与制约，发掘本地的潜在资源与能力，由此确定未来几年的改革重点，明确未来的发展位置。最后要明确现在和未来的主要差距，分析存在差距的主要原因，在原因的深度分析中确立综合改革的关键性目标与任务。

　　在明确所处区位后，要逐步聚焦影响区域教育综合改革的诸"因子"中最为敏感的因子。因子是影响教育发展的基本要素。生态学认为，任何因子都不是"孤立存在的，而是彼此联系、互相促进、互相制约，任何一个单因子的变化，必将引起其他因子不同程度的变化及其反作用"（杨持，2009）。区域教育综合改革要在立足全域、确定区位的基础上，仔细分析每一个因子的作用，预测某一因子的变化可能带来的反馈效果。生态学认为："生态系统中某一成分发生变化时，必然会引起其他成分出现一系列的相应变化，而这些变化最终又反过来影响最初发生变化的那一种成分，这个过程就是反馈。"如果"反馈的结果是抑制和减弱最初发生变化的那种成分所发生的变化"，使生态系统重新恢复原有的平衡，这种反馈就叫作负反馈；如果"生态系统中某一成分的变化所引起的其他一系列变化，反过来加速最初发生变化的成分所发生的变化"，并打破原有的生态平衡，这种反馈就叫作正反馈（周鸿，2005）。编制战略框架时，既要关注教育和社会系统内的所有因子，更要关注教育与社会系统中能够引发正反馈的敏感因子，通过最具活力、最

有系统影响力的因子变革，促进整个系统向前发展。编制规划的重要任务之
一，就是在全域因子中逐步聚焦关键性敏感因子，以关键性敏感因子为切入
点，确立重点变革任务与策略，促进综合变革的正反馈。关键性的敏感因子，
是指对教育综合改革最有影响力的活跃要素。不同区域的敏感因子各不相同，
有的是财政投入，有的是硬件水平，有的是师资队伍，有的是校际差异，有
的是校长队伍……明确了敏感因子后，围绕敏感因子，立足内外环境，确立
综合改革价值、理念、目标、战略任务、政策保障等，才能编制出具有引领
作用的综合改革框架。

深圳南山区在外部环境分析中，抓住了前哨城市、区域合作新格局、新
的腾飞机遇、自主创新大旗、国际城市标杆、发展样板区、示范区、科研高
地、"四大转变"、"四个高端"等关键信息，其中对"前哨城市"的分析突
显了"开放"这一因子，对"自主创新"、"城市标杆"、"示范区"和"高
端"等的分析突显了"卓越"这一因子；在内部环境分析中，人才高地、国
际交流、先进区、示范区、实验区、全国教育改革创新特别奖、培养创新人
才等关键信息，与外部环境中的关键因子相呼应，共同突出了"开放"与
"卓越"这些因子。南山区在编制战略框架时聚焦这些彼此呼应的关键信息，
将其作为敏感因子，提出了"追求卓越，对话世界"的战略构想，牵住了区
域教育综合改革规划的"牛鼻子"。

南山区在聚焦敏感因子的基础上，还充分发挥了敏感因子的扩散功能。
他们以敏感因子为牵引，聚合社会和教育系统中的相关因素，提出了以敏感
因子的变革促进教育、社会整体发展的思路与策略。编制战略框架时，既以
敏感因子为核心，考虑了教育系统外社会各因子与敏感因子之间的互动关系，
确立了其他社会因子在区域教育综合改革中的职能、任务与参与方式，也考
虑了教育系统内其他因子与敏感因子之间的关系，在战略框架中确立了其他
因子与敏感因子的连接点、连接方式与核心任务，有利于促进教育系统内各
因子的有效整合，还以敏感因子为主线，考虑了教育系统与社会系统之间的
有效整合，有利于提升教育与社会的共生效应。

再如杭州下城教育综合改革实验区，他们在内外环境分析的基础上，筛

选出影响下城教育发展的多个因子，最后聚焦到"高品质教育生态"这一敏感因子上，提出了"高位均衡，轻负高质"的教育生态的建设目标。根据这一目标，重新建构了区域教育质量观，提出了"高质量的教育公平"，"以促进教育公平为基本价值取向，以提高教育质量为重点，倡导符合社会、教育和人的发展需求的新教育质量观"（《教育综合改革实验丛书》编委会，2012b)[10]。在这一质量观的引领下，构建了区域教育综合改革的理念体系。这一理念体系的核心理论是区域教育生态理论："区域教育生态理论的核心理念是生命观；核心目标是高位均衡、轻负高质；核心内涵是教育公平；核心特征是多样性、协同性、自主性。"（《教育综合改革实验丛书》编委会，2012b)[13]根据这一核心理论，确立了"三二一"的教育发展目标："三"是"三更"，即更均衡、更公平、更充裕；"二"是"两高"，即营造品质教育生态、打造高水平教育强区；"一"是"一流"，即争创全国一流的现代化和谐教育。根据"三二一"目标，确立了"三三三"教育发展思路：第一个"三"，即三类教育，努力构建学前教育、义务教育、社区教育三类教育"高密度、低重心"网格式的发展模式；第二个"三"，即三区教育，"优化南区，做强中区，加快北区"，实现错位式发展，推进三个区域实现"百花齐放，优势互补"的错位式发展格局；第三个"三"，即三个满意，让"学生满意，家长满意，社会满意"，实现联动式发展。为了实现"三二一"的发展目标，落实"三三三"的发展思路，下城区提出了"先一步，高一层，可持续"的教育精神，"先一步"是指理念超前，坚持创新，先人一拍，体现发展速度；"高一层"是指追求品质、品位、高人一筹，实现高位发展，体现发展高度；"可持续"即追求优化生态，注重制度，长效发展，体现发展长度。（《教育综合改革实验丛书》编委会，2012b)[14-15]

　　根据这一理念体系，下城区还确立了五个重点发展项目。一是建设教育学术之区，打造智慧型教师团队，形成"学术校园群"。二是推进"梯级名师培养工程"，建立五星级教师、四星级教师、三星级教师、二星级教师和一星级教师的遴选与培养制度，建设教育功臣、教育名家、教育英才、教育标兵、教育能手梯次发展的人才队伍，形成名师平民化、培养梯队化、认定限期化的名师培养制度。三是开展"教育因你而美丽——感动校园人物评选"活动，扩大教育影响力。倡导"一分耕耘，一分收获"，引导全区关注下城教育的每一位校长、一线教职工、学生和家长，彰显下城教育人的魅力与价值，营造良好的教育氛围。四是开好每年的国际教育创新大会，实现教育文化的融合。五是培育"沃态团队"，通过形成共同愿景、构建协同机制、催化和谐效应、促进团队成长等方式培育面对发展难题而不退缩、面对辛苦忙碌而不埋怨、面对社会变革的纷繁矛盾而不转向的下城团队。(《教育综合改革实验丛书》编委会，2012b)[90-123]这五个重点发展项目体现了"先一步、高一层、可持续"的教育精神，为推进"三类教育"、"三区教育"和"三个满意"奠定了基础，从学术、名师、名人、名项目和优秀团队五个方面助推了"三二一"目标的形成。

在推进重点项目的同时，下城区还进行了制度创新。以"大部制"思路推进机构改革，改革直属单位管理体制；以"一室两中心"（督导室、学前教育督导评估中心、社区教育督导评估中心）为组织架构，完善适合下城终身教育体系的督导评估体系；成立"区级教育质量监测中心"，由区政府主要领导任小组长，由教育、财政、人事等10个部门主要负责人组成领导小组，教育局主要负责人任监测中心主任，研制基础教育质量评估体系，引领中小学关注全体、全面、全程的教育质量，推进区域教育生态发展；建立新型政校关系，建设学校内部自主发展机制，推进现代学校制度建设等。(《教育综合改革实验丛书》编委会，2012b)[16-20]这些制度的变革与建立，为下城教育的综合改革提供了政策保障和支撑。敏感因子、区域定位、核心教育理念、教育目标、发展思路、重点项目、管理体制等彼此呼应，形成了下城区教育综合改革的战略框架。

通过以上对深圳南山区和杭州下城区所编制的教育综合改革发展规划的分析，可归纳总结出区域教育综合改革战略框架的主要内容与编制流程（图4-1）。

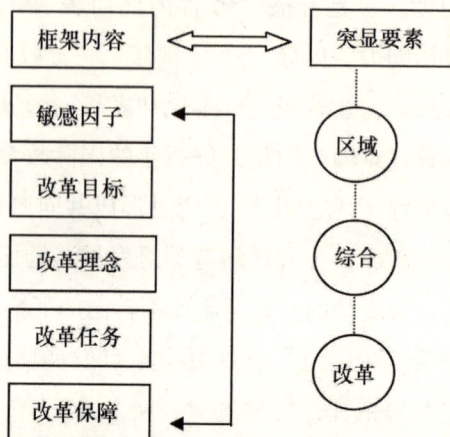

图 4-1 战略框架的主要内容与编制流程

（四）论证完善，科学评估，优化战略框架

编制规划的过程，是不断论证、评估、调整和优化战略框架的过程，这一过程主要分为规划前的论证评估、规划中的论证评估和规划完成后的论证评估三个阶段。

1. 规划前的论证评估

规划前的论证评估，是编制战略框架前的论证评估，这一阶段的论证评估主要包括三方面内容。一是对内外环境分析的方法与结论进行论证评估。即分析和判断引用的数据是否准确，事实描述是否客观，是否抓住了影响综合改革的关键要素，分析方法是否科学合理，分析出的结论是否可靠等。二是敏感因子的确立是否科学、准确。通过内外环境分析确立的敏感因子是否抓住了综合改革的关键，是否能"牵一发而动全身"，是否能由此确立未来几年的改革重点与任务等。通过论证评估，准确定位综合改革的敏感因子。三是畅谈战略构想。根据不同领导、专家、部门和群众对敏感因子的理解，畅所欲言，谈出自己对教育综合改革战略的构想，启发战略编制思路。规划前的论证评估要尽量充分，要积聚多方智慧，听取多方意见，尽可能地邀请系统内外各部门的代表参与，同时征求社会人士意见，从中遴选出具有战略价值的意见和建议。

2. 规划中的论证评估

规划中的论证评估，是在编制战略框架的过程中，不断征求有关人士的意见，不断丰富和补充相关资料。就初步确立的区域教育综合改革的战略定位、价值追求、具体目标、战略任务、战略举措、政策保障等，征求多方人士意见，并及时优化和提升。

规划中的评估论证要强化三个方面：一是区域改革的敏感因子与改革目标、价值追求、战略任务、保障措施等是否匹配，是否具有可行性；二是初步确立的改革战略框架是否具有引导决策、统筹全局、谋划改革的基本功能，是否能通过初步确立的战略任务形成政府治教的新型关系、部门融通的发展机制与综合改革的战略框架；三是能否体现党政主导、社会协同、综合突破的规划特点，继而从整体上判断所拟规划是否能够有效推进区域教育综合改革。

3. 规划完成后的论证评估

战略框架或规划初稿完成后，要从推进区域教育综合改革的视角进行多方面论证评估。首先是各部门的综合评估。召集多个部门对规划初稿的现实基础、战略定位、发展目标、战略任务、实施举措、保障措施等进行全方位审视，对其必要性、可行性和科学性进行论证评估。其次是专家诊断评估。邀请社会、经济、政治、文化、科技、教育等方面的专家，对所拟规划的综合改革功能、区域引领价值、改革理念与理论的先进性、战略定位与战略举措的前瞻性等进行论证、诊断和评估。再次是公众咨询论证。建立公众参与平台，通过网络、平面媒体、规划展览等手段，让公众知晓教育综合改革的初步规划，并公开征求意见。在综合各方意见的基础上，进一步完善和修改规划，最后报领导小组评估、审批，形成规划定稿。深圳南山区和杭州下城区在编制规划时均高度重视论证完善与科学评估等工作，这既提高了规划的战略性、可行性与操作性，也提高了规划的社会知晓率，为统筹实施综合改革规划创造了条件。

二、规划文本

编制规划的成果形式是规划文本。区域教育综合改革规划文本，"是区域综合发展规划研究成果的表现形式，是规划研究和决策信息的载体，是联系规划编制阶段与规划实施阶段的纽带，是评价规划水平与质量的重要依据。同时，区域规划文本的形成过程还是优化规划设计、控制与管理的关键线路。区域规划文本是规划的主要文件，文本的编写，应根据规划任务、规划方案贯彻实施的要求，以及文本编制时的具体情况而定"（杨培峰 等，2013）[203]。

（一）规划文本的主体结构

规划文本内容有一定的结构性要求，《深圳南山区教育事业发展第十二个五年规划》采用了以下结构。

序言　在创新中走向卓越
第一章　总体战略：对话世界，引领发展
　　（一）指导思想：坚持教育第一，深化南山探索
　　（二）总体目标：瞄准国际一流，打造卓越教育
　　（三）基本思路：聚焦发展主题，促进战略转型
第二章　发展任务：突出重点，全面提升
　　（四）德育工作：强化以德树人，提升公民素养
　　（五）学前教育：强化政府主导，实现跨越发展
　　（六）义务教育：促进高位均衡，保障教育公平
　　（七）普通高中教育：推动特色发展，创新培养方式
　　（八）中等职业教育：坚持市场导向，突显品牌优势
　　（九）终身教育：建立开放体系，促进全民学习

（十）队伍建设：强化专业发展，构筑人才高地

（十一）教育科研：课题引领变革，研究推动创新

（十二）教育国际化：整合国际资源，深化项目合作

（十三）教育信息化：加强应用研究，提升区域品牌

第三章　制度创新：解放思想，增强活力

（十四）公共服务创新：创新体制机制，增强服务能力

（十五）教育管理创新：推动管理变革，提高管理效能

（十六）办学体制改革：彰显体制活力，推动多元发展

（十七）课程教学改革：创新课堂文化，提高教学质效

（十八）教育评价改革：实施评价新政，推动教育变革

第四章　保障措施：建立机制，确保落实

（十九）加强组织领导

（二十）明确目标责任

（二十一）推进依法治教

（二十二）加大经费投入

（二十三）完善督查制度

（二十四）营造良好环境

附件　南山教育"十二五"重点项目

一、课堂文化建设项目

二、学前教育超常规发展项目

三、公民养成教育项目

四、特色学校建设项目

五、教育科研推进项目

六、梯级名师培养项目

七、国际交流合作项目

八、教育评价改革项目

（《教育综合改革实验丛书》编委会，2012a）[235-262]

不同规划文本可以采用不同结构，如成都锦江区编制的《教育中长期发展规划（2010—2020 年）》，采用了与深圳南山区不同的结构方式，分为发展基础（成就与优势、问题和挑战）、总体战略（指导思想与工作方针、战略定位与发展目标）、发展任务（区域普惠，做强学前教育；均衡发展，做优义务教育；提升品质，做精普通高中教育；打造品牌，做新职业教育）、改革创新（创新人才培养模式，深化素质教育；创新学校发展模式，促进特色发展）、重点工程（队伍建设工程、教育信息化工程、生态校园建设工程）和保障措施六个部分。

尽管不同规划文本的内容结构不尽相同，但任何一份规划文本都需要明确五个方面的内容：一是我们现在在哪里（解决综合改革的起点问题），如深圳南山区在规划文本的序言中明确了教育综合改革的优势与挑战，成都锦江区在"发展基础"部分集中梳理了成就、优势、问题和挑战；二是我们将朝何处去（解决综合改革的目标问题），如深圳南山区在总体战略中提出了"瞄准国际一流，打造卓越教育"的总体目标，成都锦江区既明确了战略定位，也确立了发展目标；三是如何到达目的地（解决改革的价值追求、理念、思路、重点任务、推进模式与实施策略等问题），这是规划的主体内容，南山区和锦江区的规划文本对此均做了较为详尽的阐释；四是用什么力量到达目的地（解决综合改革的保障问题），南山区和锦江区的规划文本均用专章对此做了规定；五是如何判断是否到达了目的地（解决规划实施的评价问题），南山区和锦江区在规划文本中均设计了改革督导与评价等措施。

这五个方面构成了规划文本的主体内容，每一方面的名称与具体内容的表达因规划的重点和风格不同而各有差异。但无论怎样表达，都要力求准确简练、逻辑清晰、重点突出；能让各部门和公众明了综合改革的整体态势、思路与战略走向，清楚自己该做什么，做事的空间和标准是什么等。只有这样才能达到引导决策、统筹全局，促进社会协同的目的。

（二）规划文本的表达要求

规划文本是区域教育综合改革战略的具体呈现，必须明确未来几年或十几年的重点改革思路与任务，除客观、准确、科学、清晰、易懂等基本要求外，还应抓住各部分内容的核心，体现不同内容的不同特点。

1. 现状分析的表述：内外兼顾，突出特点

现状分析不必面面俱到、平均用力，而应抓住敏感因子和区域教育综合改革的核心目标，分析内外环境中对敏感因子和核心目标的支撑性力量、新的要求与挑战等，突显敏感因子和核心目标的现实起点与改革挑战。如深圳南山区"十二五"教育改革的核心目标是建立卓越教育体系，在分析现状时，重点突出了现有的"卓越"基础与将来的"卓越"愿景的差距。"先锋城区"、"示范区"和"高地"等的社会、经济发展要求，既是建立卓越教育体系的社会基础，也是建立卓越教育体系的社会挑战，外部环境分析具有较强针对性。在分析内部环境时，突显了建立卓越教育体系的良好的行业基础。综合内外环境，南山区提出了构建卓越教育体系所面临的新挑战和新要求。

> 构建卓越教育体系，要求未来南山的教育，适应深化素质教育的需要，培养具有国际视野、具有对民族和社会的责任感、具有多学科知识、具有规则意识以及具有创造性思维的基础性人才。
>
> 构建卓越教育体系，要求未来南山的教育，适应教育发展方式转型的需要，努力实现从规模扩张到内涵发展的战略转型，进而促进区域经济社会发展方式转型。
>
> 构建卓越教育体系，要求未来南山的教育，适应更高水平教育公平的需要，让学生的个性得以张扬、特长得以发挥，满足学生的多元发展需求，用教育公平引领社会公平。
>
> 构建卓越教育体系，要求未来南山的教育，适应建成学习型示范城区的需要，进一步完善终身教育体系，使"人人皆学、时时能学、处处可学"成为现实。
>
> 构建卓越教育体系，要求未来南山的教育，适应国际一流现代化城区建设的需要，全面加强国际理解教育，积极对话世界先进教育文化，

不断提高教育国际化水平。（《教育综合改革实验丛书》编委会，2012a)[237-238]

上述文本在内外环境的优、劣势分析和区域教育综合改革面临的挑战表述中，聚焦在"建立卓越教育体系"上，内容集中，具有针对性。

2. 总体战略的表述：综合凝练，概述具化

在现状分析的基础上提出总体战略，是规划文本的常见格式。总体战略一般包括改革理念、价值追求、改革模式、指导思想、发展目标、基本思路等。改革理念、价值、目标、模式等，要凝练表达。如深圳南山区根据建立卓越教育体系这一核心目标与战略，提出了"追求卓越，对话世界"的战略构想；根据凝练出的这八个字，提出了"教育第一、改革先行、追求卓越、扩大开放"的指导思想与工作方针；然后以概述和具化相结合的方式，提出了"瞄准国际一流，打造卓越教育"的发展目标。在凝练表达了这一发展目标后，提出了"把南山建设成为对话世界先进文化、引领教育改革发展的国际化教育先锋城区"的总体目标；为了将总体目标具体化，提出了"基本建成具有南山特色的卓越教育理论与实践体系"、"教育发展主要指标接近或达到发达国家和地区平均水平，教育综合竞争力跻身国际先进行列"、"在全市率先普及15年教育，实现高水平教育现代化，建成学习型示范城区和人力资源强区"三个分目标。为了将分目标具体化，南山区还提出了如下标志。

——更高水平的教育公平。以全纳每一个孩子、适合每一个孩子、发展每一个孩子为目标，尊重每一个学生的选择权利，高标准实现义务教育起点公平，努力实现过程公平和结果公平。

——更为充分的优质教育。以区域质量标准和监测体系建设为重点，超常规发展学前教育，优质发展义务教育，促进高中教育特色发展，满足南山居民"上好学"的需求。公办学校、幼儿园优质学位比例达到100%。

——更加先进的培养模式。以优化内容和方法为重点，充分发挥现

代教育技术的作用，加强教育与社会生活的联系，深入研究学生身心发展规律，切实减轻学生过重的课业负担，学生的创新精神和实践能力明显提高。

　　——更有活力的办学体制。以解放教育生产力为着力点，加强现代学校制度建设，深化教育管理、学校管理和集团化办学改革，探寻民办教育发展新的增长点，显著增强办学活力。

　　——更具开放的教育环境。以国际一流为标杆，完善互动、合作、共享机制，建设先进的教育文化，全面提高市民素质，建设数字化学习平台和社区教育资源库，基本满足南山市民终身学习的需求。（《教育综合改革实验丛书》编委会，2012a)[240-241]

　　根据"追求卓越，对话世界"的理念、追求和建立卓越教育体系的核心目标，结合上述主要标志，南山区提出了以下具体发展指标（表4-5）。

表4-5　南山区"十二五"教育改革具体发展目标

类　别			指　　标	
			2010 年	2015 年
规模	学前教育	0—3 岁婴幼儿教育参与率	52%	85%
		3—6 岁幼儿入园率	95%	99%
	义务教育	公办学校数量	64 所	71 所
		学位	92843 个	109763 个
		入学率	100%	100%
		巩固率	98%	99%
		残障儿童入学率	98%	99%
	高中阶段	普通高中学位	7287 个	8907 个
		职业高中学位	1876 个	3476 个
		入学率	95%	99%
	终身教育参与率		60%	80% 以上
投入	财政投入占预算支出比例（同口径）增长		每年 1%	
	学前教育财政投入占教育财政投入比例		不到 1%	5% 以上

续表

类　　别			指　标	
			2010 年	2015 年
效益	学前教育	规范化幼儿园比例	90%	100%
	义务教育	市办学水平评估通过率	/	100%
	普通高中	高考录取率	95%	99% 以上
	职业教育	毕业生初次就业率	90%	95% 以上
		学生获得中级以上技能等级证书比例	70%	80% 以上
		用人单位对毕业生满意率	80%	90% 以上
		参加高职类高考学生录取率	90%	95% 以上
	终身教育	社会培训品牌机构	/	10 个以上
		新增劳动力平均受教育年限	14 年	16 年
	教师队伍	幼儿园　大专以上学历	30%	90% 以上
		小学　本科率	68%	85% 以上
		小学　研究生及以上比例	5%	15% 以上
		初中　本科率	87%	95% 以上
		初中　研究生及以上比例	15%	30% 以上
		高中　本科率	96%	98% 以上
		高中　研究生及以上比例	20%	48% 以上
		高中　新增教师研究生及以上比例	/	95% 以上
		职业高中　"双师型"教师	60.5%	80% 以上
	国际交流	与境外建立姊妹关系的学校	60%	90% 以上
		参与国际教育组织合作的学校	30%	50% 以上
		参与境外培训教师	20%	50% 以上
	满意率	学生、家长对学校、教师	/	85% 以上
		学校对政府教育管理和服务	/	85% 以上
		社会对教育	/	90% 以上
	其他	公办学校市级以上绿色学校比例	80%	100%
		教育信息资源利用率	100%	100%

总体目标、主要标志和数据指标相互呼应，构成了南山区凝练而具体的目标体系。除目标表述必须具体外，改革思路的表述也不宜太空太泛，应具有较为明确的指向。如深圳南山区在表述改革思路时用"构建一个体系、明确两个主题、实现三个转型、强化四个重点、突出五个关键"来概括，具有明确指向，并进行了简明阐释。如对第一、第二条思路做了如下阐释。

　　——构建一个体系。构建一个具有南山特色的卓越教育理论和实践体系，弘扬成功经验，激活内在动力，把握区域特征，探索发展规律。
　　——明确两个主题。一是建立标准，提高质量。即依据国家质量标准，建立具有区域特色的质量标准，科学诊断南山教育质量存在的问题和原因，促进教育质量不断提升。二是创新制度，增强效能。即通过教育制度创新，突破阻碍教育发展的体制机制瓶颈，解决南山教育发展面临的突出问题、深层问题。　（《教育综合改革实验丛书》编委会，2012a）[243]

3. 改革路径的表述：突出"综合"，强化制度

规划文本中的改革路径包括战略任务、战略重点、改革措施等多个方面，这一部分应重点回答改革什么、怎么改革两大问题。综合改革发展规划的设计与表达，要强化综合推进、带动全局的改革特征。如深圳南山区在规划中提出了分类别和分阶段的发展任务，对德育、学前教育、义务教育、普通高中教育、中等职业教育、终身教育、队伍建设、教育科研、教育国际化、教育信息化等提出了明确任务，回答了改革什么这一问题。这些战略任务涵盖教育自身发展与社会需求的方方面面，是以卓越教育体系的建立为指引，立足教育与社会共生这一原则确定的战略任务，具有"综合改革"的特征。

要推进综合改革，需在制度上做文章，建立或创新必要的机制体制。南山区在改革的路径设计中提出了制度创新的任务与策略，如在公共服务创新方面提出了以下制度建设任务。

完善咨询服务。成立由专家、人大代表、政协委员、社区工作人员和学生家长组成的教育决策咨询委员会，规范决策程序，确保教育决策公平公正，科学可行。健全学校、年级、班级三级家长委员会，探索运作机制，使大多数家长能够主动参与学校管理。

提高服务效能。依托南山教育城域网，整合政策咨询、办事指南、网上预约、在线办理、家校互动、信访投诉等服务事项，建成"南山教育网上服务大厅"，为市民提供个性化便捷式服务。充分利用网络视频会议、即时通信平台等现代信息技术手段，开展远程教育、学术交流、工作研讨，实现办公自动化。

加强信息公开。积极推行政务公开，搭建阳光政务平台，让公众及时了解教育改革和发展状况，便捷获取各类教育信息。建立健全教育信息公开的各项制度和途径，定期举行教育新闻发布会，保证信息公开及时、准确。

推进购买服务。建立健全购买公共服务制度，强化政府对提供购买服务企业的监督和考核机制，继续在食品卫生、消防安全、保安配备等方面采用购买服务，构建校园安全保障体系。探索向民办学校、幼儿园购买学位的机制和措施，切实解决来深建设者子女接受义务教育问题。（《教育综合改革实验丛书》编委会，2012a）[256-257]

教育决策咨询委员会、南山教育网上服务大厅、即时通信平台、阳光政务平台、购买公共服务制度等的规划较为具体，能够落实，是推进南山区建立卓越教育体系的重要路径。在此基础上，南山区还提出了教育管理创新、办学体制改革、课程教学改革、教育评价改革等多方面的制度创新任务，回答了怎么改革的问题。

4. 改革保障表述：立足全域，强化督导

改革保障，是实施战略规划的支撑性条件。由于综合改革发展规划要推进区域内的综合改革，表述保障措施时要注意以下两点。首先是立足全域，考虑党政领导、区域内各部门和社会公众在规划实施中的作用，并明确规定

其必须完成的任务。如大连金州新区在区域教育综合改革规划中对党的领导和政府教育行为提出了明确要求："要建立教育联席会议制度，健全党政主要领导抓教育的目标管理责任制，形成党委政府统一领导、各部门紧密配合、社会各界广泛参与的工作格局。发展改革部门在制定经济和社会发展规划、编制年度计划时，要优先考虑教育事业发展；财政部门要完善教育经费的保障机制，依法保证教育投入；规划、建设、国土部门要统筹安排学校建设布局、用地；人事部门要为优秀教师脱颖而出创造有利条件；公安、消防、交通、综治等部门要为打造平安校园提供保障；新闻宣传部门要加强宣传我区教育改革与发展成就，营造教育发展的良好氛围。"（《教育综合改革实验丛书》编委会，2012c）[240] 不同部门任务明确、各司其职、相互配合，有利于推进区域教育综合改革。

其次是任务分解与过程督导。任务分解的目的是明确目标责任，形成社会协同、系统内生、综合突破的区域教育发展格局。深圳南山区在规划中对此有明确表述。

> 在发展规划实施领导小组的领导下，对目标任务进行分解，明确责任分工。政府各部门要围绕《发展规划》确定的战略目标、发展任务、改革创新项目等内容，提出本单位实施的具体方案和措施，分阶段、分步骤组织实施。组织、人事部门要将《发展规划》中的各项目标和任务作为考核各部门领导任职期间政绩的关键指标，纳入年度考核，与工作业绩挂钩。（《教育综合改革实验丛书》编委会，2012a）[256]

在明确分工的基础上，建立高水平的督导队伍，形成科学、完善的督导制度，这些措施需要在规划文本中加以表述，才能保障规划的全面落实。

（三）撰写规划的编制说明

为了让领导、专家或社会公众更好地领会规划的核心内容，把握规划的实质与重点，可以对规划编制的背景、意图、过程、思路、特点、内容重点、文本形式等进行说明。编制说明不是对规划内容进行阐释，而是对规划文本中没有表达出的，但对理解和把握规划有重要影响的背景、意图与过程等内容进行说明，或对其特点、创新点进行概说。深圳南山区在撰写"十二五"规划的编制说明时，重点对编制背景、编制过程、编制特点、规划文本的体例与内容进行了说明。编制背景的说明一般包括国内外形势、国家政策、本区域社会经济发展对教育改革提出的要求等，背景说明必须简明扼要，突出重点。编制过程的说明主要包括规划编制的组织机构、工作思路、编制步骤等，如南山区对编制思路和步骤做了如下说明。

明确思路

规划编制领导小组成立后，首先明确了编制南山教育"十二五"发展规划的指导思想、基本原则和相关要求，详细部署了编制进程。

规划编制的指导思想是，以邓小平理论和"三个代表"重要思想为指导，以办人民满意教育为宗旨，全面贯彻科学发展观的要求，按照南山区"十二五"发展规划编制方案的总体部署，认真贯彻落实《国家中长期教育改革和发展规划纲要（2010—2020 年)》的要求，以改革创新为动力，以整体推进素质教育为目的，以教育国际化为抓手，以发展性评价改革为突破口，以教师队伍建设为着力点，全面提高南山教育的软实力和品牌影响力。编制工作要讲求科学方法，充分体现问政于民、问需于民、问计于民的原则。

编制步骤

从编制规划工作启动到现在，编制工作历经整理工作思路、前期基础调研、撰写调研报告、起草规划文本、论证审定规划等五个步骤，最终形成了南山区教育事业"十二五"发展规划专家论证稿和公开征求意见稿。

第一阶段：整理工作思路（1—3 月）

规划编制领导小组酝酿规划编制工作，整理有关资料，总结"十一五"期间南山教育发展的成就和经验，反思存在的问题，探讨突破思路。

第二阶段：前期基础调研（4—5月）

根据编制规划的相关要求，分十个专题展开基础调研，即总体战略研究、教育公共服务创新研究、教育家成长计划及教师队伍建设研究、教育规模分析及新建学校布点建设研究、公办中小学发展研究、民办中小学发展研究、职业教育发展研究、终身教育发展研究、学前教育发展研究、教育信息化发展研究。

规划编撰小组先后深入20多所学校，通过实地考察、现场访谈、问卷调查等方式积累资料。先后访谈局领导及相关部门负责人20余次、校长50余人次，召开教师座谈会30余场，发放并回收问卷近2000份；搜集教育督导年度报告、教育局年度工作计划和总结、教育局长讲话等各种参考资料100余份。实地调研工作做到了全面、深入而具体，注意了调研的代表性和覆盖面。

第三阶段：撰写调研报告（6—7月）

通过前期调研，规划编撰小组系统掌握了南山区近年来教育发展基本情况，在对访谈结果、问卷数据、文本材料进行系统分析后，与教育局各职能科室共同研制、形成了十个专题调研报告。

专题调研报告总结了"十一五"以来南山教育工作取得的主要成就和基本经验，理性分析了南山教育事业发展中存在的主要问题和面临的主要挑战，对促进南山教育事业发展的有利条件和主要制约因素做出了客观准确的判断，确立了"十二五"期间发展目标和重点任务，提出了改革思路和保障措施。在此基础上，教育局组织有关专家对十个专题调研报告和规划文本基本框架进行了论证。

第四阶段：起草规划文本（8—10月）

规划文本起草经历"三·三·三"九道工作程序。第一个"三"是规划文本初稿、讨论稿和征求意见稿三稿；第二个"三"是每一稿都经过三次讨论和修改；第三个"三"是每一次修改都充分征求有关领导、相关部门和校（园）长三个层面的意见和建议。

第五阶段：论证审定规划（11—12 月）

首先，经过专家论证、教育局党政联席会议审议后，形成征求意见稿；然后，在报刊、网络等媒体公布，并以有奖征集方式公开征求意见；最后，结合各方面意见，修改形成终稿，报区政府、区人大常委会审定。

编制特点是对编制工作中的亮点的说明，如南山区对"方法科学"、"广纳民意"、"重点突出"、"任务明确"四个特点进行了说明。规划文本的体例与内容的说明也要简明扼要，如南山区对此做了如下说明。

（一）体例

规划文本由序言、总体战略、发展任务、制度创新、保障措施五部分构成，并以附件方式明确重点项目。

（二）内容

序言：总结了南山教育发展的主要成就和经验，分析了国际国内经济社会发展和教育改革的趋势，以及南山教育面临的机遇和挑战，反思了南山教育发展过程中存在的矛盾，指明了南山教育未来发展的方向。

总体战略：明确了"十二五"期间南山教育改革和发展的工作方针：教育第一、改革先行、追求卓越、扩大开放。提出了"十二五"总体目标：到 2015 年，基本建成具有南山特色的卓越教育理论与实践体系，教育发展主要指标接近或达到发达国家和地区平均水平，教育综合竞争力跻身国际先进行列，在全市率先普及 15 年教育，实现高水平教育现代化，建成学习型示范城区和人力资源强区，把南山建设成为对话世界先进文化、引领教育改革发展的一流教育城区。

发展任务：从德育、学前教育、义务教育、普通高中教育、中等职业教育、终身教育、队伍建设、教育科研、教育国际化及教育信息化等十个方面阐述了南山教育的发展任务。

创新制度：从公共服务创新、教育管理创新、办学体制改革、课程教学改革、教育评价改革等五个方面提出了改革创新举措。

保障措施：从加强组织领导、明确目标责任、推进依法治教、加大经费投入、实行督查制度、营造良好环境等六个方面落实保障措施。

规划文本还以附件的形式对将要推进的八个重点项目做了说明，包括课堂文化建设项目、学前教育超常规发展项目、公民养成教育项目、特色学校建设项目、教育科研推进项目、梯级名师培养项目、国际交流合作项目、教育评价改革项目等。

编制规划时首先要立足全域，考虑本区域内全体民众与社会经济发展对教育的多元需求和主流取向。立足全域首先应面向全体。面向区域内每个学生、每位家长、每所学校和每个社会部门。制定规划时，要在充分考虑学生和家长需求的基础上，调动社会其他部门的积极性，支持和帮助每所学校获得最好的发展。"面向全体，首先是保障教育公平的需要，体现的是保障每一个人公平的发展权的价值观"，"面向全体是一种态度，是一种战略，是一种价值观，需要研究在不同教育阶段面向全体的战略"（杨银付，2014）。只有立足全域、面向全体的教育综合改革发展规划，才能促进区域教育与社会经济的整体发展。其次要均衡发展。编制规划时，要关注区域内的城乡二元结构与校际差异，关注弱势群体的入学诉求与薄弱学校的发展取向，构建和谐发展的教育体系。特别是义务教育阶段，要在区域教育的优质均衡发展上确立综合改革的重点任务与举措。"均衡发展是义务教育公平和教育质量的重要结合点，抓住了均衡，就既抓住了公平又抓住了质量。在这个意义上也可以说，均衡发展既要求发展，又要求改革。"（杨银付，2014）在综合改革中促进区域教育的均衡发展与全域提升，既是编制区域教育综合改革发展规划的目的，也是制定改革发展规划的基本思路。

编制区域教育综合改革规划时还要注意发挥引导决策的功能，形成政府治教的新型关系。公共管理的发展趋势，是决策、执行、评估的有效分离，从教育管理的角度看，教育决策者是政府，执行主体是教育行政和其他相关部门，督导可由政府和社会组织承担，要实现这一职能转换，需要改变政府治教的现有模式，建立新型的管理关系。教育部部长袁贵仁强调，"深化行政体制改革，创新行政管理方式，进一步简政放权，最大限度减少政府对微观事务的管理"，"构建政府、学校、社会之间的新型关系，落实和扩大学校办学自主权，建设依法办学、自主管理、民主监督、社会参与的现代学校制度"，"形成政事分开、权责明确、统筹协调、规范有序的教育管理体制"（袁贵仁，2013）[280]。

要建立教育管理的新型关系，形成新的教育管理体制，必须充分发挥区域教育综合改革发展规划的决策引导功能，这一引导功能包含两个方面。一是在规划中引导党政决策。党委和政府在制定规划的过程中，不断明晰本区域的教育发展战略，论证发展战略的必要性和可行性，由此形成区域教育中长期发展的格局，提高教育决策的前瞻性与科学性。二是引导各部门在执行规划的过程中科学决策。执行规划需要创造，有效的创造需要执行者在具体事务的处理上科学决策。区域教育综合改革发展规划的重要功能，是促进政府明确划分区域内党政、教育行政、社区（村镇）、学校和其他部门在教育综合改革中的角色与职能，制定和实施规划时既要促进不同部门充分履职，也要为其他责任主体留足创造发展的空间，形成政府、学校和社会的新型关系，在新型关系的框架内明确综合改革的理念、思路与发展战略，引导教育行政、学校和社会科学决策，为实现区域教育综合改革奠定决策基础。

第五章

寻找区域教育综合改革的敏感因子

古往今来，任何改革都是一种艰难而复杂的过程。如果将改革比喻成浩繁的工程，那么影响这个工程成功的因素就会有成千上万个。从这些纷繁复杂的因素中找到最适合本区域的因子，也就意味着区域教育综合改革的关键领域找到了。寻找关键领域的方法也有成千上万种，但正如本书第三章所述，依据生态学原理，在任何一个"小生境"或生态系统中，影响万物生长的关键因子总能分出敏感与钝感来（例如，不同阶段对阳光、水或土壤等因素的需求度就有区别）。这种敏感因子的寻找方法，是发现特定时间段、特定范围内区域教育综合改革关键领域的有效手段。

一、敏感因子：影响区域发展的关键领域

社会生态系统包括自然生态环境、社会生态环境和规范生态环境，是由教育、政治、经济、文化、人口等子系统共同构成的复合生态系统，其中任何一个局部的变化都会引起连锁反应。这里的基本点在于强调系统中各因子之间的相互关系、相互作用以及功能上的统一。这些因子，例如政治、经济、人口等，因其敏感度不同，对区域教育的作用大小各异。

（一）政治结构演变与区域教育功能演化

1. 政治结构对区域教育的影响力

政治对教育的影响通常表现在教育目的、教育制度、教育内容、教育政策、教育财政、教育权力以及教育的价值取向等方面。通过制定教育政策和控制与分配教育资源，宣传政治文化并改变教育内容，扩大或收缩教育权力等方式，政治或大或小地对教育施加各种力度的影响。"二战"以后，民主化或民族自决是政治结构领域的重要发展趋势，各国发展的重点是促进经济发展。伴随这种政治结构的转变，区域日益增大的功能与影响力逐渐突显出来。

赋予区域更大的教育自主权及发展权，发展惠及每一个人的全民教育，是国际区域教育改革的核心理念。区域教育赋权及教育分权改革，既是传统分权国家推进教育全面发展的主要改革经验，同时也是传统集权国家促进教育均衡发展的新的改革动向。适度的教育分权改革，既能均衡、高效地配置中央或地区的各种教育资源，也能极大地调动地方发展和改革教育的积极性。作为发达国家的美国是实行联邦制的传统国家，其联邦机构一般不为各州学校规定教育政策和课程设置，教育政策和课程设置均由各州自行决定。区域教育的自主、稳定发展是确保美国教育分权体制成功运行的关键。

作为发展中大国的印度，长期以来国内不同性别、种姓、宗教和语言群体间的发展差异巨大，教育发展更为不平衡，区域教育水平的差异要比中国突出得多。为了扭转这种状况，自20世纪中后期以来，印度一直积极推行和深化区域教育赋权改革。印度分权体制改革的核心是赋予各邦、社区甚至街巷等制定自己教育发展规划的权利及决策权利，中央教育行政基本上只是行使教育咨询和协调地方各级教育发展的职能。21世纪初期，印度就提出了完整的、全面的针对教育质量的全民教育计划，提倡通过分权和社区在学校管理与实施中所具有的灵活多变的特点，对学校发展进行干预。

教育发展是面向未来的事业。因而对于任何一种政治结构而言，教育优先发展的理论都是其"宣称"的发展理念。教育对政治的反作用也是显而易见的。因此，无论政治结构如何演变，若没有超前性的区域教育的科学引领，也就没有区域社会经济的科学发展。这一价值判断是由区域教育与区域政治、社会经济的辩证关系所决定的。国际区域教育发展的主要趋势更加表明，区域教育需要为本区域发展提供适切的科学性和本土性的引领。

2. 行政区划对教育的影响力

政治结构是整个社会系统中起控制作用的部分，政权则是它的控制中心。政权建立的国家或区域中心，往往集中了各种政治设施与制度，这些设施与制度保障了政治体系运行的秩序与规则。区域的城市化经常围绕行政中心建立行政区划，而这些中心一般会在各方面拥有较大的优势，这显示了政治力量或因素对区域整体发展及其功能定位的巨大影响。

政治地位较高的区域中心，因其拥有的政治地位而天然地拥有许多教育发展的优势。这些地区作为区域或全国性的政治、文化中心，是政府政策或规则传达和具体实施的首个地区，同时也是人才资源汇集的地方。尽管前文提到教育对政治具有反作用，但教育发展终究难以摆脱政治影响力，比如某区域是不是行政中心就关系到学校的重要性或地位。从历史上看，古代各国均出现过统治者因个人喜好而在某区域"兴学"或促进教育大发展的现象。同样，世界各地的教育发达地区或区域中心，往往也是该国或该地政治地位较高的区域。

（二）经济发展、人口与区域教育功能演化

1. 经济发展与区域教育功能演化

教育发展水平直接受到经济水平的影响，即转化后的物质资本及区域内的教育供给能力直接影响教育发展程度。区域经济发展水平的高低是造成区域教育发展水平差异的重要因素。其中特别明显的是，教育经费的投入总量直接决定了学校规模大小、师资质量高低等，而且教育经费的配置对教育发展水平的提高起着风向标的作用。经济对教育发展水平的影响，通过教育经费投入转化而成的物质资本表现出来。

（1）经济发展水平及其结构调整影响区域教育功能演化

20 世纪 60 年代，美国经济学家舒尔茨和贝克尔在对人力资本理论的阐述中，将资本划分为人力资本和物质资本。他们认为，物质资本是指现有物质产品上的资本，包括厂房、机器、设备、原材料、土地、货币和其他有价证券等。从实物形态上分析，物质资本的形成大致可分为三个方面：对机器设备、库存及工厂的经营投资，居民住房建筑投资，对道路、机场和城市及农村的其他基础设备的公共投资。这些物质资本共同的特点就是：在使用过程中，由于磨损、自然腐蚀或损坏等原因，其效率和收益是递减的。教育发展的物质资本属于发展经济学中直接增加社会福利的一般社会资本，按其存在方式可分为固定资本和流动资本。固定资本指在教育生产过程中能够长期存在（通常一年以上）并发挥作用的种种物质基础，如校园校舍、教学和生活设施、实验学习基地、图书资料等。固定资本有两个特点：第一，它是教育投资（教育资本形成）过程的最终结构，在很大程度上代表着现有教育供给能力；第二，它比较耐用，存在期长于一个学年（一年）。

物质资本在教育活动及教育发展中的重要作用表现为：增加教育机会供给，扩大教育规模，改善办学条件，增加教育教学投入，从而提高教学质量和教育投资的效益；改善工作和生活环境，减轻劳动强度，替代并节约教师的劳动投入，提高教师的工作积极性和劳动效率。物质资本加快了教育规模的扩张和结构的优化，从而推动教育发展，推动社会经济的快速发展，进而又使社会增加对教育的投资，形成良性循环。经济水平转化为物质资本，体现为教育经费投入（主要包括国家财政性教育经费、生均教育经费、生均公用经费等）、基础建设（包括校园面积、基建投资等）以及流动资金等。

经济发展水平及结构方式的改变直接影响教育方向。依据国际发展经验，当人均 GDP 介于 1000—3000 美元时，经济增长方式需要由要素驱动或投资驱动向创新驱动转变。早在 2008 年，我国人均 GDP 就已超过 3000 美元。但与之相伴随的是资源、环境问题日益成为可持续发展的瓶颈。因此，依托科技、教育，以发展模式创新为动力，转变社会经济发展方式，已成为国家和区域发展的必然选择。创新教育发展的驱动模式，超前引领区域全面发展，是国际区域教育改革的价值归依。从国际区域发展的历史与现实来看，国际发达地区的特色竞争优势的形成，以及落后地区的跨越式发展，尤其需要依靠以创新驱动为主的区域发展模式。瑞典、芬兰的电信产业，荷兰的花卉产业，爱尔兰和印度的软件产业等的竞争优势，以及美国犹他州、印度班加罗尔与英国威尔士等地区在信息科技时代的跨越式发展，就是依靠以特色或创新驱动为主要素的发展模式而获得的。

（2）区域教育竞争力影响区域经济发展

在区域综合发展差距中，教育竞争力的差距是最重要的差距，是消除区域经济差异的"瓶颈"所在。从空间分布上看，教育竞争力的区域非均衡性非常明显。以我国为例，省级区域教育竞争力具有明显的东—中—西阶梯分布特征，与区域经济发展的空间格局具有很高的吻合性。

吴玉鸣等人的研究表明，教育竞争力得分较高的省份，全是东部沿海发达地区，而得分较低的 10 个省份除海南外均居于西部内陆地区。东部地区经济基础雄厚，在知识经济时代即将来临之际，必须继续提高区域教育竞争力，增加教育在经济增长中的贡献；而中西部内陆地区经济基础薄弱，教育发展比较落后，必须在"西部大开发"战略和"中部崛起"战略等实施过程中大力发展教育，培育和提高教育竞争力（吴玉鸣，李建霞，2002）。教育竞争力较强的区域，经济发展水平较高，如天津、北京、上海、江苏、浙江等地区 2013 年人均 GDP 都在 10000 元以上；教育竞争力较差的区域，绝大多数经济发展水平较低，如广西、西藏、云南、甘肃、贵州等地区人均 GDP 均低于全国平均水平。这些教育竞争力弱的区域，经济发展潜力受到极大制约，在经济竞争中处于不利地位。国家和地方政府应对这些地区的教育发展采取专门的扶持政策。

2. 人口与区域教育功能演化

人口和教育是影响社会发展的重要因素，两者是社会存在、发展的前提。生态学的观点认为，人口迁移导致异地教育环境容量对学龄人口的承载量超重，从而影响教育的发展。人口数量是人口学关注的重要问题，诸多人口理论如过剩人口理论、人口爆炸理论、适度人口理论等无不与人口数量有关。

同样道理，数量因素也是学龄人口影响区域教育的首要因素。人口是在一定时间、一定地域、一定社会制度下，具有一定数量和质量的有生命的个人的社会群体。作为社会生态基础的重要组成部分，人口是教育活动的载体，也是教育发展的途径和条件，两者相互影响、相互制约。

（1）人口影响区域教育发展的规模和质量

在一定时期内，区域人口中有多少人受教育、受到多少教育，很大程度上取决于区域教育发展的规模和速度。区域教育发展规模大、速度快，受教育的面就广，受教育的年限就长，反之，受教育的面就窄，文盲半文盲比重就高。随着我国教育事业的发展，区域内人口的受教育水平不断提高。区域教育稳步发展，使越来越多的适龄儿童走进各类学校，受教育人口逐年增加。环境容量就是在一定的地域范围内，在不损害生物圈或不耗尽可合理利用的不可更新资源的条件下，资源在长期稳定状态下所能承受的人口规模的大小（张车伟，1994）。那么以此类推，所谓教育环境容量，当然是指在一定的地域范围内，在不损害或不耗尽可合理利用的不可更新教育资源的条件下，区域教育资源在长期稳定状态下所能承受的人口规模的大小。区域教育环境容量实际上是一个地区教育系统能容纳受教育人口的自然限度，超过了承载力限度必然会导致教育生态系统的破坏，引起教育生态失衡，使受教育环境恶化。

人口数量直接影响区域教育规模。人口数量影响着社会的需求量，制约着区域教育发展的总体规模和学校分布密度，人口数量和区域教育规模之间存在着高度的正相关关系。关于学龄人口数量对教育的影响，田家盛认为，人口自然增长率越低，人口数量增长越慢，所用人口投资越少，经济投资比例就越大，用于开发智力资源的教育投资就越多，人均教育投资就越高。相反，人口自然增长率高，人口数量增长迅速，为保持人口生活水平所需的人口投资越高，经济投资比例就会下降，从而用于开发智力资源的教育投资就越少，人均教育投资就越低（田家盛，2000）[64-65]。人口增长率对区域教育结构的影响表现在两个方面，一方面是学制，另一方面是学校内部。在人口众多、经济发展水平较低的情况下，教育要大规模地发展，就必须采取多种形式，学制不能单一化。由于人口增长方式不是匀速而是波浪式推进的，所以人口增长波峰与波谷的反复出现会对学制和学校内部结构产生很大影响。正因为如此，无论是国家还是区域，在制定教育发展规模规划时，必须要考虑人口数量的因素，要摸清人口数量的现状和变化趋势。

人口出生率越高，学龄人口的数量越多，普通教育的规模也就越大。反之，人口出生率越低，学龄人口数量越少，普通教育的规模也就越小。人类社会中，人口增长率的变化有三种类型：第一种是高出生和高死亡构成的低增长，第二种是高出生和低死亡构成的高增长，第三种是低出生和低死亡构成的低增长。古代社会人口增长率基本上是第一种类型。19 世纪起资本主义国家、20 世纪 50 年代起大多数发展中国家开始向第二种类型变化。目前，发达国家已经过渡到第三种类型。以发达国家为例，学生人数的减少使得许多小学在校人数减少，一些学生数量过少的学校甚至难以为继，不得不关闭。从 1970/1971 学年度到 1985/1986 学年度，英国小学平均每所学校学生数由 197 人减少到 174 人，与此同时，学校数由 29504 所减少到 24756 所（石人炳，2005）[77]。

数量因素对教育的影响是教育人口学的首要研究对象，也是人口与区域教育关系中的主要方面，同时数量因素也是早期人口理论产生的直接因素。真正意义上的现代人口理论的诞生是以马尔萨斯的《人口原理》为标志的。而马尔萨斯提出的人口理论即是关于人口数量与社会发展关系的"人口陷阱"理论。马尔萨斯的"人口增长陷阱"理论简单地说，就是收入的增长追不上人口的增长，由于较快的人口增长带来的需求压力和"分母效应"，导致了人均收入长期徘徊在较低的水平上，就好像掉入了一个陷阱而难以自拔（乌巧沧萍，2006）[65]。

人口增长率过高造成人口数量激增的更为严重的后果是影响教育事业的质量。首先是使教育经费和师资质量的平均水平降低。人口增长率过高对教育带来了许多不利的影响，这一点在我国表现突出，而其他人口增长过快的发展中国家也呈现出同样的情况。2013 年统计数据显示，全世界约有 70% 的人口居住在发展中国家，15 岁以下的世界少年人口，发达国家占 22%，发展中国家占 78%。但是，发达国家用于教育的经费比发展中国家多 10 倍以上。1968/1969 年，发达国家入学人数约占世界入学人数的一半，而儿童和青年人数相当于发达国家 3 倍的发展中国家，入学人数却不到世界入学人数的一半，其中仅亚洲与太平洋地区的学龄儿童文盲数就占了世界学龄儿童文盲总数的 90%。这种状况至今也没有发生根本性的转变。正如 1974 年世界人口会议的文件中指出的："展望未来，许多国家是否有财力来发展它们的教育机构，似乎取决于它们是否能够抑制人口的增长率，而这个增长率已经大大超过它们的教育计划制定的基础了。"（塔皮诺 等，1982）[28]

（2）区域教育发展影响人口的数量与结构

在一定条件下，经济收入的增加对生育起到某种刺激作用，受教育水平的提高，往往能无条件地对这种刺激起到一定的抑制作用。许多研究发现，区域人口的受教育水平直接影响人口的数量与结构。受教育水平越高，生育的孩子就越少。受教育水平越高，经济就越发达，就能自动引发和维持低生育率，这一点尤其表现在女性人口受教育水平与生育率的相关性方面。我国沿海一些经济发达、教育水平较高的地区，如上海市黄浦区，常住人口出现零增长或负增长；而教育水平较低的地区，人口自然增长率则相对较高。因此，提高区域内人口的教育水平特别是育龄妇女的教育水准，是控制人口数量、提高人口质量的有效手段。人口的教育程度不仅对人口出生率有巨大的制约作用，对人口的死亡率也有很大的影响。教育程度较高的人群死亡率较低，教育程度较低的人群死亡率较高。人口的受教育程度高，其经济收入必然较高，拥有较高的经济收入则生活水平也较高。这些人群对人类自身生命发展的客观必然性的认识较深，注重提高身体素质，其精神生活也比较丰富，因而更为健康长寿。

区域教育层次结构决定人口文化结构。合理的人口文化结构应呈纺锤形。（比较合理的人口文化结构是初等文化水平的人口比例相对较少，而中等文化水平的人口比例相对较大，高等文化水平的人口比例低于中等文化水平的人口比例，但高于初等文化水平的人口比例，呈纺锤形。文化教育水平较高的发达国家、发达区域，其人口文化教育结构即呈现为纺锤形，而文化教育水平落后的发展中国家和欠发达区域，其人口文化教育结构则呈正三角形。）各种文化层次的人口在区域社会发展中都是需要的，而区域教育的层次结构决定了区域人口文化结构。教育虽然不能直接提供物质产品，但是却可以发掘"脑力资源"。把人类长期积累起来的科学知识，尤其是把现代化的科学技术传授给后人，增强创造力。

教育是培养人的社会活动，它与人口有共存共荣的关联，必须对人口与教育的内在相互作用的机制和原理有清晰的把握。人口作为群体，是居住在一定空间里的人的总和，是处在不断变动之中的，针对不同空间的人口实施的教育就形成了区域教育。可见，人口与区域教育之间是密不可分的。区域教育的规划与发展，不能脱离人口数量的实际。教育的对象是活生生的个人，既定教育对象的存在是教育活动得以开展的前提，是影响教育发展的基本因素。20世纪中后期，为指导教育决策和充分利用有限的教育资源，许多发展中国家及一些发达国家都编制了适合自己特点的国家教育发展规划，其中也包括各区域教育发展规划，为本国初等教育、中等教育、高等教育确定了入学率和师生比例等教育发展指标。近年来，人们发现这些目标大都没有达到，最主要的原因是低估了人口的增长率而确定了不切实际的发展目标。根据不切合人口数量实际的发展目标来增加师资、建设校舍，其结果就只能是包括适龄儿童在内的众多需要接受教育和渴求接受教育的人，或者被排除在教育之外，或者只能接受不合格的教育。

区域教育与区域社会经济发展水平、民俗民风、自然地理环境有着极大的相关性。经济发展水平决定了教育资金以及教育所需的物品和技术；文化影响着区域教育发展理念及其路径选择；社会发展程度直接制约着教育管理体制、教育政策、教育规划、教育法律法规等，决定了政府是否会采取措施对区域教育发展进行干预和宏观调控。世界各地教育的基础与现状也有较大差别。区域经济的发展极大地刺激了区域教育的发展，但由于区域内政治、经济、文化、人口、自然资源、政策环境等各方面的限制，区域间教育发展的基础和条件差异很大。特别是经济发展水平的差距，也加剧了教育发展的不均衡。教育资源配置不充分、不均衡及过程不规范，是造成教育发展不均衡的重要原因。推进区域教育，实现可持续发展，必须考虑教育在区域发展中的外部限制因素，才能避免陷入"过分强调超越客观条件的超前发展和人为限制的滞后发展"的困境。

（三）区域教育改革现状与功能区的形成

1. 空间发展规划与主体功能区的形成

区域发展的本质是空间层面的整体规划与立体发展。当今时代，随着经济的发展，各国特别是进入以创新为驱动的发展阶段的国家，均十分重视空间领域改革的"精细化"设计与战略规划，关注以区域为主体的发展功能的革新。

我国政府在"十二五"发展规划当中提出了"主体功能区"的概念与实验模式，提出要发挥全国主体功能区规划在国土空间开发方面的战略性、基础性和约束性作用。按照推进形成主体功能区的要求，完善区域规划编制，做好专项规划、重大项目布局与主体功能区规划的衔接协调。推进市县空间规划工作，落实区域主体功能定位，明确功能区布局。研究制定各类主体功能区开发强度、环境容量等约束性指标并分解落实。完善覆盖全国、统一协调、更新及时的国土空间动态监测管理系统，开展主体功能区建设的跟踪评估。"优化国土空间开发格局"是主体功能区发展的重点：统筹谋划人口分布、经济布局、国土利用和城镇化格局，引导人口和经济向适宜开发的区域集聚，保护农业和生态发展空间，促进人口、经济与资源环境相协调（表5-1）。城市化地区、农业主生产区以及生态保护区是规划确立的三大类重点主体功能区。

表5-1　主体功能区发展方向

城市化地区
优化开发的城市化地区，要培育若干各具特色和优势的区域创新中心，加快形成一批拥有自主知识产权的核心技术和知名品牌，推动产业结构向高端、高效、高附加值转变；优化城乡开发布局，控制建设用地增长，保护并恢复农业和生态用地，改善

区域生态环境。

重点开发的城市化地区，要加大交通、能源等基础设施建设力度，优先布局重大制造业项目，对依托能源和矿产资源的资源加工项目要优先在中西部重点开发区域布局；统筹工业和城镇发展布局，在保障农业和生态发展空间基础上适度扩大建设用地规模，促进经济集聚与人口集聚同步。

农产品主产区

强化耕地保护，稳定粮食、棉花、油料、糖料、蔬菜等主要农产品生产，集中各种资源发展现代农业，推动农业的规模化、产业化，发展农产品深加工及副产物的综合利用，加强农村基础设施建设和公共服务。以县城为重点推进城镇建设和非农产业发展。

重点生态功能区

限制开发的重点生态功能区，要加大生态环境保护和修复投入力度，增强水源涵养、水土保持、防风固沙和生物多样性维护等功能，在西部地区优先启动国家重点生态功能区保护修复工程。

禁止开发的重点生态功能区，要依法实施强制性保护，严格控制人为因素对自然生态和文化生态遗产原真性、完整性的干扰，严禁不符合主体功能定位的各类开发活动；在清理规范的基础上，加大投入力度，完善管理体制和政策。

国际上，空间发展战略或规划的做法，实际上已经积累了很多发展成果与经验。德国、荷兰和日本等许多国家和地区都有比较长的空间规划历史，如德国有关空间规划的法律最早可以追溯到 1900 年的《萨克森建筑法》，欧盟也在 1999 年推出了第一个欧盟空间发展战略。这些国家和地区在空间规划的编制主体、依据、方法和执行等方面，存在较多的共同性和规律性的东西。荷兰的前三个全国性规划的主要目的在于促进经济增长、解决人口和就业压力，主要内容包括港口发展、工业发展、现代化居住区、国家道路系统、农业土地再分配等。20 世纪 70 年代后，荷兰的空间规划逐渐把注意力集中在经济发展带来的空间和环境恶化方面，并成功建设大都市区、"绿色心脏"、城市间绿色缓冲区、城市发展中心等。1990 年公布的第四个空间规划及其补充文件是荷兰空间政策的转折点，从这个规划开始，荷兰空间规划的目标变为：一方面要加速经济增长，另一方面要考虑消除经济增长带来的副作用，即要努力保持经济增长与空间和环境质量的平衡。

主体功能区并不仅仅是对国土资源严格进行布局，从严格意义上讲，主体功能区的真正推行应该始于教育的主体功能区发展。在农业及工业文明时代，一个地方有资源就建资源城市，等资源枯竭了，这个城市就衰亡了。但实际上不应该这样去布局，我们应该用新的观点去看问题。在传统的能源和资源开发模式之外，还应考虑一个更重要的问题，就是现代经济的主要推动力正在发生重大变化，技术、技能和创业正成为经济发展新的推动力。以前，我们以为没有能源和资源几乎就不可能发展，但现在不是这样，经济转型不仅要搞工业化，还要大规模搞城市化和知识化。

站在全球的角度上，在进行规划时要跳出资源开发的老思路，大力增加教育投入。当前，我国GDP虽然快速增长，但是每年用于购买芯片的外汇比用于购买矿石和原油的外汇还多，这说明我国正在步入以创新为主要驱动的发展阶段，在能源和资源开发方面必须具有国际性，必须增加对教育的投入，储备知识和技术，在推进主体功能区规划过程中改变原有的开发结构，并相应地改变区域教育改革与发展的基本方式。

2. 区域教育改革与教育主体功能区的产生

区域改革不仅仅是一个简单的赋权过程。推进区域综合改革的实质，是建立促进区域教育发展的主体功能实践机制。区域实验推进，形成教育主体功能区，并最大限度地开发教育人力资源，是国际区域教育改革实践的主要取向。美国的区域教育实验室、欧盟高等教育区、印度的教育人力资源中心、中国的教育综合改革实验区等，都是近年来国际区域教育综合改革实践的良好范本与案例。

（1）国际区域教育改革与教育主体功能区的形成

在美国，区域教育改革实验室体系及区域教育服务中心，是联邦教育部和各州在联邦和州层面指派的行政区域（以县、郡为单位划分）改革基本机制。这一实验机制为区域中小学校和学区提供教育科研援助项目和教学服务。州区域教育服务中心有近百年的历史，目前全美有10多个教育部区域教育实验室，同时40多个州拥有600多个区域教育服务中心。在2008年金融危机之后，美国立即增加了教育投入，总统奥巴马提出"十万强计划"，4年要向中国派遣10万名留学生。美国视该计划为培养具有国际竞争力的高级人才的战略投资。资源是过去区域发展的主要动力与标志，但今天以创新为驱动的发展需要以人才、知识和信息为新的动力与标志。

在欧盟，欧洲高等教育区是欧洲"博洛尼亚进程"10年来教育功能区实践最为重大的成果，也是世界高等教育领域的重要变革。"二战"以后，欧洲的英、法、德等传统大国在硬实力上已无法单独与美国抗衡，而且还面临着中国、印度等新崛起大国的挑战，必须通过整合，依靠联合起来的力量来捍卫各自的利益和彰显欧洲在世界中的地位。欧盟在欧洲内部推动"欧洲认同"，在欧洲以外推动"认同欧洲"。2010年3月11—12日，博洛尼亚年度高等教育部长会议和第二届博洛尼亚政策论坛先后在匈牙利首都布达佩斯和奥地利首都维也纳举行。会议期间，47个欧洲国家的教育部长共同通过《关于欧洲高等教育区的布达佩斯－维也纳宣言》，宣布"欧洲高等教育区"正式启动。根据最新发布的"博洛尼亚进程"独立评估报告和利益相关者评估报告，欧洲各国的高等教育机构、教职员工和学生越来越认同"博洛尼亚进程"在实现欧洲高教改革目标方面取得的进展。可以说，欧洲高等教育区的正式启动，标志着"博洛尼亚进程"迈入了一个新的、重要的历史阶段。可以判断，欧洲将继续沿着这条道路不断探索，它必将增强欧洲高等教育的国际竞争力，对世界范围的高等教育产生重大影响。从教育领域来看，在欧洲内部，欧盟积极推动"博洛尼亚进程"，倡导建立知识的欧洲，强调欧洲文化趋向，大力推动欧洲高等教育一体化，对内实行资源共享，通过推动区域内的高等教育国际合作来应对全球化带来的挑战。在欧洲外部，大力倡导提高欧洲教育体制和欧洲高等教育机构的知名度以及对国际学生、学者的吸引力，积极推进"伊拉谟斯计划"、"亚洲链接项目"等，目的在于扩大欧盟对各国的影响力，将"博洛尼亚进程"的价值观和做法推广到全世界，建构有效的欧洲认同，树立欧洲文化、文明的优越形象，确立和扩大欧盟的软实力。

在印度，全国统一的教育政策或改革机制对于经济比较发达或者教育比较落后的区域而言，都将意味着不适用。因此，实质性的区域教育发展及改革势在必行。根据各区域的实际条件，印度着手建立了区域教育人力资源中心。该机构将深入教学第一线为广大教师提供帮助和指导。全民教育计划号召在地区层面实施课程改革分权计划。分权计划的实施要能提供各个不同层面的不同信息，以确保在各个层面上都形成良好的功能机制。

（2）中国区域教育改革与教育主体功能区的产生

在我国，改革开放以来，随着经济体制改革的不断深化，单纯的经济体制改革显然已经无法适应中国快速发展的实际情况，推动经济、社会和政治的综合改革逐渐成为改革的中心要务，并成为构建社会主义和谐社会的关键，这其中当然包括教育综合改革。早在1989年5月，国家教委就会同各省，在实施"燎原计划"的100多个县建立了全国农村教育综合改革实验区，开创了部省合作的新形式。进入21世纪以来，随着人们对国家综合改革"试验"的认识不断深化，"（中央）政府＋（区域）政府"推动的综合改革模式日渐成形。与此同时，为了加强综合改革模式的专业化，"科研院所＋（区域）政府"的"实验"模式也开始出现。2008年5月16日，中央教育科学研究所与杭州市下城区人民政府签约成立国内首家教育综合改革实验区，开启了基于教育主体功能区的综合改革模式新的实验与探索（刘贵华 等，2009）。

全球化对于中外空间规划均产生了巨大的影响，全球化不仅不会消弭区域间的差异，反而因其空间集聚的特征而使得区域的重要性更为突显。全球化对于原来在一个国家主权领土范围内进行的空间规划产生了巨大的影响，促进了跨国空间规划。其中，最典型的就是欧盟空间发展战略，该战略旨在寻求欧盟地域范围内平衡和可持续的发展。目前，各个国家的空间规划都对区域创新能力和竞争力给予了高度关注。空间规划的目标有一个从主要促进经济增长和就业，向促进增长、扩大就业、保护环境、疏散人口、平衡区域发展、保护文化多样性以及促进可持续发展等综合性和战略性目标转变的过程。空间规划具有浓厚的公共政策属性，其主体呈现出多元化特点。政府、专业规划机构和人士、社会公众广泛参与。在编制空间规划的过程中，不仅需要政府机构、专业技术人员的参与，而且更需要代表普通居民和公众的人员参与，给普通公众一个表达其意愿的渠道。空间规划的落脚点在区域，同时空间规划必须与其他区域政策，如财政、环保、教育、文化政策等相互配合。区域在政治、经济、文化、教育等领域具有内生同质性特征，这种特征决定了近些年来国内外政府无论是在宏观的教育规划，还是在具体的教育发展决策制定过程中，均选择从区域层面推进教育改革。

二、区域"小生境"：教育改革的最后分布域

（一）何为"生态位"

生态位（ecological niche）是生态学中一个重要的概念（图 5 - 1）。在自然界中，每一个物种（主体）只能在特定的生态环境中生存。生态环境是相对于某一主体而言的，环境的重要特质在于整体性与多样性。特定区域环境中各要素之间不断地进行着物质、能量和信息的交换。因此，不同区域的环境千差万别。生态群落中某一物种对周围环境中资源的利用情况就是生态位。

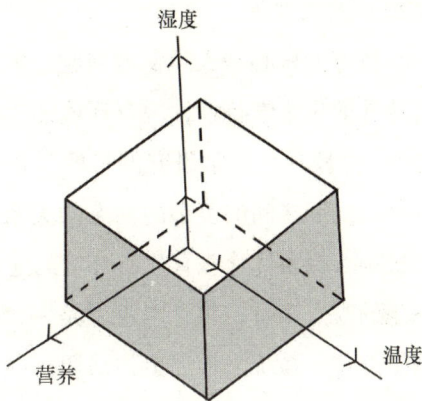

图 5 - 1　生态位

生态位源于生态学理论，以生态位理论为方法或研究工具，对教育的现实情况、变革和发展进行生态学思考，是将教育生态学理论应用于教育实践的具体体现之一。

在社会生态学看来，社会系统与自然环境拥有同质性的生态特征。因此，教育同自然、社会系统一样，也拥有共同遵循的生态原则。生态理念可以应用于教育研究，"生态思维模式本身更贴近教育形态"，这种"适切性"（刘贵华，2007）高度适用于以生态位理论研究教育系统的环境问题。教育系统的生态环境特征生动地诠释了教育实存的"本体位"形态。这里的"本体

位"并不完全是本体论意义上的"本体"，而是主体与环境的交互关系中实然的"本体"。

一个最为简单的生态位就是由温度、湿度和营养三者组成的三维立体结构或空间，是一个物种和其他物种相关联的特定时间位置、空间位置和功能位置等。在生态系统中，具有亲缘关系并拥有相同生活习性的物种，都有自己的生存空间，它们不会在同一个地方出现。生态位，又称小生境或生态龛位，是一个物种所处的环境及其本身生活习性的总称。每个物种都有自己独特的生态位，并借以跟其他物种相区别。生态位理论更为突出地体现了生态环境与生态发展的基本特质，即环境独特性、动态发展性以及相互关联性等。

教育的核心是人的发展问题，因而教育的生态环境及发展机制天然地带有特殊的生物学特性，教育环境的生态机制以及教育生态学的提出也就成为必然。"教育生态学研究的目的，在于通过分析各种教育生态环境因素与教育事业发展之间的复杂的动态的关系，揭示教育环境的状态与发展规律、生态机制，探索优化教育生态环境的途径和方法。"（范国睿，1999）[28] 从教育生态学的观点来看，教育本身就是一个生态环境系统，或者说，教育发展机制用生态位—系统来描述更为贴切。

（二）教育的"基因变革"一说有依据

当下，教育改革的理论话语及实践界流行"基因"说。这一观点的盛行，一方面源于生物科技等新科技变革对教育的影响，另一方面也反映了人们对于传统学校教育彻底变革的期待。如果基于生态位的观点考虑教育变革，"基因"说就不会流于形式或空洞的时髦口号。

教育生态位就是由教育资源的分布状况、行业竞争状况、人口和劳动力状况、教育发展状况，以及这种状况对教育内部生态系统的作用等共同构成的。教育是一个由层次有别、类型各异、阶段不同的教育形态排列组合、动态链接、纵横交错而形成的生态系统，每一层次、类型和阶段的教育形态都有与之相匹配的生态位。如上所述，教育体系及其运行具有基本的生态机制，教育的问题更加需要以强调环境独特性、动态发展性以及相互关联性的生态位特性来进行具体分析。

1917年，格林内尔（J. Grinnell）首次给生态位下了定义："生物在群落中所处的位置和所发挥的功能作用"（尚玉昌，2003）[174]。这一定义拉开了学术界对于生态位研究的帷幕。在他看来，生态位是一个行为单位，是"恰好被一个种或一个亚种所占据的最后分布单位"，其中的结构和条件能够维持物种的生存。如果生态位是维持物种生存的"最后单位"，那么受教育者主体成长的"最后单位"就应当是个体能够最近距离地接受教育的基本环境与资源，如家庭、社区及周边教育机构所提供的区域性服务。尽管区域的界定范围可大可小，但以生态位来界定的区域，则仅指主体接受教育过程中所占据的最后教育环境与资源的分布单位。因此，教育改革需要从"最后分布区域"开始推进，推进的过程涉及区域内所有的教育环境与教育资源，这种变革才是教育发展中根本性的"基因变革"。

按照教育生态学的观点，教育主体（教师和学生）与教育环境之间的生态位关系构建，是教育发展的重点。因此，主体与教育环境之间的协调、均衡与和谐发展，同样是区域教育发展的主要价值取向。从教育发展论的角度出发，教育主体的生态定位、生态需求，主体教育成长的生态机遇以及主体生态发展的质量保障，成为区域教育高位均衡发展的基本价值与理想。

改革开放以来，我国在效率与公平问题的处理上，长期采取的是效率优先、兼顾公平的价值取向，教育政策与制度的设计也是如此，这势必导致教育尤其是以义务教育为核心的公共教育体系的非均衡化发展。公共教育体系的均衡发展缺少政策和制度支撑，一度出现泛市场化、产业化、商品化的倾向，导致城乡之间、地区之间、学校之间的资源与结构失衡及非生态化发展。公共教育资源与结构的均衡发展，是区域经济、社会协调发展的基础，也是区域公平和区域和谐的保障。

当前，人民群众对教育的功能性需求已从就学机会的公平层面上升到了教育质量的公平层面。义务教育需要进入以质量提高为主要特征的均衡发展新阶段。教育新一轮发展的任务必然是通过教育质量的提高来不断满足人民群众对教育新的需要，并通过提高人民群众对教育的满意度来获取社会对教育更多、更大的理解和支持。要实现质量提升，就必须从教育的生态现实出发，从最后分布区域出发，统筹谋划，科学发展，充分发挥各种基于实践的理论的推动作用，在教育治理、课程改革、教师专业化以及教育现代化等方面实现重点突破，实现教育的"基因变革"及全方位、高质量均衡发展。

三、改革方法论：环境测度与关键指标的选择

区域综合改革的启动和推进，需要首先着手建立相对科学可靠的指标体系，进而确立一整套符合改革理念的方法论体系，通过科学规划与评估，有的放矢，最终确立改革的关键环节与领域。

（一）测度法：改革环境与承载力测度

1. 什么是改革环境测度

在现代生态学看来，生态位特征或环境是可以进行科学度量与计算的，测算的基本内容或关键指标包括：物种对资源开发利用的程度（生态位宽度，如教育资源状况）；在一个资源序列上，两物种利用相同等级资源而相互重叠的状况（生态位重叠，如区域、学校等主体的发展潜力与能力状况）；物种在资源序列上利用资源的分离程度（生态位分离，如区际、校际均衡发展状况）；竞争造成生态分离的证明（性状替换，如区际、校际发展差异状况）；生态承载力（区域教育承载力，如区域、学校教育质量状况）。从这些指标可以看出，教育改革环境测度主要用于评估区域教育生态位中各种资源（生态因子）的开发利用的基本状况。任何一个区域的改革，都首先要搞清楚改革的基础环境、各个资源因子的基本状态以及更为重要的改革的生态承载力（表5-2）。

表5－2　区域教育综合改革环境测度关键指标体系

生态指标	对应的教育指标项	观测项
生态位宽度	教育资源状况、教育公平度	政治、经济、人口等指数
生态位重叠	区域、学校发展潜力	发展指数
生态位分离	区际、校际均衡发展状况	均衡指数
性状替换	区际、校际发展差异状况	学校质量差异系数
生态承载力	区域、学校教育质量状况	溢出率、满意度、公平感等

　　科学合理的改革环境测度需要在广泛调研的基础之上，构建一套适合本区域发展实际的独立的指标体系。这套指标体系应具备描述、解释和评价功能（帮助决策者和普通百姓了解区域综合改革的进展）、测评功能（以指标体系为基础，运用一定的方法测量改革发展水平）以及导向功能（找出改革系统中存在的问题，为本区域教育发展规划与建设提供依据）。因此，在构建环境测度的整套指标体系时必须遵循以下基本原则：

　　（1）科学性原则。测度指标体系一定要建立在科学的基础之上，能较客观和真实地反映教育—经济—社会复合生态系统的发展状态，涵盖区域社会生态系统的各个层面。能较好地量度区域教育发展主要目标实现的程度。

　　（2）可操作性原则。区域教育综合改革是一项复杂的系统工程，需要公众的参与。因此，所选测度指标的含义要简单明了，容易被公众理解接受，指标要有较可靠的数据来源，容易为决策及科研人员所获取。

　　（3）可比性原则。测度指标体系要能用于不同区域之间的横向比较和同一区域不同时段、不同学校之间的纵向比较，以便找出不同区域之间的发展水平差距和同一区域的改革进展差距。

　　关于生态承载力的具体量化评估方法，前面章节已有较多论述，此处不再展开。

2. 合理的区域教育生态承载力

　　区域教育系统可视为一个生态系统，它像自然生态系统一样具有相应的承载力。区域教育的发展并不是无限制的，它也受到区域教育系统的教育资源（投入、师资、设施、生源质量和学术氛围等）供给能力和区域教育发展环境（政治、经济、文化和对高等教育的需求等）的支持能力的限制。一旦区域教育的规模发展超出一定教育资源的承受能力，那么就像自然生态系统一样，它的资源供给和再生能力将受到破坏，系统将失去平衡，其培育质量将难以维持。同样，区域教育的规模发展如果缺乏相应的财力投入、政策支持和文化发展所需的外在压力，也很难使区域教育得到均衡持续的发展，其质量标准也将受到影响。也就是说，区域教育要维持一定质量标准和规模的发展，必须要有相应的教育资源和能支持其发展的办学环境，这就是区域教育系统能够维系平衡的生态承载力。

作为环境测度的主体及目标，"区域教育生态承载力"这一指标是改革生态系统的自我维持、自我调节能力的体现，也是资源与环境的"供容"能力及其可维持的社会经济活动强度和具有一定生活水平的人口数量的表征。改革环境测度中，生态承载力是最为核心的指向指标。对于某一区域而言，生态承载力强调的是系统的承载功能，而突出的是对人类活动的承载能力，其内容应包括资源子系统、环境子系统和社会子系统，生态系统的承载力要素应包含资源要素、环境要素及社会要素。所以，某一区域的生态承载力概念，是某一时期某一地域某一特定的生态系统，在确保资源的合理开发利用和生态环境良性循环发展的条件下，可持续承载人口数量、经济强度及社会总量的能力。

生态系统有自我维持和自我调节能力，在不受外力与人为干扰的情况下，可保持自我平衡状态，其变化是在可自我调节范围内的，这在生态学上称作稳态。如果系统受到干扰，当干扰超过系统的可调节能力或可承载能力范围后，则系统平衡就被破坏，系统开始瓦解。自然生态系统中，在生物的各个水平层次上，都具有稳态机制，因此最后都能达到一定平衡。在巨大的生态系统中，物质循环和能量流转的相互作用，建立了自校稳态机制（self-correcting homeostasis），而无须外界控制。但生态系统的稳态机制是有限度的，当系统承载力超过稳态限度后，系统便发生转变，从一种稳态走向另一种稳态，但稳态的变化是渐进的。著名生态学家奥德姆（E. Odum）将这种变化看成一系列台阶，称作"稳态台阶"（高吉喜，2000）[320]。如果要使生态系统不发生剧烈变化或不超出波动范围，压力的作用就必须在生态系统的可自我维持和自我调节能力范围内，否则系统便会走向衰退或死亡。所以，面向可持续发展，人类的任何活动都必须限制在生态系统的弹性范围之内。换句话说，人类的活动不应超越生态系统的承载限值（贺祖斌，2004）[38]。

区域生态承载力并非简单地指某一区域内可承受的学生的最大数量，而应考虑到更广泛的范围。在某种意义上说，一定区域内的学生数量可以很多，弹性很大。如一个教室可容纳的学生数量，若实行小班化教学，一般约为30名学生，若不实行小班化教学，则容纳60名学生也是可以的。当没有硬性规定一个教室里所坐学生的数量时，只要能够放下足够多的桌椅，就能容纳相应数量的学生。在教学资源固定的情况下，容纳学生的数量弹性很大，但也应看到当学生数量增多时，单个学生所占有的教育资源相应减少，当减少到一定程度时，就会影响到学生的健康成长和学习效果。因此，教育的生态承载力，特别是区域的教育生态承载力，就应该考虑到保障学生的健康成长，在此将其定义为"某一特定条件下和教育资源范围内，在保证学生健康成长和全面发展的前提下，所能够承受学生的最高数量"。一旦区域教育的规模超出一定教育资源和相应环境的承受能力，其资源供给和再生能力就会受到破坏，系统将失去平衡。区域教育的生态承载力是影响甚至制约区域教育发展速度和规模的重要条件，对其加以深入研究，可以更好地把握区域教育的办学规模和相应的办学条件之间的内在关系，具有十分重要的意义。

利用改革环境测度方法，可以实现对区域教育生态因子及其合理承载力范围的评价和实时监控，准确诊断教育主体在不同阶段的各种实际生态位状况，有针对性地根据需求调整发展步骤或方案，保证区域教育生态系统健康运行。

（二）综合改革关键要素的选取与实践程式

1. 改革关键要素选取的基本原则

根据改革环境测度及对区域教育承载力的评价结果，科学地选取符合本地发展实际的改革关键要素或环节，是特定区域改革取得成功的第一步。区域综合改革关键要素的选择是改革推进的基础，也是未来区域改革框架构建的基础。

（1）客观性

区域教育生态承载力是客观存在的。在社会一定经济文化发展条件的制约下，无论是区域教育系统的自我调节功能与弹性限度，还是区域教育资源的供给能力与环境的容纳能力都是一定的，并大体与一定的社会经济文化环境相适应。区域教育系统的生态承载力是客观存在的，也是相对稳定的。生态承载力的客观存在性是区域教育系统的固有属性，这种固有属性一方面为它抵抗外力的干扰破坏提供了条件，另一方面为它向更高层次发展奠定了基础。

（2）可变性

区域教育生态承载力是可变的。在自然界，没有绝对稳定的生态系统。所有的自然系统的生态平衡都是相对稳定的，即在一定的范围内自然波动。如果这种波动偏离过大，超过了一定的度，其平衡性质就会被打破，系统也将由此发生质变。区域教育系统也一样，如果对系统作用的强度超过了系统的自我调节能力，则系统将变化到另一状态。这种变化有两种可能：一种可能是进入更高一级的状态，如1998年后的高等教育大扩招，虽然打破了原有的平衡，但也促使我国区域高等教育提前进入大众化时期；另一种可能是系统崩溃，如"文革"时期的教育可谓一片空白。总之，区域教育系统的稳定是相对意义上的稳定，其生态承载力是可变的。

（3）多维度

区域教育生态承载力是多维度的——多水平与多层次的。区域教育生态承载力和区域教育改革体现在多个维度上。区域教育改革系统是个多维度系统，它的多维性不仅表现在系统内各单元的生态系统水平上，而且表现在不同层级、不同类型的区域教育以及专科、本科、研究生等各种区域教育层次的生态系统水平上。在不同层次水平上，生态承载力也不尽相同。因此，不仅需要注意低层次的生态系统承载力，还需注意较高层次的生态系统承载力。奥德姆指出：如果我们需要稳定，就必须把注意力放在更高层次的管理与规划上。因此，对区域教育生态承载力的研究应在较高层次上或者较大范围内进行。

2. 要素禀赋选取及其实践程式

要素禀赋指特定区域内一定时期各种赋存要素的状态（王建廷，2007）[52]。任何一项改革或实验，都有赖于一定的空间范畴，无论这一空间范畴是抽象的、虚拟的，还是具体的、现实的。根据教育发展与活动的空间特性，总的看来，区域教育综合改革的主体要素及改革实践程式包含如下几个部分。（下面所列的这些要素或环节有些是抽象的、虚拟的，如思路设计、目标取向及原则规制等，或者因子、类型、模式等，有些则是具体的、现实的，如自然资源、文化传统或教育理念、教育制度等。这些要素的禀赋或功能发挥都必须发生在特定的区域范畴之内。）

（1）顶层设计

教育是一项宏大而严密的系统工程，区域教育则是教育大体系内部的一个子系统，有着自身特殊的规律，区域教育改革也只有遵循这种特殊规律，才有可能实现理想的发展目标。区域教育本身带有国民教育的一般性，同时又带有鲜明的区域性。区域教育改革必须以战略性的视角，寻找到适合本土发展的理念体系，并统筹考虑区域内外各种要素的综合关系，方能达到促进区域教育均衡和谐发展的目标。

（2）目标取向

区域教育发展所追求的整体发展、均衡发展，必须建立在区域经济社会的整体发展、均衡发展的基础之上，在统筹区域社会经济发展实际的基础之上分类推进。局部发展是手段，整体发展是目的。因而，区域教育综合改革的本质特点就是从区域的整体特征出发，搜集区域整体的问题，研究区域整体的革新思想、策略与方法。改革应该摈弃狭隘、单向、局部的与不全面的科研为主或政府为主的简单思路。

（3）原则规制

区域规划、分类指导、科研引领、整体推进是区域综合改革模式实施的基本原则。为了实现区域教育改革基本目标，需要科学化地确立区域教育创新的重点、对策和措施，并进行战略层面的决策谋划。应在系统分析区域教育外部环境、教育现实及其未来发展趋势的基础上，把握区域教育改革的动力因素和制约条件，确立本区域的区位优势，提出符合实际的改革方案。区域教育综合改革的模式建构，需要遵循战略性、超前性、多样性、可操作性或可行性、实践性等原则。政策范式、发展路径及评价实现途径都应该是多元化的。

（4）要素关联

这里的要素指的是影响教育发展和改革的各种因素。要素间不同的关联或要素在空间上的结构与功能的组合及其变化，形成不同的区域教育发展类型，以类型为基础可以进一步构建出模式：因子（原生性）→类型（次生性）→模式（社会性）（图5-2）。区域教育的基本因子是改革的原生性要素，包

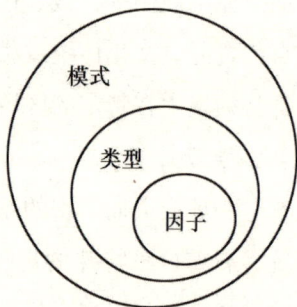

图5-2　区域教育综合改革模式要素关系

括区域的自然区位、人力资源、文化传统、民族特性、生源条件以及教育结构、教育布局和教育管理等。区域教育因子的组合形态即次生性要素，则涉及教育的价值取向、发展方向、空间结构、组织功能、治理方式等要素。区域教育因子组合形态的社会化整合形成教育综合改革模式，政府、社会、社区、学校、家庭以及专业人员、教师、学生等都是改革的参与主体。改革是利益相关者的博弈，既牵涉公共领域，也关乎私人领域。对于政府、社会、学术、市场等资源因素，需要统筹兼顾，有机整合。各因子之间以生态化关系联结。

要素禀赋体现在因子的敏感、钝感程度方面。对于不同区域而言，原生性要素是相同的，而次生性与社会性要素则区别明显，要素及其分工差异显著。例如：教育投入对于发达地区而言并非敏感性因子，但对欠发达地区而言则是敏感性因子；区域教育的治理方式，对于发达地区而言是敏感性因子，但对欠发达地区而言则是钝感性因子。对于综合改革模式而言，这就类似于

经济学上的"雁形理论"①，在特定的区域空间内，需要根据各要素的不同禀赋及其敏感、钝感程度，寻找、确定最适合本区域发展实际的要素禀赋，并以此统领其他要素。

（5）维度选择

十八届三中全会通过的《中共中央关于全面深化改革若干重大问题的决定》对全面深化改革的重要领域和关键环节做出重大部署，特别是围绕党的十八大报告提出的"深化教育领域综合改革"总体要求，明确了教育改革的攻坚方向和重点举措。根据这一决定，教育部迅速出台了《教育部关于2013年深化教育领域综合改革的意见》。该意见从人民群众反映强烈、制约教育事业科学发展的热点、难点问题出发，深入分析问题产生的深层次体制机制障碍，找到了全国改革的聚焦点和重点。意见提出了综合改革的"四大领域"（人才培养、办学体制、管理体制、保障机制）、"17项政策内容维度"（表5-3）。实际上这些领域与维度的提出，不可能面面俱到、全面兼顾，而是遵循了上述敏感、钝感的要素禀赋选择方法，从"工作有基础、社会有共识、群众能感知"的环节入手，选择关键维度，寻找改革突破口。

表5-3　教育综合改革四大领域

领　　域	维　　度
（一）改革人才培养模式	1. 推进考试招生制度改革 2. 深化课程内容改革 3. 探索创新人才培养途径 4. 完善职业教育人才培养模式 5. 落实人才成长立交桥支撑措施

---

① "雁形理论"是日本经济学家赤松要（Kaname Akamatsu）在1932年提出的东亚经济发展形态理论，主要依据来自日本棉纺工业的发展实际。赤松要认为，日本的产业通常经历了"进口—当地生产—开拓出口—出口增长"四个阶段并呈周期循环态势。对于某一产业而言，随着进口的不断增加，国内生产和出口逐渐形成，将四个阶段用图表示出来，得出的图形呈倒"V"形，就如三只大雁展翅翱翔，他称之为"雁形产业发展形态"。

续表

领　　域	维　　度
（二）改革办学体制	1. 改善民办教育发展环境 2. 完善职业教育产教融合制度 3. 落实高校办学自主权 4. 扩大教育对外开放
（三）改革管理体制	1. 完善均衡发展义务教育机制 2. 落实省级政府教育统筹 3. 健全教育监测评价机制 4. 推进教育督导体制改革 5. 完善高校治理结构
（四）改革保障机制	1. 改革教师管理制度 2. 完善投入保障机制 3. 改进教育信息化推进策略

同年，教育部又提出了基础教育领域推进综合改革的重点与方向（表5-4），主要涉及资源配置、考试招生、治理结构、育人模式、教学过程、教师管理、督导监测七个领域。

表5-4　基础教育领域综合改革重点

领　　域	维　　度
一、基础教育资源配置改革	1. 推进义务教育学校标准化建设 2. 更加关注农民工子女 3. 更加关注贫困学生 4. 更加关注残疾儿童
二、基础教育考试招生改革	1. 坚持义务教育阶段免试就近入学 2. 推进中考制度改革 3. 健全高中学业水平考试和综合素质评价制度
三、基础教育治理结构改革	1. 推进电子学籍管理 2. 建立现代学校制度 3. 推行学区化管理 4. 强化安全教育管理 5. 制定学校管理标准
四、基础教育育人模式改革	1. 加强中小学德育 2. 深化课程教材改革

续表

领　　域	维　　度
五、基础教育教学过程改革	1. 提高教学效率 2. 颁布减负规定 3. "减负万里行"活动 4. 课业负担监测 5. 推进信息化教学
六、基础教育教师管理改革	1. 改革教师资格认定 2. 改革教师编制配置 3. 改革教师生活补助 4. 改革教师职业从属
七、基础教育督导监测改革	1. 健全体制机制 2. 坚持两个并重 3. 开展质量监测

　　寻找综合改革的敏感因子，全国层面如此，区域层面亦如此。寻找区域改革关键领域的方法与路径是多样的，没有一成不变的套路，只能因地制宜、结合实际地推进，如既可以使用量化的模型计算、推演，也可以在科学调研的基础上，根据改革的实地经验，以"专家法"总结提炼。从理论上讲，所有影响因素（经济的、政治的、文化的，体制的、政策的、资源的，学校的、家庭的、社会的，阶层的、地区的、性别的等）都有可能与教育领域综合改革的要求不相适应乃至严重抵触。这些不相适应与严重抵触不可能在一夜之间彻底消除，且即便经过一段时间的努力而有所改变，一旦遇到新情况、面对新问题，也仍然有可能出现反复，出现新的不相适应乃至严重抵触。

　　判断深化教育领域综合改革是否成功的依据，并不是教育的某种类型、某个层次、某个范畴或某个要素是否发生了积极变化，而是整个教育的结构、运行及质量是否焕然一新。教育领域综合改革不是教育的特定类型（如特殊教育）、特定层次（如高等教育）、特定范畴（如德育）、特定要素（如教学）的单独改革，而是所有领域、所有层次、所有范畴、所有要素的相互关联、相互照应、相互协同的改革。换言之，深化教育领域综合改革的最终结果，应当是教育系统各组成部分共同地、相互促进地全面提升，是整个教育的真正转型。

从实践来看，几乎所有影响因素事实上都或多或少制约着教育领域综合改革向纵深推进。这种制约根源于两个基本冲突，即理念冲突与利益冲突。在教育领域综合改革的整个过程中，这两个基本冲突都如影随形。只不过从冲突的程度来看，有时比较激烈，有时相对淡弱，消消涨涨反反复复，一波未平一波又起，从未有过完全偃旗息鼓的时候。这样，促成理念转变、谋求利益整合通常会成为改革者们殚精竭虑地去想、千方百计地去做的两大基础性工作，但多半难度很大，效果欠佳。

推进区域教育综合改革，需要我们以更大的勇气和智慧，深化和推动教育重点领域和关键环节的改革，从人民群众关心的区域热点难点问题入手，着力破除区域体制机制障碍，努力解决深层次矛盾，切实解决好本区域的"入园难"、义务教育阶段择校、中小学生课业负担过重、薄弱学校改造、弱势群体（流动人口子女、残疾儿童等）教育、区域教育质量监测与评价机制改革、高中办学模式多样化试验、学校特色建设、中小学与科研院所合作开展创新人才培养试验、高校拔尖创新人才培养综合改革、高校结合实际探索通识教育模式、地方高校技能型人才培养试点、实践教学和创新创业教育以及研究生教育综合改革等人民群众最关心、最直接、最现实的教育问题，加快解决区域社会发展对高质量多样化人才的需求与人才培养能力不足的矛盾、人民群众期盼良好教育与资源相对短缺的矛盾、增强教育活力与体制机制约束的矛盾，把办好人民满意的教育作为推进区域教育改革的出发点，把能否促进人的全面发展、适应经济社会需要作为检验区域教育改革的根本标准。

（6）实验运行

科学谋划和政府推动是区域教育综合改革模式的核心要素。理论与实践、科研与决策、核心要素与各主体要素之间的关系处理是模式能否成功运行的关键。区域教育综合改革模式是一个开放的发展性框架系统，体现的是教育的现代整体性功能，强调教育符合区域社会经济生态发展的实际，并随其发展需要持续地调整着力点。

区域教育综合改革模式的运行出综合改革核心特色理论与综合改革实验操

作模式构成。区域教育综合改革的总体模式（上位模型）理顺了模式内外各主体要素之间的关系，发挥了规划发展模式的功能。核心特色理论反映了科研推动区域教育改革的核心理念，既吸收了项目推动模式"以点带线"的突破式运行框架，也反映了特色示范模式"以特色带动整体均衡发展"的思路。

　　区域教育综合改革的总体模式为核心特色理论与实验操作模式提供政策指导、制度支持与发展导向；核心特色理论为实验操作模式提供科研引领与指导；实验操作模式则为核心特色理论提供创新发展的支持。核心特色理论与实验操作模式又同时为综合改革提供科学决策的依据与理论支持，最终以实验区的实践推动改革的整体发展，并为其他区域提供完整的实验样本与个案（图5-3）。

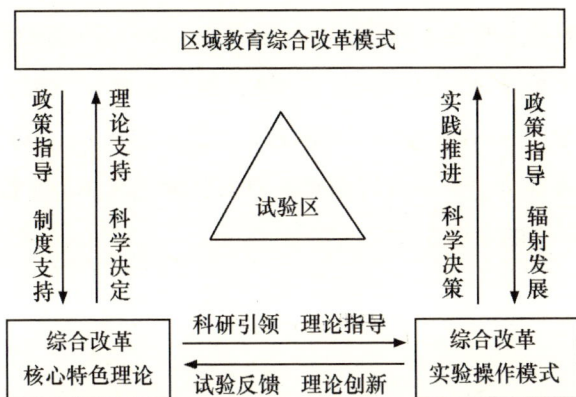

图5-3　区域教育综合改革模式的运行结构

　　区域教育改革的操作、政府公共教育决策的专业化，自然离不开决策全程的专家参与和实践验证，同时还需加大社会监督的力度，减少决策过程的偏差与失误。具体来看，专家咨询应成为一种长效机制，而非短期行为，应建立顺畅的"专家—政府—学校"绿色沟通机制。这些机制与民意沟通的民主机制协同发挥效力。在为区域政府或一线学校提供咨询服务的同时，科研人员可通过直接的决策参与影响区域内各项重要改革举措出台。

　　当前，我国区域教育综合改革模式的总体实践，仍然是理论或实践"各自为政"、"单打独斗"。来自改革实践一线的感性经验总结多，规范科学的理性抽象提炼少；对典型区域教育改革的应景式"对策"研究多，长期系统的理论研究少；个体式单一项目或单一学科的"假行动研究"多，多学科联合攻关、理论结合实践的实证研究少。因此，区域教育综合改革模式的实践首先需要转变上述这些存在问题的理论或实践套路，遵循区域整体发展规律，综合考虑区域教育发展的历史、地理、政治、文化等制约因素，主动借鉴区域内外经验，寻找出扎实有效的本土化实践路径。

　　综合改革模式并不排斥传统模式的实践经验与方法，例如项目合作、课题或专家引领、特色示范等都仍可作为特定区域、特定发展阶段有效的具体推进路径或方法。如前所述，区域教育综合改革是一个系统庞大的工程，不仅涉及教育领域自身的具体事宜，而且更多地要求决策者通盘考虑整个区域的发展，只有全面规划（顶层设计）、科学研究（测度承载力与改革环境、寻找敏感因子等）、综合治理（区域教育治理能力建设）、重点推进（推进区域教育改革核心部分——学校层面——的综合特色改革）、全域保障，才能使改革取得预想中的成功。

延伸阅读

综合改革实验区改革路径示例

　　第一，政府、专家与实践一线联手进行大量的科学调研，摸清理论选择适切性和实践中的问题根源，对区域社会经济发展与教育的生态系统进行全方位分析，确立区域教育综合改革规划与方向。

　　第二，依据总体模式设立区域科研联合攻关项目或课题，形成或寻找适合本土实践的特色理论模式与共识。

　　第三，形成区域教育实践操作模式，以特色模式为龙头，分解和细化操作程序，以课题或项目合作方式发动区域内外各相关主体因素积极参与改革。

　　第四，构建区域教育综合改革总体工作体系和模式，同时发展新成形的区域教育综合改革模式的应变能力，以应对瞬息万变的外部环境，实现既定的创新目标。

　　第五，对改革中发现的问题及时进行反馈诊断，整合区域内各种资源，提出教育改革的综合决策建议等。（刘贵华 等，2009）

第六章

推进区域教育治理现代化

　　随着经济社会和教育事业的发展，我国教育改革已步入深水区，这就要求统筹协调方方面面的力量，重视教育改革主体之间的对话协商，加强教育体制机制的改革。为此，2014 年全国教育工作会议明确提出，深化教育领域综合改革，加快推进教育治理体系和治理能力现代化。要适应区域经济社会发展需要，破解区域教育热点难点问题，深化区域教育综合改革，实现区域教育现代化，就必须推进区域教育治理现代化。那么，什么是区域教育治理？区域教育治理与区域教育管理有什么区别？为什么要推进区域教育治理现代化？如何推进区域教育治理现代化？这些都是目前迫切需要回答的重要问题。

一、区域教育治理的内涵剖析

（一）区域教育治理

　　治理"governance"源于希腊语"kubernan"，意为引航或驾车，柏拉图将其引申为对人的统治与管理，由"kubernan"诞生了相应的拉丁语"gubernare"和"gubernantia"，以及后来的英语"govern"、"government"、"governance"和法语"gouverner"、"gouvernement"、"gouvernance"等语义极近的词汇。这些词的基本含义是统治与管理。按杰索普的观点（杰索普，1991），"governance"尤其指统治与管理的方式和方法，而"government"则指负有治理职责的机构。古代汉语中的"治"是整治、管理的意思，"理"原指"治玉"，引申为"整治"。当前，我国学者通常用"治理"来表示"governance"，用"统治"或"管理"来表示"government"。

1989年，世界银行在描述非洲面临可持续发展危机时使用了"治理"一词，此后"治理"成为政治和管理领域使用频率极高的语词。在传统体制中，管理者和被管理者严格区分，公共领域和私人部门泾渭分明。管理的主体都是权力的持有者，或者物质资源的所有者，但自从20世纪90年代以来，传统的管理模式发生了重大变化。首先，当今世界的发展趋势朝着经济全球化、政治多极化方向推进，产生了大量的、超出民族国家管理能力范围的世界性公共问题，这些问题最大的特点就是不可分割性，通过国际合作解决问题成为必然趋势。在这种背景下，跨国组织和超国家组织的影响日益增大，民族国家的主权及其政府的权力日益被削减。政府在有限的权力范围内，对组织无法实施有效的管理。这种情况下，跨国组织之间为了保持平衡和维护利益，需要构建一种新的全球治理新秩序，治理理论应运而生（俞可平，2000）[14]。其次，人类正面临严重的资源危机和环境危机，经济发展和人口增长产生的对资源和环境的需求超出了地球生态系统资源与环境的供给能力。原先被认为取之不尽用之不竭的资源如水、空气、空间等开始显出短缺迹象。在促进经济繁荣发展的同时确保人与自然的和谐共处，需要转变经济和社会管理模式。再次，民主意识的增强和市民社会的崛起，使统治与管理呈现出多元化的模式。社会的发展与进步使人们对自身利益的关注和诉求更为自觉，而大量被视为介于政府与企业之间的"第三部门"的民间机构和非政府组织的建立，逐渐构成了市民社会。市民社会的发展是治理理论兴起的基础（盛冰，2003），因为治理实际上是国家的权力向社会的回归，治理的过程也就是还政于民的过程，只有高素质的公民和成熟的公民社会，才可能实现真正的治理。正是传统管理模式带来的政治危机和资源危机，以及市民社会的兴起，促进了治理概念的产生和发展。治理概念被广泛应用于政治、经济以及社会等各个领域，成为社会科学研究中最常用的概念和研究范式之一。

由于"治理"的理念就是不断探求，在共识中保持多样性，在差异中寻求共识，这一开放性特点使得不同机构组织和学者对治理给出了不同的定义。治理理论的创始人之一罗西瑙在其代表作《没有政府统治的治理》中，将治理定义为一系列活动领域里的管理机制，尽管它们没有收到正式授权，却能有效发挥作用。与统治不同，治理指的是一种由共同的目标支持的活动（罗西瑙，1995）[9]。这种管理活动的主体未必是政府，也无须依靠国家的强制力量来实现。世界银行认为，"治理是通过建立一套被接受为合法权威的规则而对公共事务公正而透明的管理"，是"为发展而在管理一个国家的经济和社会资源方面的权力"（卡蓝默，2005）[6]。欧洲联盟在《欧洲治理白皮书》中指出，治理是"影响到欧洲的权力的行使，特别是从开放、参与、责任、效率与和谐的观点出发的规则、程序和行为"（Commission des Communautés Européennes，2001）[9]。法国夏尔-雷奥波-马耶人类进步基金会认为："治理是公民利益间关系以及地方、国家和全球等各不同层次间关系在公共空间中的组织艺术；是具有意义、兼顾各种社会复杂性并有利于对话和集体行动的游戏规则的创造艺术。"（夏尔-雷奥波-马耶人类进步基金会，2005）

目前公认的最具有代表性和权威性的定义是全球治理委员的界定：治理是各种公共的或私人的个人和机构管理其共同事物的诸多方式的总和，它是使相互冲突的或不同利益得以调和并且采取联合行动的持续过程。它既包括有权迫使人们服从的正式制度和规则，又包括各种人们同意或以为符合其利益的非正式制度和规则，还包括各种人们同意或以为符合其利益的非正式制度安排。它有四个特征：治理不是一整套规则，也不是一种活动，而是一个过程；治理过程的基础不是控制，而是协调；治理既涉及公共部门，也包括私人部门；治理不是一种正式的制度，而是持续的互动。

从上述对"治理"的概念分析中可以看到，这一概念包括以下几方面要素：治理的主体是多元的，既包括公共部门，又包括私人部门，还包括行为者个体；治理的过程是参与者之间的持续互动，进而形成一个协调的社会网络结构；治理的基本任务是对公共事务进行公开透明的管理，其具体的管理方式并不固定，而是多种多样的；治理的根本目的是最大限度地保障公共利益。基于这些要素，可以将治理定义为：公共或私人的机构和个人，通过持续互动合作，对公共事务进行公开透明的管理，以最大限度地增进公共利益。

随着"治理"概念的流行，它被广泛应用于政治、经济、管理等领域，相关学科纷纷借用治理的相关理论来丰富本科学理论，人类社会生活的重心正在"从统治（government）到治理（governance），从善政（good government）到善治（good governance），从政府的统治走向没有政府的治理"（李惠斌，2003）[66]。教育治理是治理的一种类型。罗茨曾将治理的定义分为六种：作为最小的国家管理活动的治理，它指的是国家削减公共开支，以最小的成本取得最大的效益；作为公司管理的治理，它指的是指导、控制和监督企业运行的组织体制；作为新公共管理的治理，它指的是将市场的激励机制和私人部门的管理手段引入政府的公共服务；作为善治的治理，它指的是强调效率、法治、责任的公共服务体系；作为社会控制体系的治理，它指的是政府与民间、公共部门与私人部门之间的合作与互动；作为自组织网络的治理，它指的是建立在信任与互利基础上的社会协调网络（罗茨，2000）[86-106]。教育是一项公共服务，教育治理不同于国家管理和公司管理：它重视新公共管理，以谨慎的态度在教育领域引入市场机制；强调善治，尤其注重责任、质量和公平；关注政府和民间、公私部门之间的教育合作；推动教育自组织网络的形成，以提供更好的教育服务。

我国学者在教育领域对"治理"概念的运用主要有"公共教育治理"、"教育公共治理"、"教育治理"等。但由于"治理"概念内涵的多样化和开放性，使得学者对"教育治理"的界定难以达成统一认识。吴景松强调教育治理中的制度和机制，认为"公共教育治理是指政府为了实现一定的公共教育目标，通过各种正式和非正式的制度安排，营造行使公共教育权力、制定和执行公共教育政策所依赖的良好制度环境和运行机制，以实现对公共教育事务的有效管理、整合和协调的持续的互动过程。也指政府与市场、政府与学校、政府与社会之间在教育发展过程中的一种良性互动"（吴景松，2008）[14]。姜美玲重视教育治理的目的，"教育公共治理是指政府、社会组织、市场、公民个人等主体通过参与、对话、谈判、协商等集体选择行动，共同参与教育公共事务管理，共同生产或提供教育公共产品与公共服务，并共同承担相应责任。治理目的在于形成以学生发展为本、面向学校教育实际、积极回应内外环境变化、促使教育自主发展的新型教育公共服务体系"（姜美玲，2009）。马青关注教育治理的过程，"教育治理是指为提高教育的供给水平和最大限度地增进公共利益，政府在增强自身能力建设的基础上，积极地向社会放权，吸收社会力量参与公共决策及执行，通过政府、社会的相互合作与相互制衡来尽可能地避免教育代理风险和体现公共意志的集体行动"（马青，2010）[18]。虽然这些学者对"教育治理"的理解各不相同，但有一些共同的方面：教育治理的主体包括政府、学校和社会力量；教育治理是一个对话与协商的互动过程；教育治理的目的是建立新型教育公共服务体系，促进教育发展。

综上所述，教育治理可以界定为：政府、学校和社会力量通过对话与协商的互动过程，对教育事务进行公开透明的管理，以促进教育的持续发展。

区域教育治理的特殊性主要表现在"区域"这一特定空间概念上。在特定区域空间范围之内，无论是教育治理的主体、过程，还是具体任务和目的等，相比一般意义上的教育治理都要更为具体和明确。此外，不同区域社会经济文化环境不同，教育发展水平不同，区域教育治理的特点也各不相同。

因此，区域教育治理是指，基于区域社会经济文化环境，区域政府、学校和其他社会主体通过对话与协商，对区域教育事务进行公开透明的管理，以提高区域教育质量，促进区域教育公平，实现区域教育的持续发展。

（二）区域教育治理与区域教育管理

在以往实践与研究中，我们更常用的是区域教育管理，而不是区域教育治理。管理与治理虽然只有一字之差，但两者的含义却有着巨大的区别（表6-1）。

表 6 – 1　区域教育治理与区域教育管理的区别

	区域教育治理	区域教育管理
主体	多元主体。除区域政府外，还有学校和社会力量，包括市场、其他社会组织、家长以及其他社会个体等	单一主体。区域政府及其行政部门，以县为例，主要有县长、主管教育的副县长、教育局及相关部门
权力来源	区域教育治理权来自公众认可及社会契约	区域政府教育管理权来自权力机关的授权
运作模式	强调对话、协商、长期合作，强调权力的上下互动或平行运行，进而形成所有参与者的自主性网络	主要以政府命令、控制和规制为主，强调权力自上而下的运行，进而形成了一种按照责任进行层次划分的分工网络体系，运作模式是单向的、强制的、刚性的
实施方式	区域教育治理依靠服务，以自愿为主，治理机构是一个各成员平等加入的共同体，共同体以成员的利益为宗旨	区域教育管理的基本方式是控制与规制，以强制为主

　　罗茨认为："治理标志着政府管理含义的变化，指的是一种新的管理过程，或者一种改变了的有序统治状态，或者一种新的管理社会的方式。"（罗茨，2000）[86] 人类社会从产生之日起，就存在着管理活动，管理"是确切地知道你要别人去干什么，并使他用最好的方法去干"（泰勒，2013）[157]，"是设计并保持一种良好环境，使人在群体里高效率地完成既定目标的过程"（孔茨，韦里克，1998）[4]。治理活动的产生要大大晚于管理活动，但两者的理念、本质、主体、权力运作方式等都不相同，这使得区域教育治理与区域教育管理也不相同。

　　一是主体不同。"管理的主体一定是社会的公共机构，而治理的主体既可以是公共机构，也可以是私人机构，或者是公共机构和私人机构的合作。"（李福华，2008）[83] 区域教育管理的主体是单一的，即区域政府及其行政部门，以县为例，主要有县长、主管教育的副县长、教育局及相关部门；区域教育治理的主体是多元的，除了区域政府之外，还有学校和社会力量，包括市场、其他社会组织、家长以及其他社会个体等。

二是权力来源不同。区域教育管理的权力来自国家法律授权，比如《中华人民共和国义务教育法》第7条规定：县级以上人民政府教育行政部门具体负责义务教育实施工作；县级以上人民政府其他有关部门在各自的职责范围内负责义务教育实施工作。《中华人民共和国宪法》第105条规定：地方各级人民政府是地方各级国家权力机关的执行机关，是地方各级国家行政机关。区域政府的教育管理权来自权力机关的授权。尽管权力机关授权从根本上说是人民授权，但人民授权毕竟是间接的。而区域教育治理权来自公众认可及社会契约，甚至在很多情况下，公民直接行使权力，达到自治的效果。比如教育券，政府把原来直接投入公立学校的教育经费按照生均单位成本折算以后，以面额固定的有价证券（即教育券）的形式直接发放给家庭或学生，学生凭教育券自由选择政府所认可的学校（公立学校或私立学校）就读，不再受学区的限制，这就是以家长与学生的选择权作为其核心和基石。

三是运作模式不同。区域教育管理主要以政府命令、控制和规制为主，强调权力自上而下的运行，进而形成了一种按照责任进行层次划分的分工网络体系，所以其运作模式是单向的、强制的、刚性的，其合法性和有效性难以得到保证。比如，在县级政府层面，义务教育管理就形成了县长、主管副县长、教育局及相关部门的等级结构，"教育局受制于三个层级的多个领导，而且在事关经费、人事等问题的管理上还要与不同的行政部门进行协调，所以，教育局的一项举措往往要经过向多个领导的请示和同多个部门的协商"（马青，2010）[38]。区域教育治理强调对话、协商、长期合作，强调权力的上下互动或平行运行，进而形成所有参与者的自主性网络，这一自主网络在某个特定的领域中拥有发号施令的权威，所以其运作模式是复合的、合作的和包容的。

四是实施方式不同。罗西瑙指出，管理是"由正式权力和警察力量支持的活动，以保证其适时制定的政策能够得到执行"；而治理则是"由共同的目标所支持的……它也不一定需要依靠强制力量克服挑战而使别人服从"（罗西瑙，1995）[9]。区域教育管理的基本方式是控制与规制，以强制为主，比如县教育局与学校之间，学校的自主权非常有限，完全根据教育局或其他行政部门的安排来运作。区域教育治理依靠服务，以自愿为主，治理机构是一个各成员平等加入的共同体，共同体以成员的利益为宗旨。因此，在区域教育治理体系内，不同主体能够平等地占有信息，进行合作和协商，政府适当放权服务于学校，学校具有一定的自主权。

从区域教育管理到区域教育治理，言辞微变的背后，是一场区域政府与学校和社会个体从控制与被控制到交互联动再到致力于合作共赢善治的思想革命，是一个区域政府与社会对教育资源配置从安排与被安排到参与性协商的尝试。

（三）区域教育治理现代化

现代化，从时间含义上看，是指大工业革命后传统农业社会转向现代工业社会的历史进程，即一种促使社会制度、社会文化以及经济体系从古代转向现代的全面的社会变革的历史进程。这种进程不仅表现为传统体制的变更，也同样引发人们心理状态、社会价值观念以及生活方式的转变。亨廷顿认为，现代化是一个"包含了人类思想和行为各个领域变化的多方面进程"（亨廷顿，1968）[32]。波普诺则认为："现代化指的是在一个传统的前工业社会向工业化和城市化社会转化的过程中发生的主要的内部社会变革。"（波普诺，1987）[618]我国学者顾明远也认为，现代化是一个历史过程，是一个动态的、不断发展的过程（顾明远，2012）。因此，现代化作为一个描述"进程"的概念，具有变化的含义与特征。

区域教育治理现代化是一个动态的、不断发展的进程。在现阶段，它是指由区域教育管理转向区域教育治理、推进区域教育现代化的进程。对大多数区域而言，它的起点是区域教育管理现状，因为大多数区域教育仍然是政府主管、强调自上而下的权力运作模式；它的终点正如区域教育治理的概念所描述的，是多主体参与、通过对话协商对区域教育事务进行公开透明的管理。因此，区域教育治理现代化需要不断变革区域教育管理观念、制度和方法，建立区域教育治理的观念、制度和机制。

区域教育治理现代化是一个复杂的系统进程。区域教育治理现代化是由区域教育治理的诸因素构成的系统的变革和整合的过程，不仅包括区域内教育主体的理念和行为的变化，区域教育内治理模式、权力来源、运作方式的变化，还与区域内经济文化政治体制等方方面面的因素相互作用，任何一个因素的变化都可能会影响其他因素的变化，进而影响区域教育治理现代化的推进，所以区域教育治理现代化是一个复杂的系统进程。

区域教育治理现代化是一个进步进程。现代化本身就是一种人类的进步，这是我们评价区域教育治理现代化的一个重要指标。进步是以人类社会的发展为标准来衡量的，在推行区域教育治理现代化过程中必须始终如一地体现出这种进步，要以区域教育治理的推进是否推动了区域教育的发展、是否满足了区域人民的教育需求为衡量标准。为了实现这种进步，必须把区域教育发展作为目标，把人的发展作为基础，把区域社会的发展作为动力。

二、推进区域教育治理现代化的必要性

（一）适应我国社会经济发展的需要

在很长一段时间里，我国经济和教育发展实行的是中央高度集权的计划管理体制，全国各地使用统一的体制、政策，强调统一的模式，遵循统一的发展速度，地方基本上没有管理自己区域内经济和教育发展的权力。这种体制在新中国成立初期曾经对我国经济和教育发展发挥过巨大的推动作用。但不可否认的是，这种体制严重压抑了地方的积极性，"区域教育"的概念更是无从谈起，以致我国教育在新中国成立后的很长一个时期内，只强调共性的要求，而忽视了多样性的发展。

在改革开放的推动下，社会主义市场经济的建立，使我国的经济持续快速发展，但同时要看到我国尚处于社会主义市场经济初级阶段，生产力总体水平还不高，区域发展不平衡是我国较长时期内的基本国情。在市场经济条件下，全国"一盘棋"的局面有所改变，各区域都是相对独立的利益群体，市场必须尊重投资主体，而利益的驱动必然带来区域发展的不平衡。我国经济的二元结构特征比较突出，经济要素关联度低。2009 年，西部各省份第一产业占 GDP 的比重，都不同程度地高于全国平均水平和东部省份，而第二、三产业占 GDP 的比重却都低于全国平均水平。这说明西部地区与东部地区存在较大差距。疆域广大，人口众多，多民族集聚是基本国情，各民族有自己的文化风情，甚至自己的语言。各个区域在未来经济发展中都面临着巨大的人口增长压力，东部地区的人地关系紧张不仅在于本地区的人口增长，还在于由于地区经济快速发展吸引了大量的外区域劳动力；而西部地区的人口问题不仅仅是人口增长快的问题，更重要的是提高人口素质、消除贫困等问题。由此可见，我国客观上存在地区差异，不仅经济发展水平高低不一，而且自然地理、人口、地域文化、民族风俗习惯等也多有不同。这种差异性同样存在于教育领域。

《中华人民共和国国民经济和社会发展第十二个五年规划纲要》提出，要"实施区域发展总体战略"，要"充分发挥不同地区比较优势，促进生产要素合理流动，深化区域合作，推进区域良性互动发展，逐步缩小区域发展差距"。《教育规划纲要》指出，要"坚持教育的公益性和普惠性，保障公民依法享有接受良好教育的机会。建成覆盖城乡的基本公共教育服务体系，逐步实现基本公共教育服务均等化，缩小区域差距"。上述国家战略表明，教育发展要坚持区域推进的战略。区域教育的协调、均衡、优质发展，也是缩小区域教育差距的最重要的途径。区域教育治理，充分调动多元主体的教育共治，更加注重区域教育发展的系统性、整体性和协同性，将顶层设计与"摸着石头过河"有机结合，是推进区域教育的协调、均衡和优质发展必由之路。由此可见，区域教育的优质发展离不开区域教育治理现代化的推进。

（二）落实国家教育发展战略的要求

党的十八届三中全会在全面总结 35 年改革经验、深入分析今后一个时期国内外环境和形势变化的基础上，明确提出要"完善和发展中国特色社会主义制度，推进国家治理体系和治理能力现代化"。"推进国家治理体系和治理能力现代化"成为我国社会发展的一个新亮点。

在这一背景之下，2014 年全国教育工作会议明确提出，"深化教育领域综合改革，加快推进教育治理体系和治理能力现代化"。当前，我国教育形势发生深刻的变化，教育规模不断扩大，各方面对教育质量和教育公平的需求增加；与此同时，教育工作还存在"学生创新精神、实践能力还不足，办学活力还不够，教育与经济社会发展的联系还不紧，国际竞争能力还不强等"问题，要适应教育形式变化、破解热点难点问题，实现教育现代化，就必须加快推进教育治理体系和治理能力现代化。为此，必须把握七个方面的重点任务——落实好立德树人根本任务，推进基本公共教育服务均等化，促进各级各类教育协调发展，积极稳妥破解考试招生制度难题，改进教育管理方式，加快建设现代学校制度，动员社会参与、支持、监督教育。

国家教育治理的现代化与各区域教育治理的现代化密不可分，尤其是我国地大物博，不同区域的政治、经济、文化、人口、自然资源和环境等各不相同，区域教育发展的基础和现状也存有差异。要落实好 2014 年全国教育工作会议提出的七个重点任务，推进国家层面教育治理体系和治理能力现代化，必须基于各区教育实践，推进区域教育治理现代化。

（三）满足不同利益主体教育诉求的需要

当前社会背景下，我国公民参与区域教育管理活动的意识显著增强，对区域教育管理体制改革的呼声也越来越高，这是因为：首先，在经济体制改革的推动下，我国的社会结构出现了由"总体性"存在向"个体性"存在转化的趋向。在利益需求及其获取方式多元化的背景下，人们更加关注实际的经济利益和自身所在社区的问题。其次，义务教育的普及、经济的快速发展以及企事业单位用人标准的提高促进了区域内公民文化素质的提升，而公民文化素质的提高又促进了其参与教育管理活动意识的觉醒。再次，网络信息技术的快速发展为区域内公民搭建了便捷的参与平台，互联网成为公民行使知情权、参与权、表达权、监督权的重要途径，互联网的公开性与虚拟性也使网络文化具有了民主性、平等性、广泛性、超功利性等特征。无论是教师、家长还是社会其他公民，对区域内教育活动参与的意识和能力不断增加，不再只是单纯地"听"教育局怎么说、校长怎么说、老师怎么说，他们也希望"说"出自己的看法，积极参与到区域内教育事务的管理之中。

纵观近年来国家对于综合配套改革的推进，已经逐步突破自上而下单向驱动的模式，初步形成了由微观主体，即具有现实改革诉求的各类组织和个人驱动改革的机制。教育领域的综合改革在运行机制上也表现为改革需求产生于基层并自下而上传导，教育实践者和教育消费者的需求表达机会增加，在改革方案设计中的话语权逐步扩大。因此，在社会转型背景下，能否充分反映教育实践者和教育消费者的诉求，能否得到各方利益相关者的支持，成为影响区域教育改革的重要因素。

虽然我国区域教育发展取得了举世瞩目的成就，但目前仍然存在不少问题，如各区域之间教育水平差异很大，区域内各学校之间差距大，区域办学活力不够，区域内社会力量对教育的参与度低，教育与区域经济社会发展的联系还不紧密等。究其原因，在于当前区域教育管理的理念落后、体制陈旧、管理能力低下。所以，当区域教育管理体制难以满足公民对区域教育管理活动的参与需求，直接影响到不同利益主体对区域教育的满意度时，改革区域教育管理体制就势在必行。

实现国家教育现代化，离不开教育治理现代化；实现教育治理现代化，必须推进区域教育治理的现代化。无论是满足区域内人民的教育要求，还是解决当前区域教育所面临的各种问题，都离不开区域教育由全面管理到有限管理、由直接管理到间接管理，由教育管理到教育治理的转变。

三、推进区域教育治理现代化的路径

（一）树立区域教育治理理念

推进区域教育治理现代化，首先要解放思想，转变观念，树立区域教育治理的基本理念。思想是行动的灵魂，教育政府部门、学校或者社会个体如果对区域教育治理的认识不到位，甚至还存在很多过时的观念和思想，就会直接影响个体行为，进而影响区域教育治理现代化的推进。所以，实现区域教育治理现代化，转变观念是首要任务。

区域教育治理不同于区域教育管理，两者在主体、权力来源、运作模式和实施方式上各不相同，从"管理"理念转向"治理"理念，不仅需要政府有放权和分权的意识，还需要学校和社会其他主体有参与意识。

区域政府要从管理型转向服务型，必须树立执政为公、服务于民的现代理念。这意味着将增进和维护公共教育的公正性与公益性作为政府的主要教育职能，政府通过对学校、市场、社会等公共教育的生产者提供服务而不是施加管制来满足社会与公民对教育的需求。其价值取向表现为以下几点：一是政府要积极提供更多的公共教育服务，通过公共教育服务来增进公共利益；二是政府要放松对市场和非营利组织提供公共教育的管制，培育公民和社会民间组织参与教育治理的能力；三是即使在政府必须履行管理责任的地方，政府也应当有服务意识和平等意识（俞可平，2005）。在以往"管理"理念下，官本位思想十分盛行，教育行政部门往往以自我为中心，将权力的运用看作自上而下的控制、命令和管理，习惯以管理者身份干预区域教育的各个层面，缺乏服务意识，缺乏法律与规则意识，习惯以自由裁量权对权力的运用进行界定，习惯于"家长式"管理模式，认为政府或公权部门是唯一的管理者，将公民、市场及社会组织看作被管理者。区域政府在制定教育政策时也是从自己的角度或者从自己主观的愿望出发，很少考虑政策相对人的意见和看法，导致社会其他一切组织和个人都必须围绕政府的需要和意图进行运转。这样，区域政府就很难完全站在一个中立、公正的立场上管理区域教育活动，但这与"以公民服务为宗旨，实现服务职能并承担服务责任"的服务型政府理念是不相容的。区域政府要转变观念，就要具有公民本位、社会本位理念，公平地对待每一个社会主体。区域教育行政主体必须充分认识到，政府的权力来源于公民的授权或委托，致力于增进和实现公民的利益是政府存在的根本目的和理由。只有将满足人民群众的公共教育需求和提供高质量的公共教育服务作为自身的一项基本职责，才能证明政府的价值和合法性。服务型教育行政应当将人民群众对公共教育的需求作为一切工作的出发点和落脚点，把办人民群众满意的教育作为服务型教育治理最核心的评价标准。只有真正发动不同主体参与到区域教育治理活动中，为区域教育发展献言献策，加强区域教育治理的科学化和规范化，才能不断变革原有区域教育管理活动中僵化的行政方式与官僚行政作风，构建有效的区域教育治理体制，为区域教育活动创设良好的社会基础和制度环境。

案例

山东潍坊市教育行政创新

随着公民本位观念的确立和不断强化，"关注每位公民的教育利益诉求"，"教育必须对服务对象负责"越来越成为潍坊教育局教育行政的核心价值，由此引发他们愈发深刻地认识到传统教育行政存在的重管制、轻服务的弊端，认识到因政府服务职能的缺失而造成的管理上的越位、缺位问题，不断创新区域教育制度，在校长职级制度、教师职称制度、中考制度、教育督导评估制度等方面进行了一系列改革探索，为优化教育资源配置、激发教育发展活力、促进教育科学发展起到了巨大的推动作用。随着改革的推进，潍坊教育局不断有创新之举，2008年他们又将局机关内部与群众利益密切相关的科室和直属事业单位的服务职能整合起来，组建成包括校企合作、产学研结合、社会培训、家庭教育与心理咨询、校友资源开发、出国留学、学生资助救助、政策咨询与投诉等8个服务中心在内的教育惠民服务中心，以"前店后厂"的服务模式，实行一个窗口面向社会全方位开展教育个性化服务。这一创新之举通过网上在线服务实现了和群众键对键的呼应，通过零距离现场服务实现了和群众面对面的交流，通过全天候热线服务实现了和群众心对心的互动，从而搭建了有效连接教育机构和社会需求的桥梁，实现了政府的教育服务与群众需求直接对接，促使教育部门和学校都必须直面问题和矛盾，形成以群众需求为导向、以群众满意为核心目标的工作体系和长效机制，促使教育系统全面步入公共服务轨道，由此将教育公共服务水平提高到了一个新的高度。

学校、社会其他机构和个体要从"被管理者"转变为"治理主体"，必须具有主体的意识。在"管理"理念下，学校、社会其他机构和个体同样存在"官本位"思想，遇事找政府成为既定的思维模式，缺乏自我管理自我服务的意识和能力；缺乏参与区域教育决策、争取自身利益的内生动力和能力，参与意识和自我管理意识仍处在萌芽状态。树立"治理"理念，就学校和社会个体而言，必须具有主体意识观，认识到自己是权力的委托者，积极发挥自己的主观能动性，积极参与到区域教育决策与管理中，加强对区域教育的监督评价。（赵宏强，2013）

推进区域教育治理现代化，必须转变教育主体的观念，树立区域教育治理理念。观念的转变不仅会促进区域教育治理现代化，也会极大地降低相应的投入成本，因为观念转变不仅使人们相信教育治理比教育管理更公正、更合理、更能满足自身利益需求，还会有效地节约人们在推进区域教育治理过程中认识问题和处理问题的时间，进而有利于缩短不同利益相关者之间讨价还价的时间。但是，从教育管理到教育治理的观念转变不可能一蹴而就，而是需要逐步推进，通过广泛宣传、鼓励支持等多种途径，让教育治理的不同主体逐渐认识到推进区域教育治理现代化的必要性和重要性。

（二）明确区域教育治理目标定位

区域教育治理的目标主要包括三个方面的内容：区域内公共教育利益、区域教育服务效率和区域教育服务质量。这三个目标相辅相成，其中某一目标的损缺必然波及其他目标的实现。缺乏区域教育服务效率和区域教育服务质量的支撑，区域内公共教育利益将难以实现；同样，如果区域优质教育服务只局限于少数人，大多数教育消费者只能享有低质的教育服务，区域教育的公益性也不可能实现。

确保区域内公共教育利益。公共利益符合社会全体或大多数成员的需要，体现他们的共同意志，具有开放性或非排他性。公共教育利益是一种对个人利益的超越，反映了公众对社会文明状态的一种愿望和需要，具有整体性和普遍性的特点，即公共利益在主体上是整体的而不是局部的利益，在内容上是普遍的而不是特殊的利益（蒲蕊，2007）。区域教育治理过程中，大多数人员的公共利益与某一特定群体的私人利益经常处于矛盾之中。或者公性过于扩张，吞并私性；或者私性过于蔓延，微化公性。因此，一方面，确保区域教育治理的公益性，特别需要政府的调节和干预，学校、家长、私营机构和社会团体也要维护区域教育的公益性，教育政策和制度安排要以公共利益为旨归，公正平等地向社会成员提供公共物品和公共服务。特别是要确保为区域内所有社会成员提供开放的、无差别的教育服务，实现教育资源均衡配置和教育机会均等。另一方面，确保区域教育治理的公益性，也意味着必须接纳社会力量参与，如区域内其他社会成员对教育的监督、参与教育决策与管理等。当前提倡推进以学校法人制度为基础，以管、办、评分离为目标，实施区域政府宏观管理，学校依法办学，社会参与管理与监督的现代学校制度建设，就是为了确保区域教育治理的公益性。

注重区域教育服务效率。在制定区域教育治理目标过程中可能出现两种倾向：一种是关注区域公共教育利益，但可能会不计代价地来实现不同利益相关主体对区域教育事务的绝对平等参与，以至于由此带来的投入可能会无限增大，其可行性和实效性令人质疑；另一种是忽视区域公共教育利益，只追求效益的最大化，实行效益取向的解决方式，其结果是难以真正维护弱势群体的利益，公共教育利益得不到确保。这两种倾向都没有真正关注区域教育服务效率。注重区域教育服务效率，是在坚持区域公共教育利益的前提下，通过实施积极的差别待遇，对弱势群体给予更多的保护，注重区域教育资源的合理配置与优化布局，注重区域教育事业的科学管理，注重发挥优质教育资源的带动作用，使区域内有限的教育资源发挥更大的作用。

提高区域教育服务质量。推动区域教育治理现代化，要着眼于提高区域教育服务质量。而教育服务质量高低的判断标准是人民是否满意。这就要求区域在推进教育治理现代化过程中必须充分考虑社会各个方面的意见和建议。首先，区域政府应为公民提供足够的教育信息资源。信息占有的充分性是公民进行利益表达，进而形成公共意志的前提。其次，应制定相应机制，给予教育治理各主体利益表达的机会，不论是政府还是其他组织或者个人，都不能通过对治理程序的控制来限制或者反对利益相关者群体自由地进行意愿表达。最后，在政策制定过程中，必须对各主体的利益表达进行反馈，如果区域教育治理的不同主体仅仅是表达出自己的利益，而不能最终影响区域教育政策，那么这种表达仅仅是起一种"参谋"作用，流于形式，区域教育治理也只能是按政府的意志进行，无法真正提供让人民满意的区域教育服务。

推进区域教育治理现代化，要以确保区域公共教育利益、注重区域教育服务效率、提高区域教育服务质量为目标。尤其不能因为照顾某部分群体利益而损害另一些群体利益，要避免过分地运用市场机制导致教育的公共利益受到侵蚀，防止区域政府对公立学校投资的减少导致教学质量下降、公立学校内的自由择校导致低收入者无法获得平等的受教育机会等现象出现。

（三）加强区域教育治理主体之间的协调匹配

区域教育治理与区域教育管理的一个最大区别在于主体不同，前者是多个主体，包括区政府、学校和其他社会力量；后者是单个主体，主要是区政府。因此，推进区域教育治理现代化，一个重要的措施就是保证多元主体参与到区域教育治理中，构建区域教育网络化的多中心主体模式。

"治理"意味着政府不再是公共事务的唯一主体，政府部门将与非营利部门、私营部门等非政府组织建立相互合作的关系，在互相依赖的环境中分享公共权力，共同管理公共事务。世界银行2004年的报告中提出了如图6-1所示的公共治理分析框架，可以看到，政府要通过搭建平台的方式为寻求公共问题的解决提供服务，而公共机构、私人机构和非营利机构则在政府的协调下协同行动，致力于为社会公众提供具有公益性、普惠性、基础性的服务。政府、公共机构、私人机构和非营利机构、公民和客户共同构成了公共治理的主体。那么，谁是区域教育治理的主体呢？这里需要区分区域内教育服务的生产者、提供者和消费者。

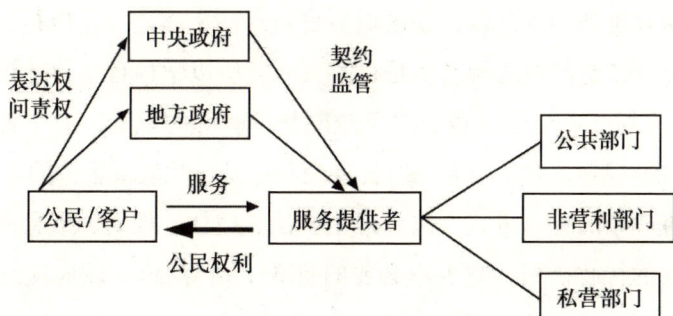

图6-1　公共服务与治理分析框架

1. 区分区域内教育服务的提供者与生产者

要区分区域内教育服务的提供者和生产者。以往我们常常把教育作为一个知识生产、分配和利用的整体过程，认为教育服务的提供和生产是一个不可分割的过程，而政府集区域内教育服务提供者和生产者的双重身份于一身，是区域教育治理的唯一主体。但是，随着产权的进一步明晰，非政府组织权能的进一步发展加强，区域内教育服务的供给可分为提供和生产两个过程：第一个过程是教育服务的提供过程，即作为教育服务提供者的区域政府首先要收集和调查社会民众的教育需求以制定教育规划和构建教育体系，然后以契约等方式组织其他非政府组织参与到教育服务供给的工作中来，并对教育服务供给过程和结果加以监管，保障教育服务的质量。第二个过程是教育服务的生产过程。服务生产者需按照契约规定的标准、范围，为区域内公民提供教育服务。在以往区域教育管理中，政府是区域教育服务的唯一生产者。但对区域教育治理而言，区域内教育服务的生产可能会出现四个生产者：一是区域政府，直接向公民提供相关教育服务；二是公办学校；三是为公民提供教育服务的非营利组织，如城市的社区服务组织、志愿者协会等；四是为区域内公民提供教育服务的私人机构，如私立学校或私立幼儿园。在推进区域教育治理现代化过程中，政府在保持区域教育服务提供者身份的同时，应将教育服务生产者的角色还给学校、非营利机构或其他私人机构。

强化学校作为区域教育治理主体的地位，落实学校办学自主权。学校作为区域内教育服务的生产者，是区域教育治理的主体之一。但是，由于我国大多数公立学校与政府之间仍然是行政关系，所以学校自主权并没有完全落实。《教育规划纲要》进一步明确了政府管理教育的职能，即"各级政府要切实履行统筹规划、政策引导、监督管理和提供公共教育服务的职责"，"改变直接管理学校的单一方式，综合运用立法、拨款、规划、信息服务、政策指导和必要的行政措施，减少不必要的行政干预"。地方政府应该在学校发展、教师管理、教育教学等方面赋予学校更多权力，真正实行"政校分开，管办分离"。这方面可借鉴英美两国经验：英国学校实行"政校两者相对分离"模式，政府和学校之间建立和强化正常的行政执法关系，即明确政府和学校之间行政主体和行政相对方的地位，强化立法和执法，而在法律法规之外，政府无权干涉学校的事务。在这种模式下，指导服务关系将变成一种更加平等的双向选择的市场交易关系或资助关系，政府对学校的拨款将成为学校的法人财产，学校资源和行为由学校自己决定。美国则实行"政校一体化"，学区实际上是多个学校组成的学校集团，是一种特定的政府形式和单一法人，学校只是其中的分支，完全从属于学区，不具有独立的法人地位。在这种模式下，政校关系主要是组织内部的经营管理关系，行政执法关系不再存在，资源配给成为纯粹的计划分配，而指导和服务也是经营管理的一种表现形式。总而言之，确保公立学校在区域教育治理中的主体地位，要强化学校自主权，加强学校的自主管理，同时扩大学校对区域教育政策的参与度。

案例

无锡市教育治理"管办分离"模式改革

2005年12月20日，无锡市组建学校管理中心，将26所市属学校从教育局剥离，划归新成立的学校管理中心管理，教育局从此不再直接承担办学职能，市属教育事业实行"管办分离"的体制，这就是无锡市教育治理的"管办分离"改革。

管办分离是指教育行政管理主体（主要是指教育行政管理部门）与其主管的公立学校在监管与举办的行政管理关系上适度分开措施的总和，在这里，管办分离中的"管"主要指教育行政部门，管办分离中的"办"主要指学校。管办分离概念的要素有四点：（1）管办分离的行为主体是教育行政管理部门；（2）公办学校是管办分离的行为客体或目标对象；（3）管办分离的范围、内容是教育行政管理部门与其监管的公办学校之间传统的"管与办的行政管理隶属关系"；（4）管办分离的程度是教育行政管理部门与其主管的公办学校之间行政管理的适度分开，这既不是说两者完全脱离关系，也不是说维持目前过分密切的关系。无锡市此次改革规定教育局主要行使全社会行业管理职能，起草有关教育工作的地方性法规、章程，承担全市教育的政策导向、规划布局、业务指导、监督管理购买公共服务、营造发展环境等工作。改革还规定学校管理中心主要承担管理所属学校的职能，履行政府出资人职责，管理所属公办学校的人员、资产和财务并负责考核其教育教学质量和办学绩效。在这里，所谓"管"仅指行业管理，而不再是具体的办学行为，因而教育局对各级各类学校和教育机构的管理是一视同仁的，不因为学校是直属、非直属或公办、民办而有所区别。教育局管理的重心是政策、规划、监督和服务，凡涉及学校具体的人、财、物等管理，均由学校管理中心负责。经过此次改革，无锡市教育治理模式形成了管理权、主办权与监督权"三权"分离的架构。（庄西真，2011）

　　承认私人机构作为区域教育服务生产者的身份，确保其运作规范有序。当区域内公共教育资源不足，尤其是优质教育资源稀缺时，地方政府和公立学校为了改变这种状况，可以不同程度地引入市场机制，承认私人机构作为区域教育服务生产者的身份，采取诸如鼓励举办私立学校、名校办分校、学校后勤社会化等解决措施。其中，影响较大的有浙江的教育券、湖北监利县的"义务教育卡"等改革。正如有研究者指出的，公共教育的提供者既可以是政府机构、政府公司，也可以是政府支持的企业以及私营企业（亨利，2002）[582]。教育的生产和分配方式则包括政府部门直接提供、委托其他政府部门提供、合同外包、特许经营、补贴、抵用券、市场运作、志愿服务、自我协助、政府贩售等形式（张成福，党秀云，2007）[63]。在承认私人机构作为区域教育服务生产者的身份时，应确保其运作规范有序，尤其要重视相应配套制度的完善和健全。在区域范围内引进市场机制，认可私立教育机构，必须谨慎求证、大胆实践，务必保证规范有序。同时，区域政府应该采取多种方式加强公办学校与私立学校之间以及私立学校之间的竞争，构建多种等价的区域教育生产方式，提高区域教育质量和供给效率，并满足公众多样化的教育需求。

　　借助社会非营利机构力量来推动区域教育治理现代化。当前社会团体、民间组织等部分非营利组织正以越来越快的速度发展起来，并在区域教育治理中发挥着越来越重要的作用。由于区域教育事务的庞大和专业化，当区域教育行政部门已经没有足够的人力和物力来直接管理和操作各项教育事务时，可以将一部分职权委托给社会非营利组织，比如社区教育，城市的社区服务站、志愿者协会等就可以采用讲座、现场咨询等多种方式，参与其中，为公民提供丰富多彩的社区教育服务。当社会非营利机构参与到区域教育治理活动中时，一方面，这些机构要接受区域政府的宏观管理，规范有序地提供相应教育服务；但另一方面，区域教育治理活动要充分考虑这些社会机构的意见和建议，接受他们对区域内教育活动的监督和评估。

2. 承认区域内教育服务的消费者作为治理主体的身份

区域教育的消费者主要是学生和家长。一方面，学生和家长作为消费者，有权从区域政府那里得到教育服务供给、质量方面的权威真实信息，以便做出符合自身需求和利益的教育选择，进而获得相应的教育服务。这样，学生及其家长有权根据自己的需要和满意度来选择某类学校、某类教育内容，甚至选择某位教师。在这种新型的关系之中，学生及其家长成为真正的教育治理主体。相应的，政府、学校和教师作为教育服务的提供者，有义务按照国家的教育标准和自己对学习者的承诺来提供合格的教育服务。另一方面，学生与家长作为教育服务的消费者，有权参与对教育服务的管理和评价，实现表达意见和监督质量的权利。因此，首先，要为学生和家长提供真实准确的教育信息，比如将区域内学校情况、招生情况、教育财政情况等信息公开，便于学生家长自己衡量。其次，要为学生和家长提供多种教育服务和教育资源，在维护区域内公民公共利益的前提下，尽可能满足大多数消费者的教育需求。最后，还要接受教育消费者对区域教育活动的监督和评价，区域政府和相关学校应有效回应学生和家长的意见和建议。

3. 确保区域政府在多中心主体模式中的特殊地位

构建网络化多中心主体模式，并不是让所有主体各行其是、维护各自利益，否则多中心主体模式就容易变成"无中心"，因为这时"治理已经变成了一种讨价还价和仲裁调解的过程，而不再只是施行统治的过程"（彼得斯，2001）[23]。区域政府在区域教育治理这个复杂体系中仍然扮演着重要甚至是关键的角色。一方面，区域政府要"归权"和"分权"，保持不同主体在区域教育治理体系中的合法性；另一方面，区域政府要"确权"，在多中心主体模式中仍应发挥重要功能。

"归权"，即归还权力，就是要将那些明确归属于教育部门的权力归还给教育主管部门、学校及社会。区域政府应该适应国家行政管理体制改革要求，以政校分离为框架，明确界定政府权限与学校权限。区域政府的角色是区域教育体系的构建者、教育条件的保障者、教育服务的提供者、教育公平的维护者、教育标准的制定者和教育质量的监管者，而像办学自主权、中小学校长的任命权、教师职称评审权、教师调配权等理应归属于教育行政部门的权力应一律归还给教育行政部门和学校。

"分权"，即区域政府为避免权力的过于集中而对其进行合理配置。区域政府的"归权"并不意味着政府完全放手，失去了对教育的管理责任和权力，而是意味着对教育管理方式进行调整，由直接干预和微观管理转变为宏观指导，通过运用立法拨款、规划、信息服务、政策指导等行政措施，为区域教育活动创设良好的内外部环境。如中小学教师职称的评审权，合理的权力配置应是教育部门负责具体的实施和操作，人事部门从职称结构、指标下达、评审过程等方面来加强对其的监督和管理。再如，在教育项目经费的使用与管理方面，教育（业务）部门要使用好、管理好财政经费，财政（财务）部门要保障预算资金的拨付，监督好预算资金的使用。又如中小学校长的任命，在具体招聘和任用方面，除归县委组织部管理的高中校长外，其他初中和小学校长的任命应划归县教育行政部门，县人事部门可以从岗位设置和程序运作等方面进行监督等（杨令平，司晓宏，2012）。

"确权"，即明确县级区域政府管理教育权力的边界，明确区域政府"管什么"、"怎么管"的问题。按照建设服务型政府的要求，政府对于教育的管理职能主要体现在统筹规划、政策引导、监督管理、提供公共教育服务等方面。当前应全面梳理和纠正县级政府随意介入教育管理活动，干涉教育事务的现象，引导政府放弃"不该管"的，强化"该管"的，特别是应强化政府在教育投入、公平维护、服务体系建设和法律法规健全等方面的职能。①政府应加强公共教育事业的政策、法规的制定和建设，开展宏观发展战略研究，提供信息服务，进行教育督导和质量评估；鼓励教育科学研究和教育创新；加快制定规范、公开、公正和效益导向的公共经费拨款制度，使之成为推进教育发展的有力政策工具。②政府应逐步退出教育活动的微观领域；在积极鼓励民间投资教育的同时，还应积极鼓励非政府机构管理经营公立学校，实行"教育民营"或"学校民营"。③政府的职能是维护和创设良好的制度环境，而不是事必躬亲地从事每项具体的活动（中国教育与人力资源问题报告课题组，2003)[436]。此外，政府对于区域教育活动中出现的新问题，如打工子弟学校、流动儿童上学等应通过立法、立规等方式尽快明确其法律归属和管理办法，确保不出现权力真空。区域政府职能定位要从"划桨"转为"掌舵"。"掌舵"就是决策，就是把握方向，就是治理，这是区域政府首要的和根本的责任。区域政府要以《教育法》和《教育规划纲要》为基本法律和政策依据，把"掌舵"的事务担当起来，主要管好区域教育的统筹规划、经费保障以及督导评估。世界银行在《中国与知识经济：把握 21 世纪》报告中提出：政府要由教育服务的提供者变为教育服务体系的建构者与监督者。所以，理顺区域教育治理主体的关系，应当明确区域政府的特殊地位。

（四）创新区域教育治理制度

推进区域教育治理现代化，需要进一步创新区域教育治理的机制制度。应加强顶层设计，从战略上谋划区域教育治理的现代化，站在全局的高度科学谋划区域教育治理的改革方案和具体举措，加强统筹协调，更加注重治理制度的系统性、整体性、协同性。

1. 听证式区域教育治理决策制度

推进区域教育治理现代化，首先要建立公开透明的区域教育决策制度。在以往区域教育决策过程中，决策的主题、程序和结果往往是由区域政府所决定的，区域政府之外的治理主体往往只能被动接受决策的结果。但是，推进区域教育治理现代化，要求区域教育决策既要维护区域公共教育利益，保护基层利益相关者的权益，满足不同治理主体的教育需求，又要在不同主体理性对话基础上形成科学合理的"公意"，最终对区域教育实践产生实质性影响。为此，可以建立听证式的区域教育治理决策制度。

听证制度是行政机关在做出影响行政相对人合法权益的决定之前，由行政机关告知决定理由和听证权利，行政相对人陈述意见、提供证据，以及行政机关听取意见、接纳证据并做出相应决定等程序所构成的一种法律制度。在我国，听证制度出现于 20 世纪 90 年代末期的立法过程中，目前已成为立法和行政过程中保障公民参与权的重要方式。尽管听证制度本身仍处于继续探索的阶段，但是听证作为实现利益相关者平等参与的方式，对区域教育决策具有重要借鉴意义，它确保了参与主体的多元化、决策程序的公开化和透明化。以下是听证式区域教育治理决策的基本程序。

首先，关注社会教育热点难点，确定区域教育决策的议题。由于政府的特殊地位，在以往区域教育治理过程中，它们拥有对社会资源进行权威性分配的权力，因此对于社会公共教育问题能否进入教育决策的议题，政府具有决定性影响。但是，理性论证理论指出，对谈中首先要确定的是对谈标的（内涵）的一致性，它是每一个共识的基本前提，否则，达成的是假象共识，不具有价值（考夫曼，2004）[53]。因此，对于区域教育决策的议题的确定，应该广泛征求治理主体的意见。"在一般情况下，一个公共政策问题的提出，首先是作为社会公共问题进入公众议程加以讨论，然后引起决策者的关注从而进入政府议程，最后才形成政策问题并由政府决策者加以确认。"（黄忠敬，2007）对于区域政府而言，一方面可以自己提出相应的决策议题，另一方面也要关注社会舆论、新闻媒体、公众对区域教育问题的热议，将其纳入政府工作程序，作为重要的教育决策议题。所以，议题的选定要关照社会公众关注的焦点。此外，议题表述要明确，还要提前通报给不同的教育治理主体，以便各主体能够基于相应调查，对议题进行深入思考，进而能够较好地对议题表达相应意见和建议。

其次，规范教育决策听证程序，保障不同主体的意愿表达权利。在确定议题之后，广泛邀请区域政府、学校、社会团体、家长群体、公共知识分子及公众媒体等不同利益主体参与区域教育决策听证会，并确保不同主体能享有平等权利表达自己的意愿。为了能倾听民声、了解民意，在组织听证会过程中，应该从不同主体发言时间、发言次数等操作性程序上进行规范，保障各种社会参与主体尤其是利益相关者的表达权利，他们有权根据掌握的资料提出合理化建议。正如卢梭所言："当人民合法地集会而成为主权者共同体的那个时刻……最渺小的公民的身份便和最高级行政官员的身份是同样的神圣不可侵犯，因为在被代表的人已经出现的地方，就不能再有什么代表了。"（卢梭，1980）[122]

最后，基于对各主体意愿的理性分析，形成区域教育决策。决策听证会只有在决策形成之前进行才具有意义。因此，对于区域教育决策听证会所呈现的客观事实，应基于理性分析才能确定结论，进而形成相应的区域教育决策。比如，关于区域内中小学校长轮岗问题，只有通过决策听证会来广泛地征集民意，尤其是家长和教师的意见，然后在充分论证的基础上形成决策，才能发挥听证会应有的功能。那么，谁来对这些意见和建议进行理性分析，进而得出结论？对此可以由不同利益团体推举代表组成相应的委员会，对议题最终方案进行表决。作为表决结果，区域教育最终的决策方案必须体现决策听证过程中所呈现出的各种证据或者事实，否则区域教育的决策很可能就不符合程序公正的要求。再者，决策听证过程中呈现出的各方意愿，特别是基层利益相关者的意见，绝不能被轻易地忽略，以免在最终的表决中实行一种消极的差别对待。即使某些主体的意见或建议不具可行性，政府或者其他相关群体也要给出合理的解释，而不能"一去了之"。

案例

教育议事会

2005 年，浙江省宁波市海曙区认识到在教育领域，政府权限"无限扩张"，压抑其他责任主体的"责任意识"、"责任能力"和"责任行为"，责任主体多元性被单一化了，社区和家庭失却自身权责意识。由此，区教育局结合海曙区社会、经济的发展和学校教育实际，选择广济中心小学实验校区和达敏学校两个学校，分别代表面向普通学生、面向特殊学生两种教育类型，试点"教育议事会制"。其宗旨是：体现把学校还给社会、还给家庭的办学理念，吸引社会各方面力量关心、支持学校建设；通过建立科学决策的保障机制和民主监督机制，提高学校的科学决策能力，提升学校办学水平和活力，促进学校的有效管理和可持续发展。教育议事会通过"议事"促进学校教育理念或办学理念的落实，促进学生、教师、学校获得充分的发展。

教育议事会是在不更改学校办学的所有制，不过度干预校长的办学自主权的前提下，对学校办学重大事务进行咨询和审议的外部监督组织，是学校与家长、社区建立长期密切联系、协调与合作的平台。

教育议事会具有"三权"和"三功能"：知情权，参与权和部分决策权（转化为校务委员会的决定）；学校与外界系统之间的沟通协调功能，学校与外界系统发生冲突时的仲裁功能，对学校发展方向、校风、学风、教风的建议、参谋、监督功能。

教育议事会主要由教育专家、家长、教师、社区干部组成，成员有15—40人，其中家长占50%—55%，教育专家和社区干部占20%—25%，教师和学校领导占20%—25%，设主席、秘书长、提案部、调研室、联络部。议事会成员的产生需要经过一定的法理性程序，从而获得较高的代表性和权威性，一般采用选举和协商相结合的方式，使成员具有相当的民意基础。教育专家代表和社区干部代表经商讨产生，教师代表经内部选举产生，家长代表原则上经民主推荐和民主协商的方式产生。同时，对议事成员的条件（如热心、责任心、水平能力等）、权利和义务都有相应的规定。

教育议事会对学校的功能体现在五种机制中：第一，参与机制。从教育议事会的人员构成看，虽然仍是家长代表占多数，但已超越家长委员会的范畴，涵盖了利益相同或相近的社区成员，扩充了参与人群。第二，合作机制。教育议事会是以合作为基础建立起来的，所有参与者享有平等权利，维护共同利益，承担共同责任，完成共同目标。第三，竞争机制。参与合作并不排斥学校成员之间健康的、正当的竞争，学校管理者应建立有效的竞争机制，鼓励并促进这种竞争，以推动学校成员和学校共同发展。第四，制衡机制。广济中心小学将教育议事会的功能定位为"政协"，能较好改善学校权力过于集中的现象，从而建立新的学校权力平衡。第五，法治机制。现代学校与传统学校的最大区别就在于不依赖人治而依靠制度，现代学校制度特别重视依法治校，可以通过制定学校章程等形式，将学校发展的大政方针和基本思路明确规定下来，以确保学校的全面、和谐与可持续的发展。

教育议事会是一种指向教育生态改善的微观教育制度，开创了家长、社区实质上参与学校管理的先河。这种制度很好地结合了学校的具体实际，体现了民主办学、开放办学的全新理念，建构了一种利益共享、责任同担的新型现代学校管理制度，也为区域教育治理制度创新提供了一个新思路。

2. 问责式区域教育治理执行制度

区域教育治理的执行过程是将区域教育决策转化为实际行动的过程。由于区域教育治理的资源、环境、主体和执行机构以及决策本身等多种因素的共同作用，使得区域教育治理的执行过程常常会遇到种种不确定性、风险和危机。建立问责式区域教育治理执行制度，确立风险预警机制，是为了制约区域教育治理的执行者，把决策执行控制在秩序范围之内，防止区域教育治理执行的走样和失败。

其一，责任明晰制度。针对区域教育治理的执行过程，应该对政府、学校、社会团体等不同主体的职责进行分解，使职责具有明晰性、准确性。建立相关责任标准，明确区域教育治理执行机构及具体执行者的责任，界定不同主体职权范围，规定应完成事项的标准与条件，同时指明执行者所拥有的裁量权的范围与内容，并规定出宽容或者应该惩罚的内容。此外，对于集体责任和个人责任、直接责任和间接责任应该加以明确界定，避免将截然不同的职责等量齐观。如果责任规定笼统或界限不清，那么在执行过程中出现失误时责任也就无从追究。同时，要向区域内公众公开教育治理执行机构和执行者的职责范围、惩戒办法等内容，增加其透明度。

其二，责任追究制度。区域教育治理执行的问责是由政府部门组织的，但问责过程处于广大民众以及舆论媒体的监督之下。由区域内公众进行监督，能够增强问责的力度，消除区域教育治理执行过程中阻滞的缓存空间，有利于能够治理目标的顺利实现。当教育治理执行出现阻滞时，政府和监督者需要及时地组织人员组成责任调查小组，包括区域政府、专家团体、目标群体代表等主体，同时依托其他社会团体等，对出现的问题进行调查，分析其产生的原因，确定引起阻滞的人为因素，完成责任确定。

其三，惩戒制度。对于区域教育治理执行中存在的问题，依据有关法律或规定，并根据责任判断和责任标准，对执行主体进行相应的问责，同时启用惩戒机制，对负有领导责任的执行者（领导者、组织机构或个人）追究相应的行政责任，造成重大损失时依法追究其民事责任和刑事责任。

建立问责式区域教育治理执行制度，还需要注意完善相应的制度法规。通过法规确立问责机制，利用法律的权威性使区域教育治理执行组织和个人服从。问责制度应公开透明。无论是明确各治理主体的责任，还是对某些教育问题的责任追求，以及相应的惩戒决定，都应公之于众，让相关主体对整个治理执行过程有一个全方位的了解。

3. 参与式区域教育治理监督评价制度

"有权力的人们使用权力一直到遇有界限的地方才休止"，而"从事物的性质来说，要防止滥用权力，就必须以权力约束权力"（孟德斯鸠，1978)[154]。因此，必须通过完善的监督评价制度来保障区域教育治理的规范有序。长期以来，在行政授权强化与民主授权弱化的背景下，区域教育治理的监督主要是在行政体系内部实施的，即上级政府对下级政府的监督，缺少利益相关者的参与。从某种程度上说，这种监督制度造成了区域政府与区域内公众利益的分离，影响了区域教育的发展。事实上，客观、科学、公开、公正的监督评价，是增强区域教育工作有效性的前提，可以为区域政府的教育决策提供参考，为改进区域教育工作提供依据。推进区域教育治理现代化，坚持"社会评教育"，实质是要把评价权和监督权更多地交给社会，保持相对独立性，成为教育治理体系的一个重要方面。所以，加强区域教育治理的监督制度，要强化民主授权，推动教育治理各主体以及社会公众广泛参与到对区域教育治理的监督中来。

建立区域政府的自我监督制度。区域政府在区域教育治理中具有特殊地位，它是区域教育的统筹规划者，教育公平的维护者，区域教育投入的保障者，以及学校运行和区域教育质量的监督者。长期以来，区域政府作为区域教育服务的生产者和提供者，只接受上级政府的监督和评价，导致区域政府主要"对上负责"。加强对区域教育治理的监督，必须在强化社会公众参与的同时，建立区域政府的自我监督制度，确保区域政府能够更加及时准确地发现问题，迅速有效地解决问题。

引进专业机构开展评价。教育评价具有很强的专业性，要正确发挥评价的监测、诊断和指导功能，专业机构不可替代。因此，应建立相应制度，加强专业组织对区域教育治理的评价，充分发挥区域教育科研团体、专业评价机构等在区域教育治理中的作用，不断提高区域教育治理的评估监测水平。区域政府可购买服务，通过合同、委托等多种方式向专业组织购买高质量的服务。值得注意的是，相应制度应规范引进专业机构的程序，以确保专业机构对区域教育治理评价的科学性与合理性。具体来说，对于区域而言，一方面需要专业机构运用专业知识、采用专业标准直接对区域教育现状进行评价，形成相应的评价结果；另一方面需要专业机构全面了解社会公众的评价意见、政府自我监督意见，结合机构对区域教育的评价结果，形成全面的、客观的评价报告，以提交上级政府。

案例

西安市教育局引入第三方教育评价

2012 年 7 月，西安市创新教育评价体系建设工程正式启动，通过购买服务的方式，西安市教育局成为合同中的甲方，作为乙方的第三方评价机构正式介入，评价的重点是针对"择校热"、"小升初"、"减负"等焦点问题实施的教育改革措施。从 2011 年 5 月份起，西安市教育局就开始酝酿要创建这样一套第三方教育评价体系。2012 年初，西安市教育局先后与市政府研究室、参事室、统计局、社科院、教科所等部门探讨和论证工程的可行性、实施及预期成果。历时半年，陕西省高级人才事务所有限公司最终通过政府采购公开竞争性谈判有幸成为第三方评价机构介入进来。此项创新教育评价工程将通过多方位、大面积第一手资料的采集，从各个角度、各个方面来对市教育局各项教育创新举措进行客观、真实的评价。社会公众可以通过陕西省高级人才事务所有限公司公布的专用网站、专用信箱进行信息反馈，该机构将对社会公众反映的事实进行调研和评价，并适时地将调研结果公之于民。

加强社会公众监督。让社会公众参与到对区域教育治理的监督中，这是推进区域教育治理现代化的重要内容。目前，教育监督机制更多地体现在政府机构的运作层面，缺乏群众监督机制和相应的组织机构。因此，区域政府应建立和完善群众监督制度建设，首先应该建立区域教育信息公开制度，将区域内各级各类学校办学条件能力、质量水平等信息向社会公开，区域教育的重要改革方案、重大政策措施、重点工程项目在决策前都要公开征求意见，并以适当方式公布意见采纳情况。推动区域教育工作过程公开，加强工作结果公开，区域教育质量标准、教育监测结果和教育督导报告要向社会公开，让社会了解。区域教育信息公开化是加强社会公众监督的基本前提条件。其次，可以组织社会公众、学生家长、教育专家等组成监督机构，确保监督主体能够更好地表达监督意见。最后，建立健全关于教育监督的法规政策，切实保障群众的监督权得到有效的施行，丰富群众监督渠道，实现教育监督路径的畅通。既要有"及时感应"社会公众的监督，使监督意见得以表达的制度，又要有能够对公众监督意见进行反馈、督促执行和跟踪调查的制度。确保社会公众监督制度化、合理化和科学化。

从程序上说，参与式的监督制度包括三个部分。一是采集监督意见。将监督意见的相关信息汇总，这些信息来源于三个方面：社会公众对区域教育的评议和监督、专业机构对区域教育的专业评价以及区域政府自我监督评价。可以由社会中介机构将这些信息汇总提交给上级政府。二是运用监督意见。上级政府根据社会中介机构提交的相关监督信息，通过恰当方式对区域政府进行监督评价，并对区域教育的改进做出相应指导。三是回应监督意见。区域政府根据上级政府的监督指导，对区域教育监督意见进行相应的回应并做出相应的调整，合理满足社会公众的教育需求，进而推动不同监督主体对区域教育的下一轮监督评价，由此形成政府与社会的良性互动，并最大限度地维护公众的教育利益。

区域教育治理是基于区域社会经济文化环境，区域政府、学校和其他社会主体通过对话与协商，对区域教育事务进行公开透明的管理，以提高区域教育质量，促进区域教育公平，实现区域教育的持续发展。推进区域教育治理现代化，关键是要从区域教育管理转向区域教育治理，这适应了我国经济社会发展的需要，是落实国家教育发展战略的要求，有利于满足不同利益主体的教育需求。推进区域教育治理现代化，必须树立区域教育治理理念，明确区域教育治理目标定位，加强区域教育治理主体之间的协调配合，创新区域教育治理制度。

第七章

区域特色学校群的打造

党的十八届三中全会通过的《中共中央关于全面深化改革若干重大问题的决定》要求"缩小区域、城乡、校际差距","破解择校难题",将教育综合改革的关注点投向了学校建设。学校既是区域教育的基本组成单位,也是区域教育质量的体现和保障,只有发展好了每一所学校,才能缩小校际差距,实现区域教育的均衡发展。但是,区域教育的均衡发展不是平均发展,缩小校际差距也不是消灭校际差异,而是在区域教育的整体格局中明确每一所学校的发展定位,做强每一所学校的优势领域,让每一所学校育有所长、教有所用,形成区域特色学校群,尽力为每个学生提供适合的教育。

一、区域特色学校群的要素与特征

近年来,特色学校建设已引起越来越多的关注,尽管一些人不赞成"特色学校"这一说法,认为基础教育的关键是完成国家规定的教育任务,而不是所谓的学校特色,但这种观点并没有挡住特色学校建设的洪流,不少地方大力推广"一校一品"的学校发展思路,取得了令人瞩目的成效。

但是,从区域教育综合改革的视角看,对区域教育产生巨大作用的不是单个的、零散的学校特色，而是特色学校群，各自为政的学校特色难以形成区域教育的改革聚合力，难以凝聚成"牵一发而动全身"的区域教育综合改革战略。因此，特色学校建设只是走完了区域教育综合改革的第一步，只有把各校特色凝聚起来，形成区域特色学校群，才能发挥学校特色的集群效应，形成区域教育综合改革的良好氛围。

（一）区域特色学校群的基本要素

区域特色学校群，是指区域内各有特色的学校相互聚集、共同影响，以此形成的具有"共同发展、各展所长、百花竞放、蓬勃共生"等特征的区域学校群体。特色学校群以区域教育综合改革的整体战略为指针，以特色学校的建设为起点，以校际特色的共享与共生为纽带，以拉动学校的整体变革为关键，通过特色学校的集群发展促进区域教育的综合变革与整体提升。从这一内涵看，区域特色学校群应包含"全体"、"全面"、"差异"、"整合"、"效应"五个基本要素。

1. 面向全体：每一所学校都有充分生长的空间

区域特色学校群的建设必须面向和盘活区域内的每一所学校，为它们创造特色建设的条件，提供充分生长的空间。党委政府要通过多种方式促进区域教育资源的公平分配，"区域教育资源的公平分配是社会分配正义的重要组成部分，但教育资源的分配与其他社会财富的分配有着根本的不同，教育分配的是一种面向未来的可能性，分配的是一种理想和希望"（刘贵华 等，2014）。特色学校群的建设既要公平分配物质资源，也要把特色建设的理想和希望带给薄弱的、偏远的学校，重视和扶持它们的特色发展，让每一所学校都能在特色学校群的建设中找到自己的"生态位"，走出适合自己的发展道路。

2. 立足全面：没有全面优质就没有特色发展

全面贯彻党的教育方针，培养德智体美全面发展的社会主义建设者和接班人，是建设特色学校群的前提。特色学校群的建设不是标新立异、各自为政，而是在党的教育方针的指导下，全面完成教育任务，全面提高学生发展质量，在全面保障育人质量的基础上发展优势领域，促进特色发展。"特色发展不是简单的差异发展，而是在承认学校差异的基础上实现高质量的优势发展；也不是特色项目发展，特色项目可以作为特色发展的切入口、突破点，但'点'不能带'面'"（刘利民，2013），只有全面优质地促进每一位师生的发展，才能真正做优学校特色。

3. 尊重差异：没有差异就没有特色

特色发展的实质是差异发展。生态学理论认为，物种的差异化发展是改善生态的必备条件，一个系统内的物种全部趋同，这个系统的发展就会逐步停滞直至消亡。区域特色学校群的建设，就是在尊重学校发展差异的基础上避免学校间的趋同发展，保持区域教育的发展活力。"差异、特色，是基础教育生动活泼发展不可缺少的元素。均衡发展、教育公平不是搞'大锅饭'，而是承认差异、多样。均衡发展不是把千万所中小学办成'一所'学校，而是要办好每一所学校，即在硬件、软件都达到一定水准的基础上，实现学校个性化发展。"（刘利民，2013）特色学校群的建设，就是在差异化发展中实现教育公平，保证每所学校的发展条件与教育质量，调动学校自主发展的创造力，在个性发展中实现差异均衡，缩小校际差距。

4. 优势整合：由发展特色学校走向建设区域特色生态

特色学校群是以系统建设的思路，实现单个特色学校向区域特色教育生态的转变。一是学校内的全盘谋划与系统整合。学校通过某一特色的深度建设，带动其他方面的改革。二是学校间的优势整合、共生共荣。区域教育生态具有关联性、整体性与层次性等特征，关联性要求区域内学校的特色建设彼此渗透、共享共生，整体性要求确立区域特色建设的整体战略，层次性要求特色建设考虑区域的整体布局与发展进程。三是学校内的系统发展与区域内的整体布局相互呼应、互动共生。学校借区域特色发展之势促进内部的整体发展，也在区域特色教育生态的建设中贡献自己的力量，实现学校个体与区域发展的互动共赢。

5. 立体效应：提升特色学校群的附加值

特色学校群具有立体效应，主要体现在五个方面：一是形成区域教育特色发展战略，特色学校建设要由"校"到"群"，需要以区域教育的整体发展为指引，建设区域特色学校群，促使区域党委政府思考和形成本区域的特色发展战略；二是以学校的差异发展促进区域的校际均衡，在差异中发展特色，以特色带动发展，以此促进校际均衡；三是在优势共享中形成综合改革合力，发掘和尊重各校的优势领域，在优势领域的共享中聚合资源，形成区域教育综合改革优势，铸炼区域教育综合改革特色；四是提高区域社会经济发展优势与特色学校群建设的互动能力，以区域社会经济的发展特色带动特色学校群建设，以特色学校群强化和优化区域社会的发展特色；五是提升区域教育的社会影响力，形成社会各界对区域教育的美好认知。

在这五个要素中，"全体"是前提，"全面"是保障，"差异"是核心，"整合"是关键，"效应"是目的，只有五个要素同时着力、共同推进，才能建设优质的特色学校群。

（二）区域特色学校群的主要特征

特色学校群要融合上述五个要素，需要在区域的特色发展战略、结构布局、资源整合、自主办学、系统推进等方面体现出鲜明特征。

1. 整体战略：在区域愿景中实现特色学校的集群发展

生态学认为，只有共同的发展方向与相似的发展特质，才能构成具有凝聚力的生物群落，生物群落一旦形成，就能在能量流动中形成自我更新的发展动力。建设区域特色学校群的重要目的，就是构建区域教育的学校发展群落，形成区域学校自我更新的群体动力。要建构有效的学校特色发展群落，需要确立共同的发展方向与特色建设的区域愿景，帮助各学校在共同愿景与总体方向的引领下，发掘自身潜能，培育优势领域，积淀发展特色。因此，特色学校群的首要特征，是在区域内形成了特色发展的整体战略，各学校在区域愿景的统领下各展所长、相互渗透，实现了特色建设的集群发展。

2. 区域结构：在合理布局中实现学校特色的最优发展

区域愿景引领下的特色发展，不是统一步调、模式相近的趋同发展，而是在区域战略的引领下，结合各学校的历史文化资源、目前的发展重点、办学水平、发展潜能、所处社区的特色资源等，确立特色发展的"生态位"。因此，区域特色学校群的第二个特征，是各级党委政府能够根据区域战略的整体部署，合理布局不同学校的特色发展，形成了多层次、多取向的学校特色发展格局。如成都市锦江区在 2010—2020 年的教育中长期发展规划中，就采用了特色学校群的发展思路，首先提出了"办'结构精当、环境精致、资源精良、队伍精锐、质量精实'的中西部领先、国内一流的精品教育"的区域教育目标和"扬峰填谷，精彩纷呈"的改革战略，然后对区域内学校的特色发展做了如下布局。

对目前尚没有特色项目或特色项目不明显的学校，以项目孵化特色。挖掘论证本校优势资源，从体现学校的办学理念、利于学生的成长、利于学校的发展出发寻找突破口，确定特色项目，明确项目发展目标，理清"合格—规范—特色—品牌"的发展思路，制定发展规划和相应的保障制度。2012 年完成项目孵化，2015 年前形成明显特色。

对已形成单项特色项目的学校，以创新提升特色。在梳理、分析本校传统特色、目前状况（历史、环境、硬件、师资、生源）的基础上，确定新的发展目标，完善各项建设及保障措施，让特色项目建设与学校办学理念结合，以特色发展带动学校整体发展和内涵发展，由特色项目发展成特色学校。

对现有特色明显的学校和传统名校，以文化彰显特色。稳健地做精、做优、做强学校传统特色，形成独特的办学理念和个性化的学校文化特质，使学校特色建设成为推动学校办学水平和办学品位再上台阶的原动力，成为"精品教育"的样板。

面向全体、立足全面、尊重差异、分层推进、合理布局，使锦江区的特色学校建设呈现出集群发展态势。

3. 共享共荣：在资源积聚中实现学校特色的联动发展

区域特色学校群的第三个特征是形成了共享共荣的区域特色教育发展生态，能在区域的整体布局中把某一学校的优势领域转变为区域教育的发展优势，把单个学校的教育特色变为区域教育的共享资源，既能在学校发展中积聚区域特色资源，也能在区域教育特色的塑造中提升单个学校的特色品质，实现学校与学校、学校与区域的特色共享与共荣。如湖南省长沙市岳麓区在区域特色建设中提出了"从'各美其美'到'美美与共'"的发展思路，形成了纵横交错的区域特色链圈。

目前岳麓区已建成涵盖20所中小学、幼儿园的多条"特色链"，如外语特色链、艺术特色链、科教教育链、快乐健美操链、排球链等。链点学校从城区中心延续到辖区边远的涉农学校。

各个链条中，链头学校起引领作用，与链点学校共同制定章程、规划，指导和规范"特色链"学校办学行为，通过"班子对接"、"部门对接"、"组对组"、"人对人"、"活动对活动"等多种形式的链接，形成链头、链点学校多向联动，使教育的核心资源在链内传递。特色链的形成，使"链点学校搭乘上了提升办学水平的直升电梯"。

不仅学校有"链"，学科也有"链"，而且每条链都搞得红红火火……除了学科链，岳麓区还有许多各具特色的德育链，如溁湾路小学的红手链联盟、德润园小学的"温暖一加一"义工联盟等。全区的心理教育走廊也已经形成……（江新军 等，2013）

4. 个性内生：在差异创生中实现学校特色的自主发展

"特色学校发展战略的精髓，是要推动学校自主发展"，"特色发展，就是要激发和保护学校的自主性、创造性，尽量推动每一所学校自主制订中长期发展规划，自主明确学校发展方向，自主凝练学校发展特色，自觉传承或培育独特的学校文化，全面提升学校教育质量"（刘利民，2013）。建设区域特色学校群，就是要在整体战略、区域结构、共享共荣的区域环境中促进学校立足自身基础，以差异发展的思路培植本校的优势领域，形成本校的发展特色。因此，形成本校特色的过程，既是发现本校与其他学校差异的过程，也是不断做优和做强差异的过程，这一过程需要学校主动谋划、积极创生，形成办学个性。如成都市青羊区在学校"特色发展项目"的推进过程中，引导和帮助学校自主发展，形成了一定的办学个性。

成都市十一中以打造"女生教育"品牌为特色，探索女生成才之路，针对女中学生的生理、心理特点，开发校本课程，构建女生班特色课程。确定女生班德育目标，形成分年级段德育内容，打造女生班德育"经典"品牌活动。学科教学中实施"扬长补短"的教学策略，对女生班进行专门的学法指导和学科教学研究。分性别的教育虽然不能成为教育的主流，但作为"天府之国"省会的成都，有着"和谐包容、智慧诚信"的城市精神，有着创全国最佳旅游城市的发展目标，建设一座高品质的女校，在国际国内舞台上展示多元化的办学成就，也是一个窗口工程。成都市十一中填补了女子完全中学这块空白。

成都市实验小学以"教师发展学校"为特色，实践与探索指向的主体是教师，针对的终极目标是教师自身的发展，是在项目实施过程中促进教师的自主发展，以教师的发展促进学生的发展，进而促进学校的特色发展与整体发展。该项目底蕴丰厚，基础扎实，分别获省、市政府奖，目前又以"教师发展学校"制度创新为研究重点，致力于"教师发展学校"的建立与完善。这所学校近年来向青羊区各校输送了大量管理人才。

泡桐树小学以"家校共育，促进学生健康和谐发展"为特色，把学校"和谐教育、自主发展、成人成才"教育理念宣传、渗透、落实到以学校教育为主导的家校教育活动中，形成家校教育合力，达到家校教育相长，促进每一个学生充分、自由、全面、和谐地发展。学校遵循家校共育原则，通过有实效的"沟通—交流—合作—分享"为主题的家校共育活动，了解、满足、超越、引领家长、教师、学生的教育需求，达到家校双方相互理解、互相满意、彼此信任、积极互动的效果，将家长资源转变成教育资源，将家长优势转变为教育优势，实现家校教育相长。

草堂小学以"执行校长"制度为特色，设立校级教师执行校长岗位和年级执行分校。校级教师执行校长岗位，在全校范围内公推竞聘，任期一个月。学校借此改革了管理评价方式，以团队积分、团队评价、团队自主评价等为核心的团队评价方式，鼓励教师之间多交流、协作，让教师自身的发展过程变为团队关注、帮助的过程。

成都市第五幼儿园以"基于儿童哲学的幼儿园教育活动的实践研究"中开发园本课程为特色，通过儿童哲学的实践研究，以启迪儿童智慧为目的，以儿童生活中熟悉的、富有哲理的问题为内容，创设情境，鼓励儿童提问、讨论，表达不同的观点，思考运用不同的方法去解决问题；在开放的、动态的、互动的过程中，让他们学习思考，学会思考，形成自己的思想，提高思考能力，从而养成儿童在日后生活中能够主动"为自己思考"以及"寻找意义"的能力。（《教育综合改革实验丛书》编委会，2012d）[209-210]

5. 系统效应：在区域学校的耗散结构中实现综合发展

普利高津的耗散结构理论认为，一个远离平衡态的复杂系统，在与周围系统交换信息与能量的过程中，从无序走向有序，才能实现自身的超越与发展，这种远离平衡态的不断实现自身发展的系统结构被称为耗散结构。特色学校群的建设目的之一，是形成区域内特色学校发展的耗散结构。普利高津认为，形成耗散结构要满足四个条件：一是系统的开放性；二是打破系统的现有平衡；三是建立动力与反馈机制；四是在不断协调中达到新的平衡。区域内的学校要在耗散结构中实现特色的综合发展，需要建立联动改革机制，协调区域内各种改革要素，聚集各种力量巩固改革成果，体现出彼此开放、不断改革的联动发展格局，并形成"平衡—不平衡—平衡"的螺旋发展态势，只有这样才能发挥特色学校的集群优势，产生区域教育综合改革的系统效应。

二、区域特色学校群的建设思路与流程

区域特色学校建设要更好地体现"集群"发展的基本要素与主要特征，必须改变封闭孤立、力量分散、简单重复、盲目模仿、低位运行、散点发展的特色建设状态，打破单校孤军奋战、各行其事、零散建设的特色发展格局，在区域定向、学校定位、全域共生等方面促进特色学校的集群发展。

（一）区域定向，共构特色发展的生态系统

区域特色学校的集群发展，是以区域教育的综合改革为依托，为整个区域及其每一所学校的特色发展与品牌塑造营造良好的生态环境。生态学认为，良好的生态系统以良好的环境因子为基础，生态系统中的"环境因子具有综合性和调剂性"，"环境中各种生态因子不是孤立存在的，而是彼此联系、互相促进、互相制约，任何一个单因子的变化，必将引起其他因子不同程度的变化及其反作用"，这些"生态因子所发生的作用虽然有直接和间接作用、主要和次要作用、重要和不重要作用之分，但它们在一定条件下又可以互相转化"（杨持，2009）[13-14]，转化的方向受制于整个系统的发展与变化。要改变生态系统中的每一个因子，提高每一个因子的系统贡献力，需要形成系统运行的整体方向与重点。

特色学校群的建设，首先要形成区域教育特色发展的良好生态。这一生态系统不仅由教育系统内的诸多因子构成，也包括社会、经济、政治等教育系统外的其他因子，教育系统内外的各个因子构成了特色学校群的环境系统。要使区域内各所学校的特色建设成为区域品牌塑造的正向推动力，或者使区域教育的品牌塑造成为学校特色建设的有利环境，必须首先确立区域教育品牌的发展方向，明确区域教育系统的运行目标。这一方向与目标必须由教育系统内外的各个影响因子共同确定，才能形成特色学校群建设与区域教育整体发展、互动共生的良性生态。要形成这样的良性生态，需要在质量底线、

品牌战略、区域布局、综合联动等方面进行区域定向。

1. 坚守一条质量底线

建设区域特色学校群的最终目的，是在转变教育方式中创新人才培养模式，提高育人质量。党的十八届三中全会提出了深化教育领域综合改革的基本任务："坚持立德树人，加强社会主义核心价值体系教育，完善中华优秀传统文化教育，形成爱学习、爱劳动、爱祖国活动的有效形式和长效机制，增强学生社会责任感、创新精神、实践能力。强化体育课和课外锻炼，促进青少年身心健康、体魄强健。改进美育教学，提高学生审美和人文素养。"特色学校群的建设是为了更好地完成党和国家提出的这一教育任务，帮助学生全面发展、多样发展、人人成才，引导学校创造更加适合学生发展的教育。区域特色学校群的建设必须立足最为基本的教育任务，在确保教育质量底线的基础上实现学校多样化的、更好的发展。重庆市共有8000多所中小学，其中农村学校有4000多所，他们为了促进每一所学校更好地发展，选择了"特色兴校"的发展战略，守住了教育质量底线。

为什么选择"特色"？

市教委主任彭智勇说："重庆市是大城市大农村并存的直辖市，特色学校建设既是教育均衡发展的客观诉求，也是解决优质教育资源匮乏问题的重要途径。"

"我们的目标是把所有的学校都办好，让农村学校、薄弱学校都能成为好学校。"市教委副主任钟燕说，"怎么实现这个目标？就是进行特色学校建设。"

在重庆市特色学校建设的主推手、设计师龚春燕看来，这是教育改革发展的必然结果。

"第一，我们看到了当时中国学校的变化。2006年，教育部出台政策，中小学学校经费要足额保证。之前校长要去找钱、找社会关系，如何办学他们基本是听教育行政部门的，领导怎么说就怎么做。现在不愁钱了，他们怎么办？就要思考学校如何内涵发展。内涵发展是什么？是特色。

"第二，当时各地都在推进城乡教育均衡发展，但政府投入最大的，是条件的均衡。其实还有更重要的均衡，即质量均衡。只有质量均衡，老百姓对教育才满意。做特色，就是要提高质量，从实质上促进公平。

"第三，我们经常说，学校是一个有文化的地方。什么是有文化的学校？就是有特色的学校。是什么使一所学校与别的学校不同？是文化，是特色。我们需要通过学校的特色发展，让每所学校都展现自己的文化个性，达到文化育人。

"第四，关注公平。以前我们主要关注城市学校、重点学校，现在则要更多地关注农村学校、薄弱学校，要给它们多一些阳光，促进教育公平。而在特色发展的路上，不论是重点学校、城市学校，还是薄弱学校、农村学校，都在同一条起跑线上，都能得到良好的发展。只有特色，能让更多的农村学校、薄弱学校起飞。"龚春燕说。

一句话，推进特色学校建设，"就是想让重庆的学校有内涵，有文化，从而推进全市教育均衡发展、公平发展"。（赖配根 等，2011）

让学校更有内涵、更有文化、更有改革创新的意识、更能保证教育质量，这是区域特色学校群的建设基础与底线。

2. 选择一种战略品牌

特色成就品牌。区域特色学校群的建设要发挥聚合效应，形成区域教育品牌，需要区域党委政府确立品牌战略，引导各学校围绕区域品牌的核心追求选择和建设适合本校的发展特色，形成区域特色建设的学校合力，促进特色学校的集群发展。如深圳市南山区根据区委区政府提出的实现"四大转变"和抢占"四个高端"的社会发展目标，结合南山教育"敢闯敢试，国内一流"的特点，提出了"以创建卓越教育模式为抓手，建构卓越教育文化体系"的品牌建设战略，然后提出了教育转型、素质教育、教育公平、学习型城区、教育国际化、教育信息化的战略任务，根据这些任务，各学校结合自身的办学优势与特点，围绕"卓越"提出了核心办学理念，并在核心办学理念的引导下形成了办学特色（表7-1）。

表7-1　深圳市南山区部分学校办学核心理念

学校名称	办学核心理念	办学核心理念释义
南油小学	活动育人，绿色发展	活动——学校教育教学过程中学生自主参与的，以学生学习兴趣和内在需要为基础的，以主动探索、实现学生主体能力综合发展为目的的主体实践活动。 活动育人——以活动促发展，让学生在活动中实现知识、能力、情感和价值观的主动建构，发展学生的综合素养。 绿色——科学、和谐、可持续的发展，为学生一生的幸福成长奠基。
育才三小	奔向未来世界	奔：反映了社会的发展速度，表达了师生急切追求教育改革的决心，代表学生迫切成长的愿望。 未来世界：表示学校工作各方面新的理想目标以及孩子们将来的无限发展空间。
沙河小学	启潜	基于每一个，成就每一个，发展每一个。
南山小学	用和乐文化培育社会公民	学校立足于自身实际、担当区域使用、满足社会需求、突出学生主体，让所有学生在关爱中学习、生活和活动，自由张扬个性，自主全面发展，成为这样的现代社会公民： 有爱心：爱自然，爱家人，爱民族，爱世界； 会学习：知行合一，思行并重，学以致用； 会生活：热爱生活，热爱人生，有较强的生存技能和较高的生活情趣； 会创造：有创新的意识，善于发现问题，乐于追根究底； 会共处：讲诚信，善交流，会合作，乐助人。
同乐学校	同乐	同，源于中国古代大同思想，借鉴西方协同学说，即大同、协同。……乐，取于中国传统的"礼乐文化"和西方的"快乐教育"……同乐教育，追求"风格独特、和而不同"的办学模式与形态，提倡"求同存异、同生乐进"的办学路径与手段，遵从"同做真人、乐求真知"的校训，追求"同心同德、乐教乐学"的同乐精神，塑造"明礼求真、快乐崇善、和谐尚美、笃行创新"的一代同乐新人。

资料来源：《教育综合改革实验丛书》编委会. 2012a. 追求卓越，对话世界：深圳南山教育综合改革试验模式［M］. 北京：教育科学出版社：17－20.

以活动发展素养，以理想引领未来，以潜能成就学生，用"和乐"培养现代社会公民，以"同乐教育"培育一代新人，不同学校的特色建设都指向了"卓越"的共同追求，既有利于南山区"卓越"教育品牌的形成，也有利于各学校根据自身实际建构卓越教育特色，形成区域特色建设合力。

3. 绘制一幅区域布局图

以区域战略品牌为引领，帮助各学校梳理自己的特色资源，明确各学校从哪一个角度或在哪一个领域形成特色，以此编制区域特色学校群的建设布局图，才能避免区域内学校的重复建设与低位运行。如深圳市南山区围绕"卓越教育体系"这一品牌战略，引导学校办出特色：南油小学以卓越"活动"培育卓越学生；育才三小以"理想教育"引导师生追求卓越；南山小学以"一有四会"的"和乐文化"引导师生成为现代社会的卓越公民；同乐学校则充分挖掘校名中的"同乐"文化与育人内涵，培养具有大同精神的卓越世界人。不同学校"点位"各异，构成了南山区"卓越"教育品牌的布局图，在这一布局图的引领下，各学校"分进合击"，既做强了学校特色，也做优了区域品牌。为了绘制区域特色学校群的布局图，成都市青羊区采取了以下措施。

（一） 深入研究，明确思路

为保证学校"特色发展项目"的有效推进，促进学校的可持续健康发展，我们加强对"特色发展项目"的研究，首先提出了学校办学特色的三个层次，分别是特色项目、学校特色、特色学校。在此基础上，结合青羊区多年来实施"一校一品，一校一景"的经验，提出了学校"特色发展项目"的"四性"、"八有"。

学校"特色发展项目"的"四性"是指优质性、稳定性、独特性、示范性。"八有"主要是指：①有发展愿景，学校需要有独特的发展目标、定位和规划来引领学校的发展；②有办学理念，学校需要有先进的办学理念和价值追求，校长需要有独特的办学思想和教育理念；③有人才队伍，学校需要有一支特色鲜明、专业精湛的教师队伍；④有教学改革，学校需要以学生的发展为根本；⑤有教育科研，学校需要以改进各项工作为科研方向；⑥有运行机制，学校需要激发教育管理的内在活力；⑦有文化建设，学校需要优化发展环境氛围，打造特色化的学校环境和学校文化；⑧有特色活动，学校需要充分调动学生的积极性和参与性，通过特色活动培养一大批特色鲜明的学生。……

（二）普查摸底，提炼特色

为准确把握区内中小学特色建设的成果……对区内中小学的办学特色情况进行了一次普查，要求学校梳理出主要特色和其他特色，用 100 字左右的文字提炼主要特色，用 50 字左右的文字提炼其他特色，并列出主要的荣誉称号。这次活动汇总形成了《青羊区素质教育特色学校情况汇总表》……

（三）积极稳妥，扎实推进

①研制《青羊区学校"特色发展项目"评估指标（试行）》，征求学校意见，召开指标讨论座谈会，完成指标的修订工作并下发学校；学校对照指标自查，修改项目实施方案。

②申报学校结合评估指标进一步梳理思路，指导学校完成材料。

报送申报工作。2011—2012 年度收到第三批申报项目共 32 项，其中小学 22 项，中学 7 项，幼儿园 3 项；内容上教学改革类 11 项，教育改革类 12 项，学生特长发展类 9 项。

③组建专家组，采用第三方评估的方式，完成第三批 32 项学校"特色发展项目"立项论证工作，完成第二批 5 项学校"特色发展项目"中期考核评估工作。（《教育综合改革实验丛书》编委会，2012d)[211-213]

分层推进，标准引导，区域普查，自主提炼，项目申报，专家论证，以此绘制区域特色学校建设布局图，有利于建成各有所长、共荣共生的特色学校群。

4. 编制一套综合联动方案

区域特色学校群的建设需要综合联动，主要包括教育系统与社会系统的联动、教育系统内部的联动等。教育系统与社会系统的综合联动，主要是促进党政各部门、社区、媒体等，为区域特色学校群的建设提供舆论、精神、智力、政策、物质等方面的支持，以此为内容形成联动方案。教育系统内部的联动方案，主要解决四个问题：一是教育系统内各部门如何协调配合，共同支持特色学校群的建设；二是学校间如何优势互补、联动发展，形成区域教育的特色品牌；三是学校内的特色发展如何带动其他工作，保障教育质量底线；四是纵向贯通，形成不同学段的特色建设统整，实现特色建设的学段联动。其中，特色建设的学段联动较为困难，大连市西岗区对此进行了如下探索。

> 特色活动的深入开展，促进了孩子们健康活泼成长。但是，孩子们在小学阶段培养和坚持了6年的兴趣和特长，在升入中学后，却有可能面临"断层"……

> 实现片区管理后，中小学之间改变了以往各自为政的状态，在管理机制的作用下，能够坐在一起共同商议片区内学生九年一贯的培养方案。三十四中片区以三十四中为龙头，成员还包括五四路小学、水仙小学和红岩小学。实行片区管理以来，红岩小学校长宫英海有了更多的机会走进三十四中，亲身感受其特色文化。"每次应邀参加三十四中的文化节，都让我深受震撼，促使我思考一个问题，红岩小学的学生特长培养如何与三十四中对接？"让宫英海感受最深的是他们的排球特色，全校1500名学生，人手一球，排球活动开展得如火如荼，生动活泼的场面让宫英海内心羡慕不已。他向三十四中校长于艳波要回一些光盘，组织全校师生观摩。没想到，在观摩录像后，有的老师便带着孩子们来到三十四中，现场感受浓厚热烈的排球氛围，纷纷跃跃欲试。就这样，红岩小学师生发展排球特色的积极性也被调动起来了。很快，红岩小学排球队组建起来，排球兴趣小组活动开展起来。全校300多名学生，也是人手一球。

> 三十四中的体育教师刘栋，是红岩小学排球特色形成和发展的重要推手。……平时没有课的时候，刘栋经常跟五四路小学、红岩小学以及水仙小学的体育老师沟通，探讨怎么才能把小学和初中的排球课衔接起来。……西岗9个片区，个个都能着眼于孩子的长远发展、终身发展，

对学生的兴趣和特长进行一体化培养。他们立足片区实际，挖掘片区特色资源，发挥特色教师作用，整合片区特色发展项目，既进一步发展了学校各自传统的优势特色，又形成了片区内一致的重点特色项目，确保中小学特色的有效衔接，使中学能充分享受到小学的教育成果，有效保障了片区内学生九年培养方案的实现。（朱哲 等，2012）

5. 沉淀一种区域教育文化

要建设特色学校群，需要让区域教育的品牌诉求成为区域内所有教育人的共同愿景，让区域教育的发展理念成为区域内所有部门发展区域教育的共同思想，让区域教育综合改革的所有举措成为全区域的共同行动。要实现这一目标，需要引导和促进各学校根据区域发展战略与特色学校发展的区域布局建设特色文化。在学校特色文化建设的过程中，既要实现学校特色与学校文化建设的互动发展，也要在学校文化的建设与聚合中沉淀一种区域教育文化，使区域内的组织和个人具有共同的教育价值追求和育人信念，在学校特色发展、学校文化建设、校际资源共享、区域教育综合改革等方面形成高度的认同感与自觉意识，为区域教育综合改革营造良好的文化氛围。

（二）学校定位，在多样化办学中建构区域特色发展谱系

在形成了学校特色发展的区域生态后，应引导和帮助各学校明确特色发展的"生态位"。区域特色学校群的建设，既要考虑区域品牌战略的大格局，也要体现学校特色发展的多样性。人的发展不可能整齐划一，更不能"一条道路通罗马"，它需要多样化的引导与支持，需要适合自己的个性空间。没有学校的多样性，就没有富含活力的区域特色学校群，更不能培育出多样化的、富有个性的人才。

生态学认为，只有多样性的生物群落才能在自然法则中不断生成自己的种族谱系，并在这种谱系中获取持续成长的力量，而保持生物群落多样性的重要方法，就是尊重和维护每一生物的"生态位"，让群落中的生物在自己的轨迹上生长出自己的特点，发挥自己能够发挥的功能。特色学校群的建设

也一样，只有尊重每所学校的独特性，才能在多样化的学校个性中建构具有生长活力的区域特色发展谱系。为了帮助学校在区域特色发展谱系中找准生态位，可以采用优势分析、差异定位、品牌凝聚等方式做优特色，形成个性。

1. 优势分析：再微弱的火花也有燎原的希望

优势是人无我有、人有我精，是在横向或纵向比较中发现的。特色学校群建设中的学校定位，第一步是寻找学校的优势领域。寻找优势领域主要有三种策略：一是横向比较中的优势定位，在与区域内其他学校的比较中确定自己的优势领域；二是纵向比较中的潜能定位，如果与其他学校相比没有明显优势，则在纵向比较中寻找发展点或本校在日常教育教学之外的特别之处，由此探究和明晰学校的发展潜能，在潜能处定位将来的发展优势；三是在空白点上做强优势，如果在纵横比较中均不能发现学校的优势与潜能，则根据区域品牌战略的核心指向和学生发展的主流需求，寻找特色发展的空白点，在空白点上绘制学校发展蓝图，在错位发展中做大做优空白点，以此形成优势领域，做强学校特色。

对于没有任何优势的学校，要善于寻找"微弱的火花"，在"微弱的火花"中寻找"燎原"的突破口。如重庆市沙坪坝区金沙街小学创办于1983年，在苦撑10多年后陷入"关门歇业"的惨境，2001年郭琇任校长后开始寻找"生"的突破口，终于在"微弱的火花"中找到了"燎原"的突破口，做强了学校特色，救活了一所学校。

> 金小面临生死存亡。
>
> 郭琇没有退缩。她想，再差的学校，也可能有自己独到的地方。她拿着放大镜，寻找金小的闪光点。寻寻觅觅，她终于发现，从上世纪80年代开始，金小就开展了集邮活动。只是20多年来一直没有深入下去。
>
> "2002年，我们进入新课程。区教委鼓励学校挖掘自己的潜力，开发校本课程。"这就给了郭琇机会。"我和一些参加集邮活动的老师思考：能不能把集邮与教学结合起来？"
>
> 于是，集邮从一种兴趣活动，开始走进金小的学科课堂。

这还只是小范围的实验。

两年后，郭琇想把实验全面铺开。"2004年4月，我们向区里申请了课题，准备全校做。但是遇到了不小的阻力。"郭琇说，"当时有两派：一派支持，认为这符合课改精神；另一派反对，认为上课就上课，拿邮票进来干什么？"

经过反复研讨，金小形成了共识：让邮票进课堂，把金小做亮。

科学教师徐俐辉清楚地记得当时的情景："那次郭校长开会，要进行集邮与教学的研究，她说我们就是要抢占教育改革的制高点，把我们学校做得有特色，做亮。我很感动，像我们这样的学校，校长还这么有激情！"

郭琇的执着与激情源自一个朴素的信念："让所有读金小的孩子不后悔！"

这样又继续做了两年，金小逐渐有了起色。

但是，金小教育质量的飞跃，是2006年后通过特色学校创建才实现的。

之前，金小的集邮与教育教学的结合还是散点而非系统的、浅表而非深入的。

进入特色学校建设之后，金小开始提炼学校的文化精神。

他们围绕邮票特色，提出学校的办学理念——"方寸修身"，校训——"方正为人，寸草春晖"，实施"三品"（邮品·学品·人品）教育。"'三品'教育，第一条就是要求学生应该正直、诚实，说真心话，追求真理，也就是如邮票一样'方正'。有了良好的人品，才谈得上邮品、学品。"

这就把集邮教育提升到了学校的精神文化层面。

由此，金小的路越走越宽。

"244"教育模式产生了。"2"指两个渠道：一是课内集邮知识渗透，二是课外集邮实践活动的开展。第一个"4"指四个培养目标：育德、启智、怡情、健体。第二个"4"指四项内容：一是广泛开展形式多样的集邮活动，二是组织编写集邮教材，三是积极探索有效的集邮与学科教学结合模式，四是努力建设集邮校园文化。

其中做得最深入最有特色的便是集邮与教学的结合。

"邮票进入课堂要体现'四育人'的功能。"郭琇说，"如语文、品德与社会等学科可以'以情育人'、'以史育人'，音乐、美术、体育等学科可以'以美育人'，数学、科学等学科可以'以理育人'。"

这是充分挖掘邮票的育人功能。

但邮票对教学还有更多的作用可发挥。

金小这样的"穷"学校，许多教具和教学辅助设备不足，而正是一枚枚小小的邮票，让他们的课堂变得广阔而精彩起来。

"关于教学与邮票的结合，我们提出'四不限'：不限年级，不限学科，不限教学形式，不限课型。"郭琇说，"我们研究，邮票进入课堂可以实现四大教学辅助功能：创设情境、补充教学资源、突破难点、突出重点。比如教学苏轼的《题西林壁》，教师展示《庐山》邮票，4 枚，恰好是上下左右不同角度看的，学生一下子就理解了'横看成岭侧成峰，远近高低各不同'，知道该怎么欣赏庐山了。"……

此外，金小还建立了少年邮局，在沙坪坝区瓷器口设立流动服务工作点，并组织学生参观邮政人员工作流水线，了解邮件流通的整个过程。

近两年学校开始举办金小集邮节。"这一天学生不做作业，上午有学生的表演、演讲，下午是跳蚤市场。"郭琇说。虽然才举办了两届，但已经声名远播。……

小小的邮票，托起了金小的希望。（赖配根 等，2011）

自从围绕集邮这一载体开展特色学校创建之后，金小一年一个样，在微弱的希望中成了当地的一个教育品牌。

2. 差异定位：寻找学校发展的独特灵魂

在优势中明晰差异，在差异中定位特色，在特色中寻找学校发展的独特灵魂，使区域特色发展谱系呈现出独特的风景，这是区域特色学校群建设的第二步。走好这一步，需要经历以下步骤：一是明确优势领域；二是探究优势领域的精神内核，建构学校的精神文化；三是把精神文化渗透到学校工作的各个领域，形成学校及其师生的发展灵魂。只有这样利用"差异"，才能让"差异"成为学校发展的整体定位，并为形成学校特色奠定基础。如重庆市杨家坪小学就从"书法"这一优势领域中提炼出学校精神文化，再用提炼出的学校精神文化指导学校实践，这一过程既是放大差异和定位差异文化内涵的过程，也是学校形成独特灵魂、塑造独特风景的过程。

　　杨小的特色是书法。……

　　与当年的江南小学相似，书法还只是杨小的一个特色项目。

　　2006 年，周绪田任杨小校长……他果断决定，以特色学校建设为抓手，改变杨小的命运。……

　　问题是怎么把书法特色转化为杨小的核心文化内涵？

　　这是一个痛苦的升华过程。

　　一方面，"我们开了很多次教师、家长座谈会，征求意见，充分分析，正确定位"。另一方面，请来了许多专家，有重庆师范大学的，有重庆市教科院的，一次又一次研讨。

　　"这个过程大约有半年。那时老在想，用什么做杨小的校训，什么最能引领它的发展。"曾参与其事的重庆市教育评估院院长龚春燕回忆道，"开了很多次会，大约是第六次，一个周六的下午，大约是 4 点多，我们在一个小茶楼，专家们畅所欲言，我猛然想起一句'立志立人'。我们把'志'改为'字'，学校的特色就很鲜明，大家都觉得很贴切。"

　　于是，"立字立人"就成了杨小的校训。

　　它从书法中来，又超越了书法，赋予杨小贴切的办学精神内核。

　　杨小对自己的办学方向一下子豁然开朗，即以"立字"为基础、为载体，以"立人"为根本、为归宿。……

　　由此他们提出了"三个五"。"书法五体"：立篆书字劲，立隶书字阔，立楷书字正，立行书字和，立草书字畅。"书写五律"：立方正之字，立规范之字，立工整之字，立端雅之字，立艺术之字。"立人五义"：立德高之人，立智明之人，立体健之人，立美鉴之人，立勤劳之人。

他们开设了书法课程……周绪田做得更多的，是以书法精神去育人。比如将"立字立人"及书法教育思想融入各个学科教学之中。语文课让学生体悟"堂堂正正做人"，美术课让学生去领悟书画同源，音乐课让学生去发现"书法是纸上的舞蹈，而舞蹈是流动的书法"……

这样，书法就不仅是写字、一门艺术，而是成了学校的一种精神、文化，熏陶着学生和老师。

杨小由此成为重庆教育界的一道风景线。（赖配根 等，2011）

杨小从将书法作为一个特色项目，到形成学校的书法特色，再到以书法精神作为全校的引领，在不断递升的"差异"发展阶梯中形成了学校的独特定位与办学个性。

3. 品牌凝聚：在坚守中把特色锻造成品牌

品牌是特色的坚守。在优势分析与差异定位中明确了学校的特色发展方向与领域之后，就应全力以赴、持之以恒地深化、发展，才能形成学校真正的特色，才能在区域特色发展谱系中占有一席之地。正如重庆南开中学校长宋璞所说："没有稳定性就没有特色，一任校长说搞文艺特色，下一任校长说要搞科技特色，再下一任校长又搞一个特色，结果学校就没有特色。"（赖配根 等，2011）因此，学校的特色建设应遵循品牌凝聚的思路，把特色项目变成学校特色，把学校特色沉淀为文化精神，再以学校的文化精神引领各项实践，并在坚守中把特色锻造成品牌，只有这样才能发挥特色的治校、育人功能。重庆南开中学致力于传承老南开的"公能精神"，终于成就和保持了南开这一品牌。

宋璞最重要的坚守，是在课程领域把南开"公能"教育精神发扬光大。

何谓"公能"？张伯苓说："公，韩子说'背私为公'。南开学生应该为国家尽责，为大众做事。能，就是要有能力，有本领。没有能力和本领，怎么去尽责，做事？"简单说，南开就是要培养"既要有服务国家、社会的公德，又要有服务国家、社会的能力"的学生。

课程是学校教育的核心。南开"公能"教育突出体现在课程建设上。

1984年，全国中学课程还是铁板一块的时候，南开就率先开出了6门选修课。当时质疑声一片：会不会影响学生的成绩？会不会影响升学率？"上世纪90年代最艰难，许多人说必修课都没有办法上下去，还上什么选修课！"一开始也的确对升学造成了一定的影响，"最困难的时候一年升学只有106人"。但为了培养有"公能"精神的学生，他们咬紧牙关坚挺。这一坚挺就是26年。

26年，多少学校以"创新"的名义喜新厌旧，但南开却一任校长接一任校长地把选修课做深入做精细。"现在我们的选修课多达140多门。选修课时间为每周四下午第1—2节，同一门课程第1节与第2节内容相同，每学期为一个独立体系。"教科室主任卫晋丽介绍说，"这样，每个学生一年就可以选修4门课，大大开阔了学生的视野。"像"中国传统文化选讲"、"儒家伦理"、"美国高中生工商管理学"、"跆拳道"、"管锥游墨海"、"航模制作与放飞"等精品课程，受到了学生的热烈欢迎。"选修课这样的事情，不是什么秘密，人人都可以做，但我们第一做得比较早，第二坚持得比较好，这就形成了传统、习惯。"宋璞说。

有人说，如果你几十年围着一件事情转，世界最终就会围着你转。

良好的教育文化、独特的教育精神，就是这么一点一滴累积而成的。

又如他们的"南开讲坛"。

"我们老校长提出过，要把南开办成中学里的大学。"宋璞说，"大学就是要有大师，要让学生可以面对大师，走近大师，倾听大师。"学校之前也有一些讲座，但没有系统化，而且层次较低。2002年，任校长不久的宋璞决定，开设"南开讲坛"：每周四下午，邀请中外名家给学生做1小时的演讲，学生自愿参与。讲坛的内容非常广："从金庸的武侠小说到国际金融危机，从生物多样性到葡萄酒与西方文化，从中西方建筑艺术到教育问题……"数学专家顾永兴教授来了，中科院院士、生物学家赵进东来了，原中国科技大学校长朱清时来了，人民艺术家阎肃来了，维也纳大学苏泊尔教授来了……"大学校长、院士一到重庆，我就请他们来。"宋璞说，"他们有的宁肯不去大学讲，也要给我们学生讲。"这一坚持就是 8 年。

8 年，"南开讲坛"开坛两三百次。很多内容与高考没有任何关系。但是，作为"贵族"学校，南开有责任把学生熏陶出一点"贵族"的味来。"我们不能只给学生一点必修课的知识，而必须利用所有手段，让学生有开阔的视野，有国际的眼光，让他们全面发展。"宋璞说。

为让学生学会学习、学会思考，南开很注重"自修课程"的建设，"南开讲坛"即是其中一部分。此外，他们充分开发图书馆的功能。"我们鼓励学生进图书馆。除大年初一外，学校的图书馆每天都开放。图书馆的座位天天爆满。"宋璞说，"我们不搞电子借书，就是把书库敞开，让学生一本一本地选，真实地拿到书与在电脑上看书目借书，感觉是不一样的。学生借的书，我有时都很惊讶，比如有的借沈从文的服饰研究。也许他不会全部看完，但只要读上两三页，对他也是有影响的。我们每个月新进的书，都要向学生公布。……"（赖配根 等，2011）

就是这样的坚持，使南开中学的一代代师生把学校品牌擦得更亮、叫得更响。

（三）全域共生：在互生性综合发展中建设区域特色学校群

生态学认为，任何一个集群都具有共生功能；也只有实现了共生，才能构成真正的集群，实现集群中每一个体的互动发展。特色学校群是否以"群"的方式促进区域学校的共生发展，是从学校个体特色走向学校特色群的重要标志。全域共生，是指凝聚区域内各学校的特色资源、建设经验、建设成果，既形成区域特色发展品牌，也提升区域教育改善社会环境、发展政治经济等能力，实现学校特色、区域特色、区域环境、社会建设等多方面的共荣共生。

全域共生主要包含四个方面：一是学校全域共生，即通过特色建设拉动学校的整体发展，提高全体师生的成长质量；二是学校集群的全域共生，即共享特色建设经验，既促进学校间的共同发展，也不断做大特色学校群；三是区域品牌的全域共生，全区共建共享特色教育品牌；四是区域教育的特色品牌与区域社会经济、政治、管理等实现共生，在区域社会经济的发展中考虑和支持特色学校群的建设，以特色学校群的建设改善区域风貌，提高区域知名度，实现特色教育与社会经济的共荣共生。

实现学校特色建设的全域共生，可以运用"差异成链"、"品牌成网"及特色共享等策略。如成都市锦江区以特色"教育链"和学区建设促进区域教育特色的整体发展，以制度建设、经验提升、评估诊断等措施推进学校建设"差异成链"、"织链成网"：鼓励、支持"教育链"学校增强主动发展特色的意识和持续提高特色品质的能力，形成优质教育资源特色"链"；在此基础上打破学段壁垒，探索中、小、幼无缝衔接的学区建设，突出学校特色传递与发展，建立学段衔接的质量管理体系，促进各学段互动发展、整体提升，满足人民群众对"上好学"的需求。大连市西岗区则采用特色共享方式，促进校际特色建设共生效益的最大化。

西岗区的片区管理以制度为保障，硬件上实现了片区内中小学专业教室资源的共享，如小学可以利用中学已有的地理专业教室、科学探索教室，避免了资源的重复性配置；软件上实现了片区名优师资共享，教科研成果和学校管理经验的共享，有效促进了区域整体教育质量的提高。

六中片区大同小学的付承葳老师有20多年的班主任工作经验，形成了自己独到的班主任工作理念和"润物细无声"的工作风格。她追求"慢教育"。她认为，只有慢下来才能了解学生，只有慢下来才能知道教育的问题所在，只有慢下来才能更好地思考、找到解决问题的方法。六中片区利用付承葳老师的优势，成立了"班主任连心工作坊"，把优势资源辐射到片区内3所中小学。付承葳是连心工作坊坊主，带动六中、大同小学和九三小学的工作5年内的年轻班主任实现专业成长。（朱哲 等，2012）

"班主任连心工作坊，连着学生的心，连着家长的心，连着同事的心，成为班主任交心、沟通、成长的平台。在这个平台上，年轻班主任愿意把自己的知心话对付老师讲，进行无缝对接"，既促进了年轻班主任的成长，也实现了区域内特色资源的共享与共生，有利于促进区域内特色学校建设的集群发展。

三、建设区域特色学校群的保障机制

建设区域特色学校群是一项较为复杂的系统工程，只有建立强有力的保障机制，才能避免特色学校建设的碎片化，实现学校特色建设的区域统整。

（一）建立学校特色培育机制，促进区域内学校的多样化发展

没有每一所学校的特色培育，就没有区域内的特色学校群。因此，建设特色学校群的首要保障，是在确保区域内各所学校质量底线的基础上，根据区域发展的品牌战略与不同学校的发展实际，面向区域内的每所学校，建立特色学校培育机制，促进区域内学校的多样化发展，这是建设特色学校群的基础性保障。

这一保障机制应包含五方面内容：一是区域教育特色品牌的建设规划与实施机制，能根据区域教育的现有基础、区域文化资源和社会经济发展的需要，制定区域教育特色品牌的发展战略规划，并形成配套的规划论证与实施制度；二是"差异定位"的区域指导与帮扶机制，能建立特色学校建设专项研究、特色学校建设共同体、专家指导、过程督导等制度，指导和帮助学校发现本校的特色"原点"，发掘"原点"蕴含的育人价值与学校文化精神，以此形成本校的"差异定位"和特色建设的"生态位"；三是"阶梯递升"的学校特色培育机制，明确"差异定位"后，要建立特色项目、学校特色、特色学

校、特色品牌学校的"递升"指导机制，细化评价标准与激励措施，形成分层定位、分层指导、分层评价、分层发展的阶梯递升制度，引导学校明确自己目前所处阶段和今后的发展目标，为学校的进一步发展搭建平台，帮助学校一步一个脚印地向品牌迈进，既不能采取"一刀切"的方式评价区域内所有学校的特色建设，也不能不顾学校实际，强令学校跨越发展，避免特色学校建设中的浮躁与浮夸；四是学校特色"生根与深化"的评价激励机制，建立学校特色"落地生根"、"深化拓展"、"综合带动"的评价激励制度，避免特色建设形式化、浅表化；五是学校特色的社会带动机制，建立学校特色的宣传与社会带动制度，既通过特色建设提升学校的社会影响力，也借助社会力量提高特色学校的建设品质。

特色学校培育机制的建立需要上下联动，既要有党委政府的整体部署、专家和教研部门的高端谋划与指导，也要有各学校的自主思考与能动发展的空间。培育特色学校的关键是通过现代学校制度的建设，激发学校办学的自主性、积极性与创造性，唤醒每所学校特色育人的高度自觉。"现代学校制度的核心是处理好两种关系：一是处理好学校与外部的关系，即厘清学校与行政、社会的关系，重在明确学校的教育权利；二是处理好学校内部的关系，比如每所学校都要制定章程，重在保障教师的专业自主权和形成学校内民主的风气。只有建立健全现代学校制度，校长、教师的权责得以明确，学校才可能成为教育改革最活跃的细胞，良好的教育文化精神才能逐步形成并得到呵护。"（刘利民，2013）特色学校的培育机制要与现代学校制度的建立密切配合，才能在上下联动中培育出具有办学价值的学校特色。重庆市在学校特色的培育方面探索出了以下经验。

"2006年底，我们成立了中小学特色学校建设课题组，彭智勇主任任领导小组组长，钟燕副主任任课题组组长，并申请成为全国教育科学规划办的重点项目。"龚春燕说，"2007年初，以市教委的名义开了开题会，愿意参加课题的区县教委和学校都来了。之后我们开始做理论培训，让校长知道什么是特色学校、什么是学校的特色，特色学校与学校特色之间、特色与学校文化之间是什么关系，特色学校与教学特色、管理特色、艺体特色之间又是什么关系。从市里到区县到学校逐层培训。这样我们对特色学校的内涵就有了比较清晰的认识。"

在这个基础上，他们在实践层面逐步推开。

第一步，选点，典型引路，其他学校跟进。"我们选点坚持三个原则：第一，选择农村学校；第二，选择薄弱学校；第三，选择校长有积极性的学校。"龚春燕说，"我们第一个选的是杨小，第二个是江南，第三个是金小，第四个是设在农村镇上的重庆木洞中学。当然，我们也选了一些好学校，比如谢家湾、珊瑚、人和、人民小学、巴蜀小学以及重庆一中、南开、重外，都是最好的学校。"为什么这么选？就是要证明，每一所学校都能成为特色学校。

第二步，边总结典型经验，边在全市推广。"先做起来的学校向全市其他学校开放，以生动的事实告诉人家特色是怎么做出来的。这样，一大批学校成长起来了，又有一大批学校加入进来。创建学校由 10 多所发展到现在的 180 多所。"

第三步，深化提炼，进行学校特色与学校文化的关联研究。"做特色不是为特色，目的是要让师生获得一种文化的熏陶。怎么让特色提升到文化精神层面，需要深入研究。"龚春燕说，"比如江南的国际象棋特色，上升为'走好每一步'；金小的集邮特色，提炼出'方寸修身'；杨小的书法特色，凝练出'立字立人'；等等。特色升华成了文化，对学生一生的成长都有一些熏陶。这样，学校就有了质的飞跃。"

第四步，以评估巩固成果、促进发展。"180 多所学校，不是在同一个水平上，怎么引导它们向正确的方向发展？我们引进了评估机制。"龚春燕说，"根据钟燕副主任对特色的要求，对于评估，我们形成了几个共识。第一，规范加特色。首先要引导学校规范办学，然后再谈特色。第二，合格加特长。这是针对学生的，学生首先要达成基础教育阶段的教育教学目标，然后才是特色发展。第三，特色、特长由谁来评。特色不是校长说的，而要得到教师、学生甚至家长的认可，只有社区所有人

都知道你的特色，才真正是特色。这样评估，学校就真抓实干，真正自下而上开展特色创建。"（赖配根 等，2011）

就是这样的上下联动，才激发出了特色创建学校的内在发展力量，形成了特色学校多样化发展的良好态势。

（二） 建立区域特色联动机制，形成区域教育综合发展的良性生态

区域特色联动机制，是以区域特色发展的品牌战略为指引，调动各种资源，整合各种力量，形成特色发展的校际共生、区域共享、品牌共建的运行方式、制度与实施策略的总和。特色学校群的建设是推动区域教育综合改革的一种思路与方式，最终目的是促进区域教育的综合发展，形成区域教育综合改革的良性生态。特色学校群的建设事关区域全局，不只是学校自己的事，也不只是教育行政部门就能独立承担的事，需要社会各部门的共同努力。区域党委政府要发挥总体协调功能，明确区域各部门和各级党委政府在建设特色学校群中的角色与职能，并将完成情况纳入部门绩效考核，只有这样才能在联动中发挥特色学校群的综合改革功能。区域特色联动机制应包含校际联动、学校与区域整体战略联动、教育系统内外联动等。

一是校际特色联动机制。建立特色项目、优秀教师、学生特长、特色资源等的共建、联聘、共育、共享制度。如上海普陀的桃浦地区建立了特色项目的联创联建制度，成立了特色项目联创工作小组，负责制订特色项目联创工作与实施方案，并组织实施。他们和大学联创"数字地理实验室"，开展相应的探索活动；推动中小幼联合，组建科普教育链，通过特色项目的联创实现了校际特色联动。特色建设需要优秀教师，为了实现优秀教师的区域共享，他们建立了优秀教师联聘制度，在一年聘期内，每位受聘教师必须每两周开展一次跨校听课，每两个月开设一节跨校观摩研究课，每学期面向联合体各校开设一次讲座、编制一套试卷（李金龙，2012），实现了优秀教师和特色资源的校际共享。除教师外，学生也可以跨校联动，根据学生特长与学校特色，进行跨校匹配，让有特长的学生走进与之匹配的特色学校，实现了

学生特长的区域联动培养，促进了校际特色的区域联动。

二是学校特色建设与区域品牌战略的联动机制。建立区域教育品牌与学校特色共生制度，在指导和评价学校的特色建设工作时，既要尊重学校本身的发展历史与特点，也要体现区域品牌的战略意图。如成都市锦江区提出了"品质教育"的整体战略，力求以"品质"为核心创建区域教育品牌，不少学校围绕"品质"这一关键词，在课堂上形成了学校特色，如盐道街小学在"e课堂"中提升现代化课堂的品质，七中育才学校三圣分校在"表现性教学"中提升城郊接合部学生在课堂上的表现品质，四川师范大学附属中学在"自主·优效"的特色课堂中提升办学品质，这些学校既尊重了自身特点，也体现了锦江区的"品质"战略，实现了学校与区域的联动发展。

三是教育系统的内外联动机制。建立社区与学校、行业与学校的联动制度，形成特色学校建设的社会合力。如社区文化、社区教育资源与学校特色建设联动，交通警察、公安、法院、体育、卫生、医院、餐饮、企业等与学校特色建设联动等，实现各行业与学校特色建设的资源共享。成都市锦江区持续开展了"构建社会大课堂，让学生参与、体验"的区域性特色活动，建立了学校与社区联动机制，实现了教育系统内外的有效联动。

近年来，锦江区委、区政府加大投入力度，大力发展青少年宫和青少年活动中心，让其与学校教育充分衔接，开展丰富多彩、学生喜爱的活动，为学生搭建"展、演、赛"的平台，让更多学生参与实践，展示才华，体验成功。同时，教育局还倡导学校不断挖掘利用社会资源，构建"社会大课堂"，积极开展社区实践活动，让学生走进社区，服务社会，在体验中强化公民意识，增强社会责任感。

目前，锦江区的青少年宫实训基地占地面积67.4亩，绿化面积达80%以上。自2004年该实训基地投入使用以来，全区共有7.1万余名中小学生参与了实训基地组织的实践活动。

基地的许多课程颇受学生欢迎，如陶艺、木工、电子科技制作、无线电测向、航空模型制作、定向越野等；基地精心组织的"希望的田野"（远足＋农耕体验＋野炊）、"科技馆之行"、"博物馆探究"、"户外生存体验"等一系列主题活动，也得到了学生和家长的一致好评。

……

为了不断拓展学生发展空间，锦江区委、区政府还探索建设"锦江区学生发展支持中心"，包括建设6个用于满足全区残疾儿童个别化教育需求的特殊教育资源室，6个以历史文化、科创艺术、非物质文化遗产等为主题的学生个性发展素质教育基地，2—3个为学生科技创新提供平台的创新实验室，为学生提供多样化发展平台。（钟为春，2012）

区域内多样化的公共平台，在一定程度上满足了学校特色发展的需要，把学校的特色发展平台延伸到社区与社会，有利于形成区域互动的良性生态，促进特色学校群的良性发展。

（三）创建区域特色的内涵生长机制，提升特色学校群的发展品质

"深化教育领域综合改革，必然要在更新教育观念、理顺结构体系、创新培养模式、加强能力建设、推动内涵发展上下功夫"（习近平，刘云山，张高丽 等，2013）[278]，建设特色学校群的目的不只是让学校更有特色，而是要以特色建设为手段，更新教师的教育观念，理顺学校的治理结构，帮助学校创新培养模式，促进学校的内涵发展，提高学校的育人质量与办学品质。要有效建设区域特色学校群，不能只是在特色活动、特色项目上下功夫，而应立足区域教育质量的整体提升，创建区域特色的内涵生长机制，提升特色学校群的发展品质。

区域特色的内涵生长机制，是促进区域教育特色进入课程、课堂、活动、项目等，形成特色教育文化的运行方式与制度。这一机制主要包含区域特色课程、课堂、活动（含德育）、项目、教师、资源、评价等方面的内涵生长，其中，课程、课堂、活动、项目是载体，教师、资源和评价是保障。

一是区域特色课程的内涵生长机制。建立校本课程开发与学校特色、区域品牌协同发展的运行方式与制度，引导各学校立足区域品牌形成学校特色，

立足学校特色开发校本课程，使学校特色和学校内涵在校本课程中生长、发展。如深圳市南山区根据卓越教育体系的建设需要，在区域内建构了"能力取向、多维建构"的校本课程，提出了"以校为本，能力取向"的南山区课程建设理念，强调了校本课程的特色化、个性化与多样化，要求校本课程体现学校特色。为了实现区域特色在课程中的有效生长，区委区政府高度重视区域性的特色课程开发，建立了领导与指导小组，开展了区域层面和学校层面有关校本课程开发的科研、教研活动，区域和学校分层制订校本课程开设计划，建立区域和学校等多层面的课程指导、评价、反馈与激励制度，开发和实施了人文素养类、跨文化交往类、身心健康类、感受创造类、领袖素质类、生活实践能力类、综合素养类等课程。这些课程既是"卓越教育"的基本支撑，也是培养学生卓越意识与能力的重要阵地。

二是区域特色课堂的内涵生长机制。建立区域课堂教学整体改革与学校个性化课堂的互动互生制度，既根据区域品牌战略推进区域课堂的整体改革，也在整体改革中突显学校课堂的个性，以共性优化个性，以个性深化共性。如大连市金州新区根据"多元开放，国际融合"的区域发展理念，提出了"高品质文化课堂"的区域改革目标，力求构建高尚的课堂、真实的课堂、快乐的课堂、丰厚的课堂、和谐的课堂和创新的课堂，为了实现这一目标，金州新区建构了"四有课堂"模式。

所谓"四有"课堂，就是要让学生在课堂上：有足够的思考空间，鼓励学生提出有价值的问题，教给学生思考问题的方法，给学生创造宽松的思维环境和心理环境；有质疑问难的机会，给学生发现问题、思考问题的时间和空间，培养学生提出问题的勇气和习惯，教给学生提出问题的方法；有充足的练习时间，练习的时间分配要科学合理，练习的形式要多样化，应该包括动口、动手、动脑、动笔等多种感官的活动；有选择不同层次练习题目的权利，尊重学生差异，让不同层次的学生自主选择适合自己的练习题。(《教育综合改革实验丛书》编委会，2012c)[126]

根据区域"四有课堂"的内在要求，各学校结合自身特点形成了富有个性的课堂教学模式，如红梅小学的"问题驱动"课堂、开发区第十中学的"心理学技术驱动"课堂、松林小学的"开放式"教学模式、港西小学的"悦目赏心·主体驱动"教学模式、春华小学的"三段五步式"教学模式、民和小学的"五段式"教学模式、实验小学的"自主课堂"教学建构、红旗小学的"自主开放式"教学模式、董家沟小学的"三学一练"教学模式、开发区第九中学的"六六课堂"教学模式以及开发区第三中学的"问题多维驱动"教学模式等。(《教育综合改革实验丛书》编委会，2012c)[126]

这些教学模式的建构与践行，实现了区域特色课堂与学校个性课堂的协同生长。

三是区域特色活动与特色项目的内涵生长机制。建立区域特色与区域活动、区域项目等互动互生的运行方式与制度，以区域教育特色品牌引领和推进有特色的活动或项目，以活动或项目盘活、优化和彰显区域特色。如杭州市下城区在确立了"高位均衡，轻负高质"的区域教育理念后，以区域教育生态为特色战略品牌，通过教育学术之旅、梯级名师培养、感动/影响人物评选、国际教育创新大会等项目或活动，渗透区域追求，提升了区域战略品牌的影响力。

四是教师、资源、评价等促进内涵生长的保障机制。如杭州市下城区建立教育沃态团队的培育制度，为区域特色的内涵生长提供了教师保障。成都市锦江区的区域资源共享制度，为特色活动的内涵生长提供了资源平台。深圳市南山区为了保障"卓越课堂"建设，建立了课堂教学、教学设计和课例研究的"三位一体"评价体系（表7-2—表7-4）。

表7-2 南山区课堂教学评价指引

评价项目	评价要素、观测点及评分办法	权重	评分
自主学习	随机观测5名以上学生的课堂自学和预习效果，统计课堂自学和预习效果良好的比例。90%以上达到要求为优秀（12—15）；75%—89%达到要求为良好（9—11）；60%—74%达到要求为合格（5—8），59%以下达到要求为不合格（0—4）	15	

续表

评价项目	评价要素、观测点及评分办法	权重	评分
合作互动	观察小组合作学习的状态。观测点：①小组合作的参与率（70%以上参与为基本达到要求）；②讨论问题的深入性；③小组评价的及时性。3 个观测点均完全达到要求为优秀（12—15）；3 个观测点均基本达到要求为良好（9—11）；2 个观测点基本达到要求为合格（2—8）；0—1 个观测点达到要求或没有小组合作学习为不合格（0—4）	15	
展示交流	观察课堂展示、交流的状态和效果。观测点：①展示交流的充分性；②展示交流的融洽性；③展示交流的有效性。3 个观测点均完全达到要求为优秀（12—15）；3 个观测点均基本达到要求为良好（9—11）；2 个观测点基本达到要求为合格（5—8）；0—1 个观测点基本达到要求为不合格（0—4）	15	
资源运用	观察信息技术运用和教学资源运用情况。观测点：①信息技术运用的有效性；②课程资源整合的合理性；③教学工具开发的科学性。3 个观测点均完全达到要求为优秀（12—15）；3 个观测点均基本达到要求为良好（9—11）；2 个观测点基本达到要求为合格（5—8）；0—1 个观测点基本达到要求为不合格（0—4）	15	
教师导学	观察教师导学情况。观测点：①教师导学的计划性；②教师导学的及时性；③教师导学的针对性。3 个观测点均完全达到要求为优秀（15—20）；3 个观测点均基本达到要求为良好（11—14）；2 个观测点基本达到要求为合格（6—10）；0—1 个观测点基本达到要求为不合格（0—5）	20	
目标达成	观察学习目标达成情况（由评委根据学习内容和教师设定的学习目标现场命题，随机抽取 10 名以上学生进行检测）。90%以上达到要求为优秀（15—20）；75%—89%达到要求为良好（11—14）；60%—74%达到要求为合格（6—10）；59%以下达到要求为不合格（0—5）	20	
综合评价		100	

注："综合评价"一栏为对六个评价项目的定性描述及其等级。

资料来源：《教育综合改革实验丛书》编委会. 2012a. 追求卓越，对话世界：深圳南山教育综合改革试验模式［M］. 北京：教育科学出版社：231－232.

表7-3　南山区课堂设计评价指引

评价项目	评价指标	评价要素	权重	评分
科学性	教学目标	①符合学生实际和学习要求 ②明确、具体、可测	0.10	
	理念策略	①充分体现卓越课堂模式基本元素 ②课型、结构、流程设计科学、合理 ③课前、课中、课后安排得当	0.15	
	指导设计	①有明确的指导安排	0.10	
	资源运用	①充分发挥信息技术的优势 ②有效整合各种课程资源 ③教学工具简洁实用	0.15	
人文性	关注学情	①准确分析绝大多数学生基础知识的掌握情况 ②对绝大多数学生可能遇到的疑难问题有指导预案	0.10	
	面向全体	①目标设计体现层次性 ②过程关注不同层次学生的需求 ③让不同层次学生在原有基础上得到提高	0.15	
	帮助弱生	①有转化弱生（指学习基础比较薄弱的学生）的具体方案 ②设法激励弱生，给弱生更多的机会、关注和帮助 ③能够有效提高弱生的学习效果	0.15	
	体现民主	①主动征求学生对方案设计的建议，或让学生参与方案设计 ②体现备课组的集体智慧	0.10	
综合评价			1	

资料来源：《教育综合改革实验丛书》编委会. 2012a. 追求卓越，对话世界：深圳南山教育综合改革试验模式［M］. 北京：教育科学出版社：232-233.

表7-4 南山区课堂案例评价指引

评价项目	评价指标	评价要素	权重	评分
过程描述	真实性	①真实再现课堂流程 ②原汁原味引用师生语言 ③不虚构或刻意加工课堂情节	0.15	
	典型性	①围绕本学科热点、难点、焦点问题 ②符合学科特点和学生实际 ③具有代表性、典型意义和推广价值	0.15	
	规范性	①完整体现课堂流程 ②关注细节，把握要点 ③有较强的操作性	0.15	
	新颖性	①构思独特、新颖 ②体现个性风格 ③特点、亮点突出	0.15	
	流畅性	①行文流畅，用语规范 ②注重情节，叙事性强	0.10	
反思提升	经验提炼	①对本节课的成绩归纳比较恰当 ②论据充分（含数据分析和他人评价分析）	0.10	
	问题分析	①对存在的问题有清晰的认识 ②论据充分（含数据分析和他人评价分析）	0.10	
	改进措施	①有明确的改进方案 ②形成进一步改进的小课题研究方案	0.10	
综合评价			1	

资料来源：《教育综合改革实验丛书》编委会. 2012a. 追求卓越，对话世界：深圳南山教育综合改革试验模式［M］. 北京：教育科学出版社：234.

这三张评价表，把南山区的"卓越"追求融入课堂，有利于通过评价实现"卓越课堂"的特色生长，形成南山区的"卓越"教育品牌。

建设特色学校群是推进区域教育综合改革的一项重要举措，这一举措需要以区域特色发展为指引，以学校特色发展为基础，在促进学校特色内生的前提下积聚区域学校特色，在建设学校文化的基础上沉淀区域教育文化，在综合改革中创建区域教育品牌。

第八章

区域教育综合改革有效性的保障

区域教育综合改革是一项持续时间长、影响范围广、触及利益主体多、社会反响大，并具有区域特点和地方特性的系统工程。区域教育综合改革的难度和复杂性是巨大的，为了区域教育综合改革的有序开展和区域内教育深层问题的有效解决，我们需要采取一些切实可行的配套保障措施。

一、以制度创新推进区域教育综合改革

制度建设是教育改革的重要内容，也是推进教育改革的重要保障。开展区域教育综合改革，必须建立系统完整的制度体系，用制度创新保障和促进区域教育综合改革的顺利开展。

（一）转变政府的教育管理职能和方式

教育综合改革是政府主导的教育改革，政府的教育管理职能和方式能否转变是决定改革成败的关键。在区域教育综合改革中，地方政府对待改革的态度和教育管理方式是影响改革的重要因素。如何调动地方政府的积极性？怎样改变地方政府的教育管理职能？这是推进区域教育综合改革亟须解决的问题。

1. 建立调动地方政府推进教育综合改革的激励机制

在中央政府提出要开展教育领域综合改革后，许多地方陆续出台了教育领域综合改革方案，"教育领域综合改革"甚至成为一个时髦的口号而频频出现在各种文件和会议中，但地方的教育领域综合改革行动却没有实质性进展。这一方面是由于中央的教育领域综合改革政策还不太明朗，地方各级政府对国家的教育领域综合改革精神还在学习和领悟阶段，因此，中央所期盼的发挥地方首创精神取得教育综合改革重大突破的局面很难在短时间内出现；另一方面，同时也是最为关键的一个方面，就是现行的管理方式没有完全理顺中央和地方的关系，在教育改革问题上存在着一定的矛盾。

新中国成立以来的很长一段时间，我国实行的是高度集中的计划经济体制。"在传统的计划经济体制下，地方政府只是行政等级制中的一级组织，既没有独立的经济利益，也没有相应可供控制的社会资源，地方政府在权力和利益方面处于明显的从属地位。一切重大决策均由中央做出，地方政府是一个被动的客体和传导中央指令的中介，只是按照中央政府赋予的权力去实现国家整体利益。"（柳俊峰，2004a）随着经济体制改革的推行，中央政府和地方政府的关系发生了明显的变化，地方政府不再仅仅是中央政策的"传令兵"和"执行者"，而是为了追求、维护地方利益而尝试与中央政府进行博弈。"中央政府的政策、文件和法律，地方政府认为对本地区有利的就执行、实施；反之，认为'无利'的就抵制，进行'冷处理'。产生'地方诸侯经济'、'诸侯政治'等。这些地方保护主义做法使得中央政府的宏观调控与地方政府的微观调节不能正常衔接，使中央政府的宏观调控能力受到严重削弱，导致市场调节和政府调控的某些'死角'和'真空'。"（柳俊峰，2004b）

事实上，地方政府和中央政府的利益博弈不仅体现在经济领域中，同样也体现在教育领域中。中央政府的很多教育决策和改革政策之所以没有得到很好的贯彻落实，一个重要的原因就是教育改革会触动地方政府的利益或者需要地方政府花费更多的财力、物力和人力才能够完成，地方政府为了降低教育改革可能带来的政治风险以及维护地区经济利益，从而消极对待或变相执行这种"自上而下"的教育改革。例如，为解决农民工子女的受教育问题，2001 年国务院颁布的《关于基础教育改革与发展的决定》提出了"两为主"政策，该政策要求"重视解决流动人口子女接受义务教育问题，以流入地区政府管理为主，以全日制公办中小学为主，采取多种形式，依法保障流动人口子女接受义务教育的权利"。实践证明，由于中央政府和地方政府之间权责不清、迁入地政府和迁出地政府之间存在利益之争，政府间的利益博弈使"两为主"政策执行失真。"'两为主'政策虽然规定了由迁入地政府和公办学校为主来解决农民工子女的教育问题，但是并没有明确规定它们该负什么样的责任、迁入地政府和中央政府各承担多少的责任、公办学校按什么比例接收农民工子女入学等。由此造成在实际的政策执行中存在着误读和不明确的地方，也为某些不愿接收农民工子女的公办学校提供了'变通'的政策空间。随着外来人口的不断涌入，各地也普遍设置了一定的入学条件，如各种证明材料、借读费等。"（宋艳，2009）再如中央出台的旨在优化教育资源配置的农村中小学布局调整政策，到了地方政府那里就变成了减轻财政压力的撤点并校。地方政府为了减少投资而扭曲了中央的政策。"农村学校布局调整是经济、社会和文化综合发展到一定阶段的必然选择。中央关于农村学校布局调整的总目标在于整合现有的教育资源，实现资源的充分使用和教育质量的提高，促进基础教育的均衡发展。然而，在政策落实的过程中，地方政府为减轻财政压力而盲目撤并学校，由此引发了学生上学难以及一些后续问题，严重影响了农村学龄期儿童受教育的权利和质量。"（周晓红，李红艳，2013）如果不进一步理顺中央政府和地方政府的关系，不明确同级地方政府之间的职责权限，类似这样扭曲和异化的改革闹剧还会继续上演。

因此，为了深化教育领域综合改革，一个重要的任务就是中央政府要改变过去那种依靠行政命令的方式，硬性要求地方政府遵照和执行教育改革的做法，转而在明确中央和地方教育管理权限的基础上，建立能够调动地方政府推进教育综合改革积极性的激励机制，让地方政府从消极被动地参与教育改革转为积极主动地实施教育改革。"对教育基础好、管理规范、发达程度高且改革积极主动的地区，加大简政放权力度，支持先行先试。对改革成效显著的地区，可考虑给予特殊支持政策，在资源配置方面予以倾斜。总之，要千方百计打消改革者的顾虑，营造解放思想、大胆探索的良好氛围和制度环境，让改革活力竞相迸发，持续释放改革红利。"（宋德民，2013）另外，为了减少同级地方政府的盲目攀比和恶性竞争，中央政府制定的区域性教育政策应该公平化，而考核与评价应该差异化，同时要引导地方政府建立区域间的沟通协调机制，在协同发展中实现人才、信息和资源的共享双赢。

2. 以转变地方政府教育管理职能为依托推进区域教育综合改革

政府教育管理职能的转变是教育领域综合改革的重要内容，也是深化教育领域综合改革的保障。对于推进区域教育综合改革来说，如何实现地方政府教育管理职能的转变至关重要。在高度集中的政治管理体制下，政府对教育实行全方位的综合管理，无论是教育方针的制定、教育发展规划的编制，还是学校管理制度和育人方式的建构，乃至教师的教育教学行为和课程组织都由政府统一安排。"所有这些，固然有助于实现政府对教育领域的全面管理，促进国民教育规模的迅速扩大，支持学校办学条件的不断改善，但同时也导致了政府对教育领域'包得过多'、'管得过细'乃至'管得过死'的行为扩张现象。"（魏志春，2009）政府的包办和垄断使学校失去了办学自主性，教育也因此失去了生机与活力。学校没有了办学积极性，政府推动的很多教育改革也就难以真正落实。在倡导教育领域综合改革的今天，需要进一步强化和落实政府教育管理职能的转变工作。事实上，那些教育综合改革取得成功的地方，一个值得借鉴的经验就是率先推进政府教育管理职能的转变。"上世纪90年代，顺德作为广东省综合改革试点，在教育领域进行了一系列改革，取得了令人瞩目的成就，初步建立起涵盖学前教育、基础教育、职业教育、高等教育、成人教育、特殊教育在内的相互协调优质均衡的现代国民教育体系，教育公平达到新的高度，教育综合实力位居全国县级区域前列。去年，相继成为广东省推进教育现代化先进区与全国推进义务教育均衡发展工作先进地区。"（刘嘉麟，郭金元，2010）顺德教育改革取得成功的一个重要经验就是深化教育管理体制改革，转变政府教育管理职能。"顺德的教育综合改革就是从教育体制的变革开始的，力图通过改革建立市、镇两级的，能体现高效自主控制性的教育管理体制。"（梁永丰，1998a）顺德教育管理体制改革的一项重要内容就是改组教育局机关，转变其管理职能。

> 原来县教育局的职能是以直接管理学校为主，宏观管理为辅，因此，机构设置多而重复，改革前局机关有 10 个股室，60 多人，还有一个行政级别与教育局对等的成人教育办公室。但是，随着教育规模的不断扩大，"分级办学，分工管理"体制和学校自主办学的落实，局机关的管理越来越难以适应，突出表现为机关办事效率不高，职责不清，管了很多不该管的事，该管的事又没管或没有管好。1992 年，教育局利用顺德进行机构改革的有利时机，进行自我改组。他们认为，教育行政部门是当地教育管理的行政和专业权威，市教育局的主要职能是实施宏观管理和对学校的间接管理以及提供相应的服务，凡属于镇教育办的权力和学校的办学自主权一律下放。以此为思路，他们合并了成人教育办，把教研室、教仪站从局机关分离，成为独立的事业单位，将局内部机关调整为基础教育管理科、人秘科、规划普及科和大中专成人职业教育科等 4 个科室，人员定编为 28 人。改组后的机关克服了原有的弊端，实现了自身管理职能的转变。（梁永丰，1998b）

政府管理职能转变的目标是建立服务政府、责任政府和法治政府，与此相适应，政府教育管理职能转变的内容应涵盖这样几个方面：第一，政府要转变教育管理理念，从对教育的行政管制转向对教育的治理和服务；第二，政府要明确教育管理的职责和权限，教育管理要"到位"而不"越位"；第三，政府要强化法律意识，进行"依法治教"、"依法治校"。这就像《教育规划纲要》所要求的那样："改变直接管理学校的单一方式，综合应用立法、拨款、规划、信息服务、政策指导和必要的行政措施，减少不必要的行政干预。"推进区域教育综合改革需要地方政府转变教育管理职能，而提高地方政府教育治理能力则是区域教育综合改革有效性的保障。作为地方政府，不仅要有深化教育综合改革的信心、决心和恒心，还要有勇于担当的意识和高水平的治理能力。"担当体现着干部的胸怀、勇气、品格。教育部门管理干部一定要牢记对民族的责任、对人民的责任、对事业的责任，勇于负责、敢于担当。当前，教育改革已进入'深水区'，利益格局错综复杂，改革难度和风险都在不断加大。责任重于泰山。打好教育领域综合改革这场攻坚战，缺乏担当意识不行，担当意识不强也不行。我们要敢于旗帜鲜明、较真碰硬，勇于尽心竭力、攻坚克难，善于为党分忧、为民解难。"（袁贵仁，2014）地方政府的教育治理能力是决定区域教育综合改革成败的关键，为此，地方教育行政官员要认真学习和领会中央改革精神，虚心向专家和学者请教，立足于省情、市情和县情，加强教育决策的调研和论证，充分听取基层群众的意见和声音，积极主动协调和推进区域教育领域综合改革。

（二）建立推进区域教育综合改革的协同创新机制

与以往的单项教育改革不同，教育领域综合改革强调的是"综合"，它需要多个行政部门的参与，需要不同主体的协同创新。为了使教育改革走出各自为战、单打独斗的困境，一个重要的前提就是要改变传统的管理制度，建立符合教育综合改革精神和要求的协同创新机制。

什么是协同创新呢？我们来看一下国内学者的研究。国内关于协同创新的研究，早期主要集中在经济领域并以企业为载体。对于协同创新，有的学者从"创新要素协同"的角度给出了界定："协同创新（Cooperation / Synergy Innovation）是指不同创新主体以合作各方的共同利益为基础，以资源共享或优势互补为前提，合理分工，通过创新要素有机配合，经过复杂的非线性相互作用，产生单独要素所无法实现的整体协同效应的过程"（程蓉，2008）[12]。有的学者从"协同创新主体"的角度做出了分析："利用科技中介在政府、创新主体、创新源及社会不同利益群体之间，发挥桥梁、传递、纽带作用，为科技中小企业提供技术扩散、成果转化、科技评估、创新资源配置、创新决策和管理咨询等服务，促进科技中小企业的技术创新活动和科技成果产业化而形成的一种协同关系。"（金林，2007）[24]还有的学者从"创新要素协同"与"创新主体协同"相结合的视角出发，分析了协同创新的内涵，认为"协同创新（Cooperation / Synergy Innovation）是指不同创新主体以合作各方的共同利益为基础，以资源共享或优势互补为前提，合理分工，通过创新要素有机配合，经过复杂的非线性相互作用，产生单独要素所无法实现的整体协同效应的过程"（转引自孙长青，2009）[37]。自 2012 年教育部和财政部颁布《关于实施高等学校创新能力提升计划的意见》以来，关于教育领域的协同创新研究和实践开展得如火如荼，其中一个格外引人注目的现象就是从中央到地方再到高校纷纷建立起各种名目不同的"协同创新中心"。教育改革需要开展协同创新，开展协同创新的重点不是建"中心"，关键在于协同创新机制的构建。区域教育综合改革要构建哪些协同创新机制呢？

1. 构建区域教育综合改革协同创新的组织领导机制

"在区域经济发展过程中，创新系统的协同效应因为各方利益的差异而不会自动生成，它需要通过组织机制来保障协同创新各方利益的均衡，以实现多赢。"（杨继瑞，杨蓉，马永坤，2013）事实上，区域教育改革也同样面临着利益的调整和分配的问题，为了协调各利益主体，我们需要建立区域教育综合改革协同创新的组织机制，其中最为迫切的就是要解决领导机制的问题，而这又进一步表现为要成立一个超越部门利益束缚的领导小组。对此，在 2014 年的全国"两会"中，有代表就提出此项议案："要突破国家教育职能部门利益格局的束缚，教育问题不仅涉及教育系统，还涉及人事、财政、发改等部门。部门利益格局的突破必须有上位的制度设计。所以，应建立一个超越部委的教育改革领导机制、跨越部委的教育领导机制"（张志勇，2014）。事实上，地方与中央一样，管理部门之间存在着各种利益纷争，这些单位和部门为了减少压力和投入，会从本部门实际利益出发来决定参与区域教育综合改革的程度，而同级的教育行政管理部门无论在行政权限还是经济调控方面都很难对它们产生实际的影响，因此依靠地方教育行政部门很难贯彻和落实区域教育综合改革的各项工作安排。另外，有的区域教育综合改革还超越了现有的行政区划，参与的部门隶属于不同的行政区域，这必然导致一般的行政管理和区域教育综合改革专项管理之间的矛盾和冲突，因而建立一个超越地方教育行政部门之上，能够统领区域教育综合改革的领导小组至关重要。例如，在推行城市教育综合改革的 20 世纪 90 年代，常州市被确定为国家和省的城市教育综合改革试点城市，经过 5 年的探索，常州市教育综合改革取得了明显的成效。时任副市长陈三林在总结改革成功经验时就把成立教育改革领导小组、增强对教育的统筹当作一条重要经验。

> 1989 年，我们成立了市教育工作领导小组，明确其对内具有对各类教育的宏观管理和调节职能，对外负有协调政府各有关部门和教育工作关系的职责。教育工作领导小组下设办公室，除负责扎口管理高等教育外，还要根据"城乡一体、协调发展"的原则，加强对全市各级各类教育的全面规划、统筹协调工作。1990 年，又成立了市成人教育办公室，明确其扎口管理全市的成人教育。从而为建立一个统筹管理全市各级各类教育的市教育委员会奠定了基础。根据我市教育综合改革的进程。经省政府批准，市政府正着手成立市教育委员会。市教育委员会要是一个精干、高效、务实的机构，要通过计划体制、拨款体制、办学体制、督导体制的改革，增强宏观调控和统筹职能，加强和改善对全市各级各类教育的综合管理。（陈三林，1992）

2. 建立区域教育综合改革协同创新的联动合作机制

区域教育综合改革是一项关涉不同部门和主体的复杂性系统工程，无论是改革规划的设计，还是改革内容的具体实施，都需要跨区域、跨部门的协力配合、统筹推进，需要对不同资源的科学组织与合理调配，需要各种主体与不同力量的参与和推动。因此，为了保证教育综合改革的顺利推进，除了要构建区域教育综合改革协同创新的组织机制之外，还要建立多方联动的合作机制。建构多方联动的合作机制具体包含以下几个方面的内容。

第一，建立区域行政部门的协作推进机制，以实现信息和资源的共享。由地方政府牵头，教育、计委、财政、劳动、人事等政府职能部门共同参与，定期或不定期召开各种协商合作会议，协调教育系统内外部的关系，沟通教育综合改革的进程，讨论解决教育改革过程中的突出问题。

第二，建立能够调动各种社会力量共同参与的合作动力机制。区域教育综合改革仅仅依靠政府的力量是远远不够的，它需要调动社会机构、专家学者、教职员工和普通民众的智慧和力量展开协同创新。群众的智慧是无穷的，然而群众参与教育改革的自觉性是有限的。历史上很多教育改革没有达到预期效果的一种重要原因就是对教育改革的难度和复杂性估计太低，对政府主导教育改革的优势估计过高，对群众参与改革的自觉性估计过高。因此，为了调动社会各界参与教育综合改革的积极性和热情，首先要建构能够吸引和接纳多种力量参与的合作动力机制。

在建构区域教育综合改革的协作发展推进机制方面，"长三角教育综合改革试验区"进行了大胆的探索，并取得了明显的成效。"长三角教育综合改革试验区"是由苏浙沪两省一市共同组建的跨地区教育综合改革试验区，对于如何以体制机制创新来为改革提供基础保障，共建"长三角教育综合改革试验区"课题组进行了详细的介绍。

> 在现有行政框架下，长三角地区从提高教育活力、增强发展后劲的角度出发，加大教育体制机制合作创新力度，协作在人才培养体制、办学体制、管理体制、保障机制等改革上取得新突破，并在区域教育协作改革制度上形成行业企业、社会机构、基层学校、师生、专家学者、社会民众等多种社会力量共同参与的合作动力机制和调控机制，率先建立充满活力、富有效率、更加开放、有利于教育科学发展的体制机制，逐步建立一整套有利于促进区域教育综合改革的制度支持系统，激发区域教育改革发展的活力，为顺利推进教育综合改革试验、促进教育事业科学发展奠定制度基础、提供动力支撑。（共建"长三角教育综合改革试验区"课题组，2012）

（三）完善区域教育综合改革的督导评估制度

"教育督导是教育管理的重要组成部分，是实施依法治教的重要环节，是保障教育改革发展的重要手段。"（国务院教育督导委员会办公室，2014）随着《教育督导条例》的出台，我国的教育督导也启动了法制化进程，得到了社会公众普遍的认同和广泛重视，它对我国教育改革和发展起到了不可忽视的促进作用。为了顺利推进区域教育综合改革，我们需要深化教育督导改革，健全完善教育督导制度。对于区域教育综合改革而言，完善教育督导评估制度需要重点推进以下工作。

1. 建立分层次的教育督导评估制度

区域教育综合改革是一个长期的、全方位的、多层次的整体教育改革，它有着较强的区域差异、地方特征和阶段特点。因此，为了充分发挥教育督导评估的作用，应该建立起分层次的教育督导评估制度。

新中国成立以来，我国教育事业取得了飞速发展，但教育发展不均衡的事实长期存在。另外，区域教育综合改革是全方位多层次的整体改革，包括学前教育、义务教育、高中阶段教育，甚至还囊括了职业教育。面对这一现状，教育督导评估要根据实际情况建立分层次、分类别的本土化的教育督导评估机制。在教育评估过程中，要立足当地、当时、该领域的实际情况，建立合理的教育评估标准。"目前全国各地绝大多数教育督导部门都采用统一的标准。比如一个省一个标准、一个市一个标准、一个县一个标准。众所周知，我国省区范围非常大，各地文化传统、教育条件等均有较大差异，即便是一个地区的不同学校也各具特色。"（黄崴，2009a）同时，在教育改革中一切事物都处在运动变化中，所以就不可能有放之四海而皆准的评估标准。当然，教育评估在某些方面需要有一个统一标准，如教育经费的投入、教师的学历要求和工资待遇、学校的建设标准和办学条件等，但是教育督导评估更应该差异化，"要根据不同的学校、不同的地区开展不同的评估督导，根据督导对象的特点提出改进意见。用一个标准要求所有学校的发展、所有县区教育的发展，其结果必然是千校一面，各地教育发展模式单一，不利于教育创新和创新人才培养"（黄崴，2009b）。所以不能搞"一刀切"，强制做出统一的要求。对于发展比较慢的地方，如果给予较高的标准，则有可能会使其丧失改革发展的信心；对于发展较快的地方，如果标准过低，则会使其失去改革发展的动力。这就需要在教育督导过程中根据各地的实际情况制定合理的评估标准，评估标准既要有共性的要求，同时也要分层次、分类型、有针对性地对教育事业进行督导和检查，以促进当地的教育改革和发展。

2. 完善教育督导信息收集机制

虽然我国的教育督导制度得到了快速的发展，但是督导过程中的信息收集机制还有待进一步完善。因为在教育督导中，收集的信息应尽可能客观公正、全面系统、及时有效，信息收集机制对教育督导工作有着重要意义，它在一定程度上影响着教育督导作用的发挥。"从我国的教育督导实践来看，信息收集工作在观念、能力、沟通和制度等四个方面皆存在问题。"（王培章，2007a）这其中的原因是复杂的。一方面是因为政府权力过于集中。教育督导机构是现代政府的组成部分，这就容易导致督导人员在督导过程中相对于督导对象而言处于显而易见的优越地位，很容易以管理者和指导者的身份自居。由于没有平等对话的沟通氛围和机制，督导对象往往采取一种"消极抵制"的方式来应付督导，从而导致教育督导信息的扭曲和失真。另一方面是因为我国教育督导队伍整体比较薄弱，在很大程度上制约了其信息收集能力。"很多督导人员并不懂得科学的信息收集方法、技巧和程序，在信息收集过程中只是简单地重复着'三板斧'：听几次介绍、问几个问题、看几处场景。这种经验主义的老套路在当今浩如烟海、复杂多变的信息大潮面前，其功用正变得越来越有限。"（王培章，2007b）因此，我们应该强化教育信息收集机制。

如何强化教育信息收集机制？首先，应加强服务型督导文化建设，创造良性的互动平台。这就需要转化教育督导机构的职能，强化其服务意识和职责，弱化其管理意识和作用。教育督导人员不仅要有以人为本的态度和精神，还应该掌握高超的沟通技能和技巧，要积极主动地与督导对象进行情感的沟通和信息的交流。只有这样才能打破各种障碍，打造督导人员和督导对象之间的良性互动平台。其次，应加强制度规范建设，明确督导人员的职责和权利。只有建立分工明确、责权利清晰的教育信息收集制度，才能够充分调动教育督导人员信息收集的热情和积极性，创造性地完成教育督导信息的收集工作。在制度安排上，既要有对那些弄虚作假、隐瞒真实情况的人员进行惩罚的机制，也要有对认真履行职责人员的激励机制，根据其工作绩效表现进行适当的物质和精神奖励。再次，应科学制定教育信息收集工作流程。明确规定信息收集工作的原则、方法，规范信息收集的操作程序。只有坚持科学的态度和方法，遵守规范的操作程序，我们才能够尽可能减少或避免教育督导信息收集的失真问题。

二、以信息技术带动区域教育综合改革

信息技术的每一次进步都直接或间接地影响着教育的改革与发展，它对教育思想观念、学校管理方式和教育教学行为的变革产生了巨大的促进作用。开展区域教育综合改革，需要努力借鉴和吸收信息技术最新的发展成果，积极地将其引入教育领域中来并科学地加以整合与应用，从而为区域教育综合改革的顺利推进提供技术支撑。

（一）信息技术对教育改革发展具有革命性的影响

进入 21 世纪以来，作为科技领域最新成就之一的信息技术已经通过各种方式深度渗透于经济社会发展的各个领域，给当今世界人们的生产与生活方式带来了全面而又深刻的影响，也对教育改革与发展产生了革命性的意义。信息技术主要由微电子技术、光电子技术、智能技术、软件技术、计算机多媒体技术等要素所组成，它广泛地作用于社会政治、经济、文化、军事等诸多领域的社会生产。它将全世界连成一个网络整体，逐渐消解了物理意义上的国际空间距离，人们借助信息网络来从事商品贸易，开展政治与军事合作，寻求国际医疗等，"地球村"的假说正在逐渐成为现实。与此同时，人类的生活方式也相应地接受了信息技术革命性的洗礼，"今天人类所享受的一切现代文明，无一不直接或间接地与信息技术相关"，"人类已经生活在一个被各种信息终端所包围的社会中"（规划编制专家组，2012）[3]。随着信息技术在教育领域的不断渗透，多媒体教学、远程教育、数字化教育管理、电子教材等新的教育、教学与管理方式不断涌现，信息技术进步逐渐对教育的改革与发展产生了革命性的影响，不断地给传统教育思想观念、教育体制、教学方法、管理模式等诸多方面带来巨大的冲击，催生出新的教育形式与学习方式，推进了教育的现代化进程。

近些年来，以信息技术促进教育改革与发展已经逐渐成为世界各国培养高质量人才、增强综合国力以及提高国际竞争力的重大战略举措。美国十分重视信息技术在教育领域的应用。自 1993 年起，美国政府先后四次颁布国家教育信息技术计划，最近的一次是奥巴马政府于 2010 年 11 月份出台的《国家教育技术规划 2010》，提出了"变革美国教育——以技术赋能学校"（Transforming American Education：Learning Powered by Technology）的发展目标，并具体阐释了学习、评价、教学、基础设施、生产力等五个领域的易于理解、可操作的细化目标与行动建议。英国的教育信息化水平处于世界领先地位，政府十分注重通过资金与政策支持等措施来促进信息技术在教育领域的应用。为了进一步促进英国基础教育信息化的快速发展，英国教育传播和技术署（BECTA）于 2008 年发动了"利用技术：下一代学习（2008—2014）"（Harnessing Technology for Next Generation Learning，2008—2014）运动，"下一代学习运动主要是针对父母或法定监护人、用人单位和学习者提出的，以增强他们将技术运用于教育的意识，促进他们更加关注技术，目的是让学生、家长和雇主了解在学习中应用信息技术的益处，促使技术为所有学习者带来最好的学习体验和效果"（李凡，陈琳，蒋艳红，2010）。此外，日本、韩国、新加坡等国家的教育信息化水平也走在世界的前列，它们十分注重通过教育信息化建设来改革教育系统中的教学、管理、科研等各个方面，培育优质人才。

在我国社会主义现代化建设过程中，党和国家对以信息技术带动教育改革与发展给予了充分的重视，在立足于社会和教育实际的前提下相继出台了一系列相关文件，取得了较为显著的实践效果。1985 年发布的《中共中央关于教育体制改革的决定》强调，教育要密切关注新技术革命条件下产生的各类新的科学技术成果、信息传递手段和认识工具，将这些信息技术引入教育教学中来，以促进教育的变革与进步。此外，还要注意借鉴发达国家在此类应用方面的经验与教训。1999 年发布的《中共中央国务院关于深化教育改革全面推进素质教育的决定》第 15 条明确指出，"大力提高教育技术手段的现代化水平和教育信息化程度"，强调利用信息技术手段发展学校教育。2006年，国务院办公厅印发《2006—2020 年国家信息化发展战略》，将教育信息化提到国家战略性举措的重要位置上来，着重指出要实施"国民信息技能教育培训计划"，"缩小数字鸿沟计划"等。此后，《教育规划纲要》、《教育信息化十年发展规划（2011—2020 年)》、《教育部关于 2013 年深化教育领域综合改革的意见》等一系列文件相继发布。其中《教育规划纲要》明确提出："信息技术对教育发展具有革命性影响，必须予以高度重视。"这些政策文件将教育信息化的战略地位提升到了前所未有的高度，对培养高素质人才和增强综合国力具有显著意义。

（二）区域教育综合改革需要信息技术的推进

信息技术是当今世界社会经济发展的核心力量，也是人们生活和学习的基础与平台，更是促进教育系统不断革新的必备要素，包括中国在内的世界大多数国家都对信息技术在教育领域的广泛应用给予了政策支持与资金投入。区域教育综合改革是国家教育改革的重要组成部分，对整个教育体系的发展具有基础性作用。为了保障区域教育综合改革的有效进行，我们需要在教育领域充分扩展信息技术的使用广度与深度，促使教育管理、师资培训、优质资源配置等区域教育系统的各个要素得到进一步发展。

1. 优化教育信息资源配置，缩小区域数字鸿沟

教育资源是学校开展教育活动的基础与前提，教育资源的数量与质量直接影响着区域教育的发展。我国人口众多，幅员辽阔，地区之间、城乡之间的社会经济发展水平是不同的，各地区之间、城乡之间在教育资源上也相应地存在不同程度的差异。一般而言，东部地区教育资源要优于中西部地区，城市拥有的教育资源相较于农村要质好量高。面对这一短时期内难以改变的

客观国情，发展信息技术以实现区域内资源共建共享和区域间资源合作互换，为解决教育资源不均衡问题带来了曙光。

第一，信息技术有助于区域内教育信息资源的共建与共享。信息技术打破了教育信息资源享用的空间间隔，使同一区域内的不同学校共享同一教育资源成为可能。在传统教育发展过程中，教育资源的利用往往局限于书本、光盘、录音机等具有单向传播性和排他性的传统教育信息资源，不同的学习者不能在同一时间内共享同一信息资源，学校管理者需要根据学习者的数量购置多套教育资源，以满足学习者的实际需求。这类传统教育资源的传播和使用不仅具有速度慢、效率低、覆盖范围有限等缺点，同时也因为众多学习者的资源需求重复而造成了大量社会资源的浪费。将以计算机信息网络技术为核心的现代信息技术引入区域教育中，使得传统教育信息资源的传播和使用缺陷不再成为阻碍区域教育综合改革的绊脚石，这些资源将转而成为区域教育改革与发展的强大动力。"在网络宽带和信息流量许可的情况下，同一教育信息资源完全可以供多人在线同步使用而互不影响，学校已经完全没有必要成为教育信息资源建设的主体。"（熊才平，何向阳，吴瑞华，2012a）同一区域内的不同学校之间可以借助网络通信技术，在同一时间不同空间内共享同一优质教育资源，这对缩小城乡之间的数字鸿沟具有重要意义。

信息技术允许教育信息资源使用者根据区域内的教育实际需求对原始信息资源进行评价与补充，生成新的信息资源，以供区域内学校共同使用。同一区域的不同学校，在通过信息网络从区域内其他学校那里获取信息资源的同时，也可以结合本区域的教育实际修正和补充新的教育资源。这样一来，区域内的任何一所学校不仅能通过网络接触到原始信息资源，也能看到其他学校根据本地域教育发展实际和学校自身特色所生成的次生教育信息资源，并在此基础上对次生教育信息资源进行更新，"人人都是信息资源的建设者"。如此良性循环发展，区域内的教育资源便可不断积累和日益丰富，这将使同一区域内不同学校共享教育资源成为可能，区域内学校之间的沟通与交流将更加频繁，学校之间信息资源"质"与"量"的差距也将逐渐消解。

第二，信息技术促进了区域间教育信息资源的交流与分享。不仅教育信息资源可以在区域内共建与共享，而且区域间也可以在借鉴与互补的基础上促进教育信息资源的交流与分享。由于我国仍处于社会主义初级阶段，各区域的经济发展水平存在着诸多差异，有限的教育资源不可能被绝对均衡地分配到每一个区域。目前，我国东部地区经济发展水平高，所拥有的教育信息资源也相对要丰富很多，而地处内陆的广大中西部地区发展速度要低于东部沿海地区，这一社会经济发展现实拉大了东部地区与中西部地区之间区域教育信息资源的差距，造成了区域数字鸿沟。随着网络信息技术的快速发展及其在教育领域的广泛应用，这道区域数字鸿沟正在逐渐被填平。一些区域的优质教育信息资源不再集中于少数地区或少数人手中，而是可以在互联网、卫星广播等通信技术的支持下实现不同区域间信息资源的交流与分享，从而打破以往区域学校之间由于空间距离的限制而生成的资源瓶颈，扩大优质教育信息资源的覆盖范围，提高优质教育信息资源的使用效率，使"优质教育资源的可获得性大大增加"（陈海东，2010）。这将十分有助于促进区域间教育的均衡发展。此外，由于不同区域在习俗文化、社会心理等诸多方面存在差异，教育也相应地表现出本区域的特色，不同区域利用信息通信技术可以分享各自的教育信息优势，取长补短，这将十分有助于优化区域间信息资源配置，缩小区域数字化差距，促进教育的长足发展。

2. 共享优质教师资源，创新师资培训模式

第一，信息技术能有效实现区域内、区域外师资薄弱学校与师资丰富学校之间的优质师资共享，为区域教育改革与发展提供技术支撑。在区域综合教育改革中，优质的教师资源是教育发展的关键因素之一。目前，区域内外的不同学校在师资质量上都存在着较大的差异，农村地区、中西部地区办学条件差，教师数量少，优质师资往往被吸引到了东部地区与城市地区，这直接导致农村地区和中西部地区的学生不能充分、及时、有效地接触到优质的教育资源，降低了学生对学习的信心，削弱了教育制度的公正性，对区域教育综合改革产生了诸多的不利影响。随着以计算机网络技术为核心的信息技术在区域教育综合改革中的广泛、深度应用，这一现状将会得到实质性的改

变，区域内的所有学校都将能在同一时间不同空间内共享优质教育资源。通过安装具有同步教学功能的多媒体网络视频设备，可以使区域内外拥有优质师资的重点学校的教师，在给本校学生授课的同时看到视频设备上显示出的师资薄弱学校的学生，并与这些"蹭课生""面对面"地相互交流，解答他们的学习疑惑，从而实现教学上的"异地同堂"。这能使师资薄弱学校的学生享受到优质的教育资源，激发他们的学习兴趣，提高教师资源的使用效率，对促进区域教育综合改革具有十分重要的价值。

第二，信息技术能突破传统师资培训模式，使教师跨时空进行教学观摩成为现实，从而大大提高师资培训效率，为区域培育优质师资提供动力支撑。区域教育综合改革要想取得实际成效，就需要有一支综合素养高、教学实践能力强的优质师资队伍，以适应区域教育改革与发展的实际需要。集中观摩教研活动是目前师资培训中一种非常重要的培训方式。它强调区域内学校的教师在教育管理部门的组织下，定期集中去公共教室观摩某位优秀教师的教学过程，并从中借鉴教学方法，以提高自身教学能力。此外，教育管理部门也会集中区域内学校的教师去某一师范学校学习教学理论，接受系统的专业培训。这些培训方式不仅效率低，过程复杂，而且资金消耗大，很难取得令人满意的效果。信息技术在教育领域的广泛应用，将促使教师培训方式取得突破性进展，为区域教育综合改革带来巨大的推动力量。信息技术的发展使区域内学校的教师可以通过网络，随时随地浏览本学科知名教师与教学专家的教学过程和教学分析，教育管理部门也可以将优秀教师的教学光盘发放给教师，供其学习与改进。此外，集中观摩教研活动可以在信息技术的支持下创新形式，从而更加适合师资培训的现实需要，教学观摩者不必亲临教学现场，只需通过通信网络就可以观摩授课教师的教学过程，并与其他观摩者进行交流与探讨。这样一来，不仅授课教师因为没有现场压力，其课堂教学将变得更加真实、自然，而且教学观摩者也将一改以往的被动地位，能够更为主动、深刻地参与到观摩教研活动中来。

3. 变革传统教学方式，引领学生个性化发展

区域教育综合改革离不开对优秀教学方式的不懈探索。传统教学方式在

科技迅速发展的当下饱受质疑，其中一些方式已经不能适应教育发展的实际诉求。因此，如何通过信息技术转变传统的教学方式，以满足学生的个性化需要，最终促进区域教育综合改革的顺利推进成为学校变革的核心课题。

第一，信息技术能消解学校教学的时空限制。在班级授课制这一教学组织形式占主导的时代，班级科任教师的教学活动往往被局限在教室里，学生也只能在固定的场所被动地接受固定教师的授课，教师或许会偶尔给学生播放一些网络精品课程，但这样的教学过程仍然限制了学生的视野，师生之间缺乏充分的沟通与交流，学生的个性化发展需求也难以得到满足。网络信息技术的迅速发展催生了多终端同步视频互动教学方式，它将消解学校教学的时空条件限制，允许学生与教师之间、学生与学生之间通过网络视频进行互动交流。传统教学中的互动是单向的，学生相互之间很少在课堂上进行讨论和交流，教师是互动中的主动者与权威。而在多终端同步视频互动教学中，师生、生生之间的互动是虚拟式的，学生只要登录网络视频，便可以聆听教师授课，并与教师和其他同学平等地相互交流、讨论。此外，学生还可以根据兴趣爱好在网络上选择自己感兴趣的学习科目。"计算机网络提供的宏富信息可以对学生的可能差异实施较大面积的覆盖，从而实现对个性化的较全面的观照。"（宗秋荣，2001）这对于解决传统教学忽视学生个性发展需求的问题具有积极意义。

第二，信息技术使学生在教学过程中更加具有主动性。在传统的教学方式中，教师是道德的权威代表和知识的垄断者，在教学过程中占有绝对的主导地位，学生是教师权威下一个个被动接受知识的"容器"，区域教育综合改革需要变革这一传统的教学方式。在科技迅猛发展的时代背景下，"信息技术特别是网络信息技术的介入则使信息和知识的交流具有了交互性、非中性化、自组织等特点，打破了传统的信息传播方式"（瞿堃，钟晓燕，2012）[107]。教师不再是知识的唯一来源，"图书馆、互联网以及各种传播媒介提供了更丰富、更有趣、更有实效的信息资源"（郭琴，2000），教师的角色由"专家"转变为学生求知过程中的参与者和引导者；学生可以在教师的指导下，自主地选择在适当的时间和地点，采用自己喜欢的方式，学习自己感兴趣的内容。在教学中，学生变得更加积极主动，教师和学生是平等对话和交流的关系，学生相较于以往拥有了更多表达自己意愿的期望和机会。在此意义上，信息技术所催生的教学方式的变革不仅仅是教学过程中的若干变化，它"必然会触动教学思想、教学观念、教与学等需要深入研究的理论问题，其所带来的深层次的改革，意义深远"（丁钢，2013）。

第三，推动数字化校园建设，促进区域教育管理现代化。教育综合改革是推进教育现代化发展过程中的铺路石，教育现代化在科技迅速发展的时空背景下要求区域教育综合改革广泛而又深刻地将信息技术引入教育教学领域，使校园科研、教学与管理数字化。"数字校园是以网络为基础，利用先进的信息化手段和工具，实现从环境（包括设备、教室等）、资源（如图书、讲义、课件等）到活动（包括教学、管理、服务、办公等）的全部数字化。"（黎小勇，2003）它通过数字化、网络化、智能化和多媒体化的技术手段实现对传统校园模式的超越，具体表现为拓展传统学校的时间与空间维度，提升学校教学质量、科研水平与管理效率，对区域教育现代化具有很大的促进作用。此外，数字化校园并没有将校园局限在一个信息孤岛上，它允许区域内外学校与学校之间、学校与其他信息体之间通过计算机网络技术进行信息传递与交流，这种开放性的数字空间能够有力地推动区域教育综合改革的发展。

教育管理现代化是以教育管理信息化为基础和前提的。教育管理信息主要指的是教育行政管理部门和学校日常管理工作中涉及的信息，具体包括行政办公信息、事务处理信息、人事信息、财务信息、设备资产信息、科研信息及其他业务管理信息等内容。由此可见，教育管理信息化包含学校管理信息化。学校管理是数字化校园建设的重要内容与中心环节，只有学校管理科学化、规范化、标准化，才能有效发挥数字化校园在区域教育综合改革中的效能，切实提高学校的教育教学效率。与此同时，数字化校园主导下的先进信息技术手段对提高学校管理水平、促进学校管理现代化具有十分重要的价值。学校管理系统包含学生管理系统、人事管理系统、财务管理系统、教务管理系统、图书管理系统、后勤管理系统等多方面内容，信息技术的广泛运用有助于大幅度提升学校办公与管理决策的质量与效率。这种网络化、自动化的管理系统在信息沟通方面具有速度快、效率高、周期短等优点，并且无纸化的运作模式也节省了大量的资源。学校管理信息化精简了管理过程，消解了学校管理过程中的诸多限制性因素，有效地缩减了人与人、人与物之间的时空距离。同时，网络化的管理方式也增强了学校工作的透明度，扩大了师生参与学校管理的空间。这对促进区域内教育行政机构与学校之间、学校与学校之间的交互协作产生了极大的便利，有效地保障了区域教育综合改革的顺利进行。

（三）加快区域教育信息化以推进教育综合改革的路径选择

信息技术的快速发展及其在教育领域的广泛应用，不仅对推动国家教育现代化进程产生了重要作用，而且也带动了区域教育综合改革各个方面的整体性发展。"在教育领域，技术绝不是仅仅用于完成现有的模式和方法，而是要推动技术时代的教育革命。技术的革新必然要对教育思想、教育模式、教育方法、教育组织体系等发生意义深远的颠覆性的影响。"（余胜泉，2011）为了确保信息技术在区域教育综合改革中能够有效地发挥功能与效用，推进区域教育信息化，需要采取一些行之有效的措施。

1. 设计符合区域学校特色的教育信息化建设方案

区域内的不同学校不仅在所在地地理位置、文化习俗、经济发展水平等诸多方面存在差异，而且在学校文化历史、办学质量、学生人数和年龄阶段等方面也表现出较为独特的个性化色彩。因此，区域教育行政部门不能在区域学校教育信息化问题上搞"一刀切"，要求区域内学校教育信息化建设"穿同一颜色的服装"，相反，区域内教育行政机构要在综合考量学校的宏观与微观实际基础上，聆听和参考教育信息技术专家的意见，与本区域各个学校的管理人员共同协商，并形成一整套解决方案，从而"为学校提供系列化、层次化、实用化的切合教学实际需求的教育信息化专业应用与指导，将设计、咨询、服务、指导、培训、产品和评估验收结合起来，为学校提供信息化发展战略规划服务"（刘志波，郑良栋，2004）。这样的运作过程对合理地制订出符合学校自身特色的教育信息化建设方案具有显著意义。不联系学校自身特点与实际的教育信息化建设方案必将是盲目的，只会导致与学校教学和管理实际相脱离，浪费大量资源。

学校信息技术的特色化建设对学校教育教学与管理具有十分显著的实践价值。学校的硬件设施设备、教师的年龄结构以及教学习惯、学生的认知水平与心理特点等诸多教育教学实际，都对学校信息技术的建设做出了一定的要求，只有对这些因素加以仔细分析与总结，才有可能全面发挥信息技术的作用。与此同时，区域内学校各具特色的发展现状也要求学校依据实际状况科学地引入信息技术，确保信息化管理能够切实提高学校的运作效率与管理质量，实现学校管理的信息化、自动化与制度化。

2. 加强区域内信息技术落后学校的信息技术基础设施建设

信息技术基础设施是区域教育信息化所必须依赖的物质基础，是各类教育信息资源得以流动的物质载体，它的完备程度直接影响着信息技术在教育领域的广泛使用。长期以来，在党和国家的高度重视下，教育信息化已经取得了较大的成绩，以中国教育和科研计算机网（CERNET）和卫星视频系统为基础的现代远程教育网络平台已初步形成。然而，由于政策倾向以及地方经济发展水平、地理位置的差异，即使在同一区域内，不同学校在信息技术基础设施方面也呈现出较大的数字鸿沟。在区域内经济发达的中心城市及其周边，已经基本实现了"校校通"，某些重点学校甚至购买了高端电子教学设备，而在有些落后的农村地区，公路至今都没有修好，"信息高速公路"更是无从谈起。城乡数字鸿沟的产生助长了信息与知识贫穷，制造了"新式文盲"，危及教育公平，已经对区域教育综合改革造成不利的影响（刘兴红，2009）。鉴于此，有必要采取措施进行变革。

我们需要将教育信息化的主战场设在区域内信息技术基础设施落后的农村学校，加大对农村学校信息基础设施建设的投入。为此，应提高购买计算机的数量标准，增加农村地区生均拥有教学用计算机台数；加快安装多媒体设备，完成"校校通"建设指标，为教育信息的顺利输入与输出提供物质载体；大力兴建区域教育科研网的主干网，提高主干网的网速，实现网速快、稳定性强、安全性高的预设目标；启动区域网络建设工程，以城市为示范，带动区域内农村地区学校的网络建设与发展，促进区域内学校之间信息的相互关联。

区域内落后地区信息技术基础设施的建设离不开大量资金的支持，完全依靠政府部门扩大资金投入在短时间内看来是缺乏实际操作性的，而采用多渠道、多方式的资金筹集似乎更能增加对区域落后地区学校的支持力度。为此，可以运用市场机制，激发社会、企业和个人对农村学校教育信息化投资的兴趣，这种投资和运作方式灵活性强，且效率高。同时，设立国家教育信息化资金也是必要的，它能确保地方财政预算中的一部分资金用于教育信息化建设。此外，也要积极鼓励社会各界对区域落后学校的慈善支持。如此多渠道的资金筹集，对解决区域内落后学校的信息技术基础设施建设的资金问题具有现实意义。

3. 努力推进区域优质教育信息资源的共建与共享

教育信息资源是学校信息化建设的核心与灵魂，各类现代化的教育教学活动的展开都需要以教育信息资源为媒介，它是学生和教师之间进行精神交往的物质性纽带。区域教育信息化建设需要有丰富的优质教育信息资源作为基本保障，优质的教育信息资源能够在互联网的协助下突破学校的围墙，惠及区域内外的任何学生，促进区域之间、城乡之间、学校之间教育信息化的均衡发展。因此，"要把教育信息资源建设摆在中小学普及信息技术教育工作的重要位置"（陈至立，2000）。

首先，区域教育管理部门要在一定资金投入的前提下，组织和集中人力根据新课标的教育指向，对各类教育资源进行分类和统整，建立优质的教育信息资源库。"资源库建设是提高资源效益，推进资源共享的重要措施。""丰富库内信息资源是资源库建设的核心工作。"（张新明，黄学敏，2001）信息资源库的建设是实现资源共享的前提条件，如何从拥有千万种信息资源的海洋里选取出优质的教育信息资源成为建设信息资源库的关键。目前，由于资源管理机制的缺乏，区域内的很多优质课件和相关信息资源散落在一些教师的手中，他们相互之间不能共享，造成了优质教育信息资源的极大浪费。

鉴于此，区域教育管理部门要集中组织区域内的专家和学科教师努力收集各种优质的信息资源，并在此基础上根据教育教学的实际需求对资源进行分类与整合，最终建成完整的优质教育信息资源库。资源库在建成之后，理应对区域内的所有学校免费开放，优质教育资源的共建与共享将在这一基础上成为现实。

其次，在集中性地建立区域优质教育资源库的同时，区域内学校应立足自身特点，组织相关人员形成一批校本优质资源，以促进学校教育信息化的持续发展。学校在建设优质信息资源的过程中，不必严格照搬区域优质教育信息资源库的建设模式，可以以学校教育管理、教师教学和科研以及学生网络自主学习的实际需要为建设导向，这样的资源建设模式更适合本校优质教育信息资源的消费实际。此外，区域内不同学校在立足学校特色的前提下各自建设校本优质信息资源，不仅能推进优质信息资源的丰富与积累，也能促进不同学校之间共享优质教育信息资源。

4. 重点培养一批信息技术综合素养较高的优质教师

"振兴民族的希望在教育，振兴教育的希望在教师。"教育信息化首先是人的信息化，拥有一批具有较高信息技术素养的教师是教育信息化建设的基本保障，直接关系着区域教育综合改革的顺利进行。随着信息化时代的发展，现代化教育不仅要求教师具有先进的教育理念、丰富的教学经验、扎实的专业知识与高超的教学技能，而且也对教师有关计算机网络与多媒体教学的知识，以及运用信息技术处理教育教学问题的能力提出了较高的要求。为了更好地推进区域教育信息化建设，教育管理部门、相关培训机构以及学校自身应采取多方面措施，培养一批信息技术综合素养较高的优质教师。

首先，师范学校要加强信息技术专业建设，合理设置课程，提高师范生的信息技术综合素养。师范学校是教师的培养与产出基地，深刻地影响着国家教育事业的发展。各类师范学校要适时地开设教育信息技术专业，这不仅有利于培养一批懂教育的信息技术人才，同时对培养师范生的信息理念和信息技术知识与技能也很有益处。在课程设置方面，要让师范生学习多媒体计算机操作、互联网使用与课件编制等理论知识，充分给予他们接触各种现代信息技术环境下新的教学模式、教学媒体与教学课件的机会，让他们了解信息技术与教学相结合的过程与方法，增强他们的实践操作能力。这对他们在日后教育教学过程中，创造性地使用信息网络技术以提高教学效益具有重要意义。

其次，要从整体上重构教师培训模式，注重采用"集中培训与长期指导"相结合的方式来培训教师。集中培训即是在尊重不同学科的性质和特点的基础上，富有针对性地组织学科专家和教学名师通过专题报告、网络教研互动、研讨交流会、案例教学等方式来引发教师对教育信息化的思考，从而提升教师教育信息技术的理论素养、技能素养与道德素养。与此同时，为了使教师能够在教学实践中切实做到信息技术与学科教学相整合，信息技术培训工作还要提供长期的跟踪指导，在培训过程中激励教师在反思中不断进步，在进步中不断反思，最终全面提升教师的信息技术素养。

三、加大经费投入，为区域教育综合改革提供物质保障

《教育规划纲要》指出，"教育投入是支撑国家长远发展的基础性、战略性投资，是教育事业的物质基础"。改革是对利益的重新分配，如何让有限的教育经费发挥出尽可能大的社会效益成为改革者必须面对的难题。在市场经济条件下，区域教育综合改革作为战略层面的教育改革措施，得到持续且强有力的利益驱动是其赢得相关利益主体的认可与支持的必要条件。鉴于区域教育综合改革内外环境的复杂性，聚焦经费投入并制定符合现实需要和未来发展的经费政策，有助于将区域教育综合改革的问题化繁为简，为改革的起步和深化保驾护航。

（一）区域教育综合改革所需经费的测算

区域教育综合改革通过考察聚集在特定空间的教育活动来识别或建立相对同质环境中共生的教育系统，其实质是探寻教育投入产出的最佳均衡点。

《教育规划纲要》明确规定："要健全以政府投入为主、多渠道筹集教育经费的体制，大幅度增加教育投入。"只有摸清教育运转实际发生的经费额度，才能提出切实可行的经费投入与分配方案，也才能有效平衡相关利益主体的利益冲突。因此，首先要测算区域教育综合改革所需的经费。

1. 区域教育综合改革需要加大预算投入

区域教育综合改革面临以城乡差异、地区差异、省际差异、校际差异、学段差异等为主的资源不均的困境，改革主张只有在得到政府支持，尤其是教育财政支持的前提下才能变为现实。我国区域教育发展的主要影响因素有：居民收入水平、地方政府的教育投入水平、地区基础条件和教育政策等。这四个因素中，除居民收入水平之外，其余三个因素都是政府能够在短期内强有力介入的。采用生均支出均值这一指标可以直观地了解某一区域政府的财政支付能力与教育投入水平，以便对教育供给是否充分有大致的了解。

本书第三章借助灰色理论建立灰色关联度模型，以省份为区域的基本单位来考察初中生均预算内教育经费占初中生均教育经费的比例、初中生均教育经费、居民收入和人口密度对区域教育综合改革的影响程度。在计算灰色关联度之后，研究发现不同省份对不同因素有着不同的敏感度（图3-7）。测算的数据结果表明，增加预算内教育经费投入以提高其占初中生均教育经费比例，是增强区域教育综合改革成效的重要措施。这是快速有效实现区域教育综合改革"提升教育质量，形成办学特色，办人民满意教育"目标的带有针对性的措施。观察图3-7，如果以不同省份对初中生均预算内教育经费占初中生均教育经费比例的敏感度为依据，进行全国范围的区域分类，则会发现河北、内蒙古、辽宁、黑龙江、浙江、江西、山东、河南、湖北、湖南、海南、陕西（12个省份）为第一序列，天津、吉林、江苏、福建、广东、广西、四川、贵州（8个省份）为第二序列，北京、山西、上海、安徽、云南、甘肃、宁夏（7个省份）为第三序列，重庆、西藏、青海、新疆（4个省份）为第四序列。可见，大多数省份受预算内教育经费投入份额的影响非常大或比较大（64.5%），政府还需进一步加大预算内教育经费投入力度，提高其占教育经费的比重。

2. 学校融入区域教育综合改革需要经费支持

我国正处在经济结构转型升级的机遇期，需要学校教育为开发人力资源做出应有的贡献。有学者指出中国经济增长转型的发展路径必然从要素拉动转向人力资本推动，加强人力资本是我国突破经济增长瓶颈，保持经济持续增长的关键；目前我国的人力资本对经济增长的贡献率远低于其他国家的人力资本，且远低于物质资本和简单劳动的贡献（王玺，张勇，2013）。与此对应，在区域教育综合改革的开展过程中，依托学校并以学校为基本单位，结合区域发展的实际需求开展"创新驱动、特色发展"的实践摸索无疑是稳妥的策略。我们可以建立学校支出的标准模型，即通过建立一系列的指标来考察学校在使用教育经费时是否符合实际需要，从而寻找改革的突破口。

各级各类学校办学经费紧张是普遍情况。区域教育综合改革会从学校布局、师资流动、课程建设、教学安排等方面入手进行探索和创新。但是，学校办学经费紧张会制约学校的改革创新意愿，甚至威胁学校的生存。以义务教育为例，某些学校所背负的"普九"债务，以及免除学杂费之后经费补偿不足所造成的经费缺口，影响了学校的正常运转。有学者曾在2010—2011年进行调研，向17名校长了解办学经费情况，有9名校长反映存在经费缺口，少则每年5万—8万元，多则每年六七十万元，而且时间长达5年或更久（岳伟，黄道主，2014）[130]。曲绍卫也在调研中发现公用经费的供给尚无法保障校舍和硬件设施的维修，造成了农村学校学生和家长对先进教学条件的要求与学校实际能提供的教学条件之间的矛盾。同时，小规模学校的公用经费难以维持学校的正常运转（曲绍卫，李廷洲，2012）。类似的情况也存在于其他教育阶段或教育类型中。在职业教育领域，长期的投资不足造成职业教育规模与质量之间的尖锐矛盾。很多学校缺少基本的实验操作设备和实习条件，无法开展"名实相符"的职业技术教育。高等教育连年扩招，宿舍、教室、机房、图书馆等硬件设施与师资等软件条件被过度"稀释"，无法满足学生学习的实际需求。

学校要融入区域教育综合改革的体系中，首先要解决历史负债和经费保障不足的问题。重庆市政府为创新教育发展理念和发展思路，消除教育的普遍贫困，自2007年以来一直在教育资源均衡配置和学校自主发展能力并举方面下功夫。比如：在全国范围内率先拿出19.7亿元偿还"普九"债务；每年拿出32亿元，率先在全国兑现义务教育阶段30.8万教师的绩效工资；拿出12.2亿元，加强校园安保等。这些举措在教育经费投入相对不足、城乡差异相对较大的客观情况下为特色学校的建设创造了条件，让每一所学校都有了充足的发展空间，给每一所学校的优质化发展提供了可能。学校教育经费的投入要先保运转，再谋发展。为此，学校运转成本的估算是必须解决的问题。

3. 学生个人的教育经费真实负担需要摸清

学生及其家庭的教育经费负担情况应当成为区域教育综合改革成本估算的必要维度，因为这直接牵涉到区域教育综合改革的人心向背。教育、医疗、住房被戏称为压在人民身上的新"三座大山"。家庭教育负担不仅直接影响到学生在校学习状态和家庭生活水平，而且强烈影响着党和国家在民众心中的地位与形象。对于个人和家庭而言，接受优质教育是人力资本积累的重要手段，直接影响着个人在未来的经济收入和社会地位。因此，家庭教育投资一直是中国家庭支出的重要方面。但是，"当家庭教育支出占家庭总收入或总支出超过一定比重，家庭教育负担就会过重，将影响家庭的财富积累、挤占家庭的其他消费支出、降低居民生活质量，也将削弱居民的消费能力和储蓄能力，不利于我国从外贸推动型经济向内需拉动型经济的成功转型"（迟巍，钱晓烨，吴斌珍，2012）。区域教育综合改革以"均衡发展"为导向，在教育经费支出方面期望实现不同社会群体之间的均衡，特别是要对弱势群体起到补偿作用，因为后者尚无足够的资金用于子女的教育投资。

同时，推进区域教育综合改革的机制之一就是引进区域间的竞争与合作，但需要避免被居于优势地位的社会阶层用作维护自身利益的教育资源配置工具。与人们向往公正平等的期许相比，实际的公共教育经费支出并不公平。邱伟华对1996—2003年26个省的面板数据进行回归分析后发现，我国的公共教育支出具有扩大收入差距的作用，妨碍了其作为一种收入调节手段的有效性（邱伟华，2008）。黄超英对河南某县农村家庭教育负担进行实证调研后发现，近80%的农村家庭可以承受一个子女上初中的费用，但更多子女或更高阶段的教育支出会不断加重家庭负担，低收入家庭则在子女接受教育的各个阶段都背负有沉重的经济负担（黄超英，2007）。冯帮于2012年对湖北某县一位13岁农村初中生的教育费用支出做了个案研究，发现农村义务教育经费实行新机制之后家庭教育负担不降反增。该生的教育支出在班上属于中等水平，一学期2798.5元（一学年为5597元）。2011年该生所在县的农民人均收入为6305元，家庭教育支出约占当年农民人均收入的90%；而2005年未实行免费义务教育时，教育消费的私人成本占当年农民人均收入的比例约为80%（冯帮，熊文，2013）。区域教育综合改革的经费支出必须考虑弱势群体接受教育的真实难处。

区域教育综合改革过程中还应充分考虑办学理念、师资力量、社会环境等较为"隐蔽"的教育资源。家庭和学生个人往往非常关注这些资源。以流动人口为例，有学者调研发现，城市义务教育免费后，不少农民工子女从"回流"农村再次转为向城市"聚集"。这些外来务工人员渴望享受城市里优质的教育资源，哪怕只是农民工子弟学校。而且他们认为将孩子带在身边并不会多花太多钱，这样做既能让自己亲自监护孩子，也可以让孩子开阔眼界，因此孩子在身边更为合适（岳伟，黄道主，2014）[139-141]。最终，要测算出区域内各级学校学生人均经费基本标准和学生人均财政拨款基本标准。

（二）加强教育经费投入的统筹协调

人力资本理论兴起以后，人们以计量的形式对教育在社会经济发展、企业经济效益和个人收入增长等方面的贡献率做了测算，证实教育同时具备了消费属性和生产属性。一方面，以教育投资为主要形式的人力投资的收益被证明大于以固定资产投资为主要形式的物质投资，大大激发了相关利益主体投资教育的热情；另一方面，"谁受益谁投资"逐渐成为主流观点，筹措教育经费不再只是政府的责任，教育投资主体实现了多元化。《教育法》第7章专章对教育经费的筹资途径做了规定，从法律上确认了"以财政拨款为主、其他多种渠道筹措教育经费为辅"多元筹资的合法性。区域教育综合改革所需经费应由各受益方共同分担，通常包括各级政府、企业、非营利性组织、公民个人等。因为受益各方所得收益各不相同，支付能力也不一样，所以经费投入方面需要深化统筹协调，明确各方职责，以保证改革创新事业能够有稳定的经费来源。

1. 坚持政府主导，明确各级责任

政府作为人民治理社会的组织，须承担发展教育这一基本公共责任；政府不仅有义务承担经费责任，而且在其中处于绝对的主导地位。《教育法》在诸多条款中明确了政府直接筹措教育经费有多种渠道，比如财政拨付、强制征税、金融信贷、土地使用等。财政方面，2012 年全年国家在教育领域的财政支出已达 21242.10 亿元，其中中央政府有 1101.46 亿元，地方有 20140.64 亿元，实现了占 GDP 4% 的目标（中华人民共和国统计局，2013）。税收方面，政府应强化教育附加在筹资渠道中的地位。按增值税、营业税、消费税的 3% 足额征收教育费附加，专项用于教育事业。金融方面，政府正在尝试建立和完善各种融资项目。比如，针对贫困大学生设立低息国家助学贷款，在校求学期间利息由国家财政补贴。针对毕业后还款风险又发展出了诚信征信、生源地贷款等运作机制。在土地使用方面，各级政府采取了一定措施促进教育优先发展。2011 年，温家宝在主持召开国务院常务会议时研究部署进一步加强财政教育投入工作，会议要求从土地出让收益中按比例计提教育资金（翟烜，2011）。政府对于上述合法的直接筹措经费渠道的探索卓有成效，然而在如何筹措教育经费方面还有很大的创新空间。

明确各级政府的经费责任是一项重要任务。我们通常将政府分为中央政府和地方政府，并进一步将地方政府分为省级政府、市级政府、区县政府和乡镇政府等不同的级别，将教育分为学前教育、基础教育、高等教育和职业教育、社区教育等。各级政府对各级各类教育的支付能力与支付意愿有较大差别。这是各级政府对利益得失的理性衡量的结果。可以预见，伴随市场经济越来越发达，劳动力要素的流动会日趋频繁，规模也会更加庞大，降低人才流动的门槛或者在全国范围建立符合人才自由流动的体制机制是大势所趋。因此，在分配各级政府的教育经费责任时应严格按照"以人为本"的要求进行操作。

首先，重新分配各级政府的筹资责任。中央政府更多的是提供一些全国

性的公共服务，利用财政的一般转移支付和专项转移支付在整体上推进教育改革；地方政府则负责将各项政策法规贯彻落实。以义务教育为例。在公共财政投入机制改革以前，义务教育的举办责任被尽可能地下放。在农村义务教育免费政策执行时，人们就按照"明确各级责任、中央地方共担、加大财政投入、提高保障水平、分步组织实施"的基本原则，逐步将农村义务教育全面纳入公共财政保障范围，建立中央和地方分项目、按比例分担的农村义务教育经费保障机制。"普九"和"免费"的历史性成就的实践经验表明：将义务教育经费全面纳入公共财政保障范围，中央根据地方经济发展水平和义务教育任务完成情况分类支持，由省级政府统筹协调省域内的义务教育事业，具体的政策执行在城市由市级政府承担，在农村则由县级政府承担，这种经费责任分派方式是可行的。

其次，加强不同层级政府间的合作。这种合作既包括纵向的上下级政府间合作，也包括横向的政府间合作。区域教育综合改革的实践探索中，就有中央政府和地方政府合力推动的纵向区域教育发展实验，如上海浦东教育综合改革试验区、广东教育现代化综合改革试验区、成都城乡教育一体化改革试验区、武汉教育综合改革试验区等。也有横向的政府间合作，如中国教科院成都青羊实验区在破解区内城乡教育二元结构时提出"全域成都"的理念，在实现校际教育均衡的同时，着力解决县域之间教育发展不平衡的矛盾，对蒲江、彭州以及甘孜州等地进行对口支援，仅向甘孜州得荣县提供的累计资金就达到近千万元（中国教科院成都青羊实验区专家组，2011）。不过，要实现横向政府间教育财政经费的合理流转，还需要诸多配套政策，以促进政府间的互利合作。

2. 促进教育与逐利资本的对接与融合

教育与逐利资本有合作的可能空间。二者的合作可以在利润最大化与捍卫公共利益之间求得平衡。逐利的不仅有企业，还有个人。对于以学生角色进入教育场域的个人而言，如果有关部门能够严格遵守公正公开公平的原则，抵制建立在身份之上的等级特权，按个人依靠自身天资禀赋和努力程度所实现的发展程度来分配教育资源，那么个人的逐利行为就属于私域范围，在没有违反法律的情况下国家无须干预。重点是如何监管企业的逐利行为，引导它们合理有效地增加教育供给。因此，我们应当认识到如下几点。

首先，资源的稀缺性导致教育供给具有"拥挤点"。目前，我国的教育资源分布极为不均，特别是优质教育资源稀缺。在劳动力市场被分割的情况下，接受优质教育所带来的回报实在太诱人了，这直接造成了优质教育资源不可承受之"重"。这种情况下，学位供给不能满足学位需求。因此，学位供给必须建立排他机制。这种"门槛"有很多，比如建立在户籍之上的"高考移民"、"学区房"等，建立在升学指标之上的"占坑班"、"保送生"、"共建生"和"自主招生"等。依法完善升学制度，确保升学秩序公平公正是以后教育改革的重点之一。

其次，公共教育的公益性给逐利资本留有空间。为了捍卫教育的公益性，《教育法》第 25 条第 3 款规定，"任何组织和个人不得以营利为目的举办学校及其他教育机构"。这只是约束了办学行为，即举办学校及其他教育机构时不能以营利为目的，但并没有禁止逐利资金与学校合作。如果逐利资本不是以办学为形式或者营利行为与办学行为无直接的因果关系，那么学校和逐利资本的合作是可以的。因此，作为逐利资本的代表，企业是可以与面向市场的实用型职业教育和"应用开发、服务社会"的高等教育直接合作的。这有助于我国职业教育、高等教育与经济转型、产业升级之间进行良好互动。

再次，国家要对教育与逐利资本的合作严加管制，特别是以法制的形式加以管理。事实上，以办学或培训、咨询等形式存在的"教育公司"并不少见，比如新东方、海文、中公等知名培训企业。问题的关键是如何监管，如何在区域教育综合改革过程中确保这些逐利资本不损害公共利益。比如《民办教育促进法》提出："民办学校在扣除办学成本、预留发展基金以及按照国家有关规定提取其他的必需的费用后，出资人可以从办学结余中取得合理回报。取得合理回报的办法由国务院规定。"在实际操作中，民办学校因有此条款就不能明目张胆地"吃利分红"。此外，国家可以加强制度建设，安排好产权制度、人事制度等，在占有教育资源的基础上积极开发教育资源，比如通过招投标、租赁、合作开发等手段吸引逐利资本进入。美国除了高等教育中的私立院校之外，在基础教育阶段也有逐利的营利性实体介入。尽管后者受到质疑，但是在公立学校由市场运作的"公校私营"运动中，大量的营利性组织还是通过与学校董事会和政府部门签订契约，在明确管理责任和义务的情况下，满足政府制定的教育标准，获得管理和运营学校的权力（张绘，2013）。这种做法为北京、上海、广州等教育与经济都很发达的城市提供了启示。

3. 引导非营利组织和个人有序参与

非营利组织和个人提供教育服务的事迹大量存在。他们在同情心的驱使下从利己走向利他，在满足自己精神需要的情况下为他人的利益工作。这大致可以分为两种：一种是在我国教育领域存在的难以计数的捐资助学行为，比如"希望工程"、"营养餐"、"逸夫楼"、"××奖学金"等；一种是以劳务形式提供的志愿者服务，比如顶岗实习、支教、义务打扫校园、无偿法律援助等。这种劳务是可以以货币形式估算的。

有学者将提供教育服务和资金的非营利组织与个人划入第三部门（第一部门是政府，第二部门是企业），并将其具体细分为七个种类：公益基金会、教育拨款委员会、教育评估及认证机构、教育政策咨询机构、校友会、教师组织、服务于教育的志愿者组织。他们在政府、企业、学校和个人之间起着沟通、协调各方利益冲突和行为的中介作用（唐斌，2012b）[85-87]。这些组织和个人是在"政府失灵"和"企业失灵"的情况下出现的，比如"希望工程"。但是，在我国的教育实践中，上述组织和个人提供教育服务的受益范围有限，规模不大，效率也非最优，而且存在自身发育不良和制度环境较差的弱点，只是起到了补充作用。比如，某些希望小学刚建起来就因为学校布局调整被废弃，造成资源的浪费。又如短期志愿支教行动出现了某些副作用："近73%的大学生把支教当作一堂必修课来看待，但就是很难联系到愿意接受的学校；近62%的校长坦言先前支教的大学生给学校带来了些不良影响，致使他们不再信任大学生支教，不得不找借口来推脱；78%的受教学生为大学生哥哥姐姐'来也匆匆，去也匆匆'感到遗憾和苦恼。"（周凯，2011）

另外，非营利并非意味着不能盈利，政府还应该开放更多的渠道供非营利组织和个人参与资金的筹集，比如购买债券、股票等。与此同时，需要进一步加强法制建设，确保上述活动中志愿者和接受教育服务者的权益受到充分保护，双方义务都能被履行，构建起非营利组织和个人有序提供教育服务的秩序。

（三）加大教育经费支出的有效监管

在区域教育综合改革中，管好用好各方投入的经费是加快教育发展方式转变，推进教育体制改革的着力点。改革就是实验，就存在失败的风险。控制投资风险，稳中求进，以点带面，是区域教育改革"加强整体谋划、尊重基层首创"的行动原则。因此，为增强经费投入的针对性、前瞻性，提高征费使用率，必须健全区域教育综合改革经费使用的具体标准，建立经费使用的绩效考核机制，依法监督和问责。

1. 实施绩效预算

所谓预算，是指"按一定程序核定的国家机关、事业单位、企业和其他经济组织对于未来的一定时期内的收入和支出的预计方案。通过预算可对收支加以控制，以期有效地进行管理"（陈德第，李轴，库桂生，2001）[243-244]。绩效是指成绩和效益（于根元，1994）[349-350]，可以考察的主体活动极为广泛，几乎可以涵盖个人、企业、政府、非营利社会组织发起的各种活动。绩效预算作为一种现代国家预算制度，是将企业组织的科学管理方法，移用于国家预算的编制、执行和审核，以加强对预算运行过程的经济控制。绩效预算首先出现于1949年美国"胡佛行政委员会"向国会提交的报告中（刘诗白，邹广严，2000）[3121-3122]。绩效预算是一种以"把事情办成办好"为立场的预算，"它阐述请求拨款是为了达到目标，为实现这些目标而拟定的计划需要花多少钱，以及用哪些量化的指标来衡量其在实施每项计划的过程中取得的成绩和完成的工作情况"（马国贤，2008）[314]。绩效预算通过确立绩效目标来进行管理、监督和评价，既关注预算编制的方法，又关注预算执行的结果。后来由这种预算编制模式发展出了更具有针对性的操作办法——"项目预算"，包括经常支出的项目和专项支出项目。这些方法有助于克服我国当下不少地方政府编制预算时部门预算与基数预算"重投入轻产出"及不管成本单耗的缺陷，有助于避免资源浪费，转变政府的官僚作风，推动管理型政府向服务型政府转型。这与区域教育综合改革的行动原则的要求也是一致的。

在这方面，各级政府都有不少实践探索，积累了很多有益经验。大约 10 年前，财政部先后下发多个文件，尝试在中央部门进行绩效预算的制度规范建设。在 2004 年 10 月 18 日颁行《中央经济建设部门部门预算绩效考评管理办法（试行）》（财建〔2004〕354 号）之后，紧接着在 2004 年 12 月 23 日出台了《财政部关于开展中央政府投资项目预算绩效评价工作的指导意见》（财建〔2004〕729 号），2005 年 5 月 25 日又出台了《财政部关于印发〈中央部门预算支出绩效考评管理办法（试行）〉的通知》（财预〔2005〕86 号），初步构建起了绩效预算的政策体系。地方差不多也在同一时期开始关注对资金使用情况的效益评估。张德江于 2003 年 9 月 11 日对广东省财政厅《关于民营科技园建设财政专项资金使用效益评价的报告》做出批示，指出对财政支出的建设项目或大额事业费进行效益评估，是加强财政管理的重要内容。随后，各地都开始自主探索绩效预算的经验。珠三角地区、上海浦东新区、北京等是地方政府财政绩效预算的先行者。

在教育领域，绩效预算在实践中是一种在微观层面直接影响教育服务供给质量和效率的操作工具，可以对整个教育经费支出进行计划、组织、实施和控制。绩效预算的内容包括经常性支出和项目支出，其基本流程包括编制战略规划、编制年度绩效计划、编制年度绩效报告、实施绩效考评、绩效考评结果的应用（过剑飞，2008a）[51-52]。绩效预算具有多项功能：在宏观层面，它能保证区域教育综合改革的顶层设计能够贯彻到具体实践中，确保教育领域综合改革能够在系统内部实现协调发展。在中观层面，它能够明确改革导向并有效监管各方投入到重大教育改革项目上的经费，使资金项目在立项、招投标、实施过程、成果鉴定等方面保证教育经费的使用效率和政策导向。在微观层面，它还能够起到诊断经费隐患与奖励优秀做法的作用。绩效预算能够在执行过程中检验预算支出是否符合实际需要，比如申报的项目是否合理可行，支出项目、绩效指标等是否明确；也能发现经费执行项目中的不合理之处，比如分析出现预算增加或者有大量结余的原因等。同时，执行预算本身也能够为绩效预算的细化和完善提供检验条件。浦东新区曾对义务教育投入进行了绩效考评。他们邀请第三方——复旦大学社会管理与政策系采用德尔菲法设计评估体系，并向专家组进行咨询，确定了三级指标体系。采集数据时全部采用来自基层的原始数据，汇总后开始评价绩效评估的对象。对象既可以是社会发展局，也可以是教育署，还可以是各个学校和各种教育类型等（过剑飞，2008b）[112-121]。北京某高校为考核本单位 2009 年度绩效预算的执行效率与效益，在 2010 年设计了四级指标体系（关振宇，2012）[225-227]。这些做法为发现教育经费支出中存在的问题并找出相应对策建议提供了定量研究的范例。

2. 开展依法监督

绩效预算要得到有效监督才能实现这一制度设计的预期目标。教育支出既是政府财政支出的主要组成部分，也是监督教育服务供给各方行为是否合理合法的硬性指标。在区域教育综合改革的经费支出方面，不管是政府公共财政支出，还是企业、非营利组织和个人有关教育的支出，都必须尽可能地公开。这是由教育的公益性和公共性决定的。为了确保绩效预算的权威性和严肃性，需要进一步强化人大在绩效预算中的主导作用；为了保障民众的知情权和监督政府的权利，应当提高绩效预算的透明度和公开性。将上述监督内容与监督形式纳入法治轨道，对提高绩效预算的合法性具有重要意义。

人大是权力机构，具有制定针对政府财政预算的"监督规则"的权力，可以牢牢控制人大与政府之间博弈的主动权。人大可以通过立法来改变预算的内容和监督手段。《教育法》第 55 条规定了"三个增长"，新《义务教育法》第 45 条规定地方各级人民政府在财政预算中将义务教育经费单列，对此政府向人大递交的预算报告中应该有明确的呈现。《宪法》和《预算法》也规定了人大对本级和下级政府财政预算进行法律监督的手段，比如询问和质询、定期听取预算执行报告、对预算进行审议等。

人大可以根据区域教育综合改革的实际需求，要求政府专门针对改革做绩效预算，并且严格按照科学、合理、真实的要求规范政府编制绩效预算的行为，对区域教育改革的经费支出进行专门审议。"2008 年至今，广州市人大对部分部门预算单独进行专题审议，先后有教育局、卫生局、农业局、环保局以及民政局和社保局等部门面对面地接受代表'算细账'。事实证明，这一举措对提高预算审核效果是有益的。为了便于人大代表更好地审议预算，2010 年广州市本级一般预算支出中，市基本建设统筹资金 17.1 亿元、城市维护建设资金 14.8 亿元、技术研究与开发资金 6.5 亿元，对这三项资金单独编制政府投资项目计划，专题上报大会审议，从而改变了以往在人大会后才确定这些资金的具体安排的做法。"（吴俊培，2012a）[67]进一步讲，对于区域教育综合改革过程中的教育经费分配，人大可以建立一套可量化和可操作的具体监督模式，强化人大对绩效预算的刚性约束。

公开透明的绩效预算就如阳光一般，不仅能有效驱除贪污腐败，还能提高相关主体的"免疫力"（公信力），更能促进公益与民主的发育。这种公开包括静态和动态两种意义上的公开。就政府预算公开而言，在静态意义上，它是指依据法定程序编制、审查和批准的政府年度财政收支计划的公开；在动态意义上，它是指按照法定程序编制、审批、执行年度财政收支计划以及对该计划的执行进行监督的过程（王世涛，2012）[277]。公开的方式有主动公开和依申请公开。在区域教育综合改革过程中，政府、学校、企业、非营利组织等主体需要信息支持以确保自己的决策是理性的，为此各方都应该尽可能地公开信息，比如财政预算公开、学校经费使用情况公开等。

权利必须得到救济。当务之急是尽快完善相应的法律法规，明确预算公开的内容、程序和未公开所应承担的法律责任。如果关心教育及其改革的组织或个人在合法途径内没有得到应该知晓的预算信息，而我们又无法对其进行救济，那么法律就无法督促公开预算的责任主体积极履行公开的义务。

此外，还可以探索民众直接参与的信息公开渠道。对于政府财政预算，可以探索"用手投票"的参与模式，比如浙江温岭的民主恳谈参与式预算，人大、政府共推"公共项目民众点菜"模式，以及公众全程参与预算的"焦作模式"等（吴俊培，2012b）[81-83]。对于涉及非政府组织或个人的教育投入，可以探索"用脚投票"的参与模式，如不公开就不参与、以不捐赠来表达不支持的立场等。

附 录

附表 1 教育基尼系数

年份\地区	2002	2003	2004	2005	2006	2007	2008	2009	2010	2011	2012
全国	0.132	0.144	0.147	0.147	0.146	0.151	0.151	0.152	0.153	0.157	0.159
北京	0.166	0.160	0.160	0.164	0.164	0.164	0.165	0.165	0.165	0.165	0.166
天津	0.158	0.158	0.158	0.163	0.166	0.168	0.164	0.163	0.164	0.167	0.168
河北	0.121	0.143	0.149	0.144	0.138	0.134	0.134	0.138	0.139	0.139	0.139
山西	0.130	0.141	0.143	0.138	0.144	0.147	0.148	0.146	0.147	0.151	0.153
内蒙古	0.129	0.143	0.142	0.149	0.151	0.149	0.154	0.150	0.152	0.158	0.160
辽宁	0.143	0.144	0.154	0.149	0.153	0.157	0.158	0.161	0.158	0.164	0.166
吉林	0.143	0.158	0.155	0.154	0.153	0.154	0.154	0.150	0.154	0.154	0.155
黑龙江	0.137	0.145	0.140	0.138	0.148	0.149	0.146	0.144	0.143	0.147	0.148
上海	0.154	0.144	0.150	0.155	0.159	0.159	0.161	0.162	0.161	0.165	0.167
江苏	0.132	0.135	0.140	0.139	0.149	0.153	0.154	0.149	0.151	0.158	0.161
浙江	0.128	0.148	0.149	0.151	0.148	0.161	0.160	0.164	0.166	0.172	0.176
安徽	0.118	0.122	0.140	0.136	0.129	0.134	0.129	0.132	0.133	0.136	0.137
福建	0.128	0.146	0.146	0.145	0.146	0.152	0.153	0.154	0.168	0.166	0.169

续表

年份 地区	2002	2003	2004	2005	2006	2007	2008	2009	2010	2011	2012
江西	0.127	0.141	0.156	0.148	0.144	0.151	0.163	0.160	0.161	0.168	0.171
山东	0.126	0.141	0.137	0.137	0.134	0.144	0.142	0.141	0.142	0.145	0.146
河南	0.121	0.134	0.129	0.135	0.130	0.130	0.130	0.131	0.134	0.134	0.134
湖北	0.135	0.142	0.146	0.146	0.143	0.155	0.156	0.157	0.152	0.160	0.162
湖南	0.130	0.147	0.148	0.148	0.145	0.150	0.154	0.154	0.151	0.157	0.159
广东	0.134	0.154	0.154	0.154	0.153	0.152	0.153	0.155	0.153	0.158	0.159
广西	0.130	0.142	0.147	0.149	0.143	0.148	0.141	0.136	0.141	0.143	0.143
海南	0.130	0.143	0.152	0.146	0.146	0.140	0.144	0.140	0.144	0.145	0.145
重庆	0.127	0.142	0.144	0.142	0.148	0.149	0.145	0.146	0.155	0.155	0.158
四川	0.124	0.140	0.142	0.140	0.134	0.146	0.145	0.145	0.153	0.153	0.155
贵州	0.110	0.132	0.142	0.139	0.128	0.126	0.132	0.135	0.133	0.136	0.138
云南	0.115	0.116	0.111	0.136	0.128	0.131	0.137	0.136	0.133	0.142	0.145
西藏	0.069	0.071	0.065	0.073	0.063	0.072	0.080	0.086	0.086	0.086	0.088
陕西	0.135	0.140	0.150	0.153	0.149	0.154	0.154	0.157	0.158	0.163	0.165
甘肃	0.118	0.133	0.139	0.145	0.138	0.130	0.135	0.139	0.142	0.143	0.145
青海	0.118	0.126	0.138	0.137	0.146	0.147	0.153	0.157	0.165	0.170	0.175
宁夏	0.129	0.144	0.147	0.154	0.148	0.153	0.153	0.156	0.156	0.162	0.164
新疆	0.151	0.173	0.173	0.170	0.165	0.165	0.167	0.169	0.168	0.170	0.171

附表 2 初中生均预算内教育经费占初中生均教育经费的比例

年份\地区	2002	2003	2004	2005	2006	2007	2008	2009	2010	2011	2012
全国	0.612	0.651	0.658	0.673	0.686	0.735	0.784	0.804	0.816	0.830	0.825
北京	0.589	0.598	0.582	0.611	0.628	0.626	0.673	0.714	0.749	0.786	0.768
天津	0.741	0.643	0.702	0.731	0.778	0.798	0.830	0.854	0.822	0.817	0.789
河北	0.687	0.738	0.757	0.762	0.779	0.775	0.821	0.845	0.854	0.831	0.814
山西	0.671	0.647	0.706	0.739	0.752	0.749	0.804	0.824	0.871	0.869	0.845
内蒙古	0.668	0.693	0.718	0.739	0.777	0.813	0.801	0.812	0.822	0.803	0.802
辽宁	0.614	0.647	0.697	0.707	0.729	0.793	0.774	0.801	0.783	0.805	0.806
吉林	0.574	0.591	0.588	0.620	0.646	0.683	0.746	0.783	0.806	0.929	0.893
黑龙江	0.768	0.825	0.813	0.854	0.824	0.857	0.886	0.911	0.943	0.922	0.912
上海	0.663	0.712	0.708	0.702	0.729	0.768	0.850	0.854	0.873	0.901	0.898
江苏	0.544	0.561	0.559	0.587	0.598	0.635	0.721	0.748	0.774	0.829	0.769
浙江	0.497	0.561	0.567	0.576	0.581	0.642	0.694	0.698	0.716	0.723	0.756
安徽	0.646	0.681	0.666	0.667	0.669	0.710	0.793	0.810	0.818	0.815	0.821
福建	0.616	0.585	0.634	0.663	0.669	0.739	0.749	0.784	0.779	0.791	0.776
江西	0.608	0.659	0.676	0.700	0.719	0.745	0.839	0.840	0.838	0.828	0.870
山东	0.615	0.676	0.694	0.723	0.729	0.756	0.849	0.877	0.863	0.876	0.858
河南	0.603	0.692	0.699	0.725	0.743	0.790	0.849	0.840	0.855	0.857	0.832

续表

年份 地区	2002	2003	2004	2005	2006	2007	2008	2009	2010	2011	2012
湖北	0.542	0.632	0.630	0.659	0.672	0.722	0.824	0.849	0.870	0.860	0.859
湖南	0.516	0.627	0.634	0.666	0.701	0.730	0.733	0.757	0.778	0.777	0.772
广东	0.558	0.594	0.616	0.626	0.620	0.689	0.716	0.764	0.752	0.771	0.776
广西	0.640	0.681	0.691	0.680	0.692	0.834	0.837	0.871	0.886	0.884	0.908
海南	0.583	0.617	0.562	0.642	0.768	0.657	0.818	0.781	0.854	0.856	0.791
重庆	0.570	0.570	0.537	0.541	0.525	0.635	0.669	0.722	0.735	0.719	0.746
四川	0.570	0.606	0.578	0.567	0.555	0.688	0.729	0.700	0.674	0.768	0.811
贵州	0.724	0.761	0.740	0.790	0.789	0.855	0.897	0.888	0.912	0.937	0.917
云南	0.789	0.792	0.808	0.784	0.784	0.831	0.839	0.848	0.886	0.853	0.825
西藏	0.969	0.953	0.983	0.958	0.988	0.867	0.985	0.962	0.967	0.926	0.947
陕西	0.715	0.755	0.740	0.769	0.777	0.855	0.862	0.876	0.902	0.889	0.878
甘肃	0.755	0.781	0.793	0.778	0.802	0.878	0.876	0.885	0.885	0.882	0.872
青海	0.870	0.891	0.874	0.873	0.890	0.848	0.808	0.846	0.861	0.859	0.851
宁夏	0.775	0.735	0.750	0.689	0.767	0.789	0.791	0.860	0.882	0.856	0.812
新疆	0.709	0.722	0.696	0.699	0.704	0.737	0.754	0.777	0.871	0.917	0.899

附表3 初中生均教育经费

（单位：元）

年份\地区	2002	2003	2004	2005	2006	2007	2008	2009	2010	2011	2012
全国	1561.69	998.09	1096.98	1296.13	1561.69	1962.67	2731.27	3644.98	4538.39	5415.41	6743.87
北京	5706.57	3340.29	3793.11	4746.75	5706.57	8049.15	11411.37	14054.57	17348.52	24203.46	29052.63
天津	3605.17	1983.89	2329.43	2726.10	3605.17	4477.27	5620.14	7785.90	11083.16	14914.89	18229.86
河北	1404.03	795.83	865.21	1081.27	1404.03	1718.39	2377.30	3585.90	4420.46	5343.92	6321.74
山西	1398.11	899.20	960.54	1080.64	1398.11	1720.25	2368.21	3360.35	4190.69	4889.85	5985.08
内蒙古	1999.80	1156.04	1239.20	1532.67	1999.80	2370.55	3195.78	4724.30	6421.99	8160.36	9373.83
辽宁	2165.20	1144.38	1327.35	1731.35	2165.20	2809.90	3514.59	4645.85	5621.86	7116.94	9680.51
吉林	1681.15	1119.98	1141.59	1362.94	1681.15	2147.23	2940.24	4233.68	5519.56	6931.71	8534.43
黑龙江	1919.67	1127.57	1291.71	1499.69	1919.67	2501.42	3289.69	4355.23	4932.78	5788.93	6844.29
上海	8934.52	4349.10	5523.96	7014.04	8934.52	10459.78	13377.01	15982.94	18484.31	20276.10	22643.57
江苏	1849.71	1192.81	1270.11	1504.35	1849.71	2299.87	3661.02	4584.12	6094.32	8585.05	10183.52
浙江	3278.34	1777.73	2242.44	2832.04	3278.34	3916.27	4931.98	5819.83	7011.07	8455.78	10159.63
安徽	935.33	686.00	697.08	809.56	935.33	1229.98	1818.27	2593.39	3189.79	4109.50	5858.07
福建	1512.56	1098.55	1188.24	1370.61	1512.56	1965.05	2653.21	3578.20	4602.48	5901.76	7494.80
江西	1120.44	696.05	745.76	883.98	1120.44	1378.95	2105.14	2683.35	3283.63	3477.13	4993.45
山东	1815.25	922.06	1101.80	1381.30	1815.25	2292.39	3391.69	4391.18	4931.50	6155.78	7778.98
河南	932.28	608.54	649.41	773.38	932.28	1210.74	1926.00	2489.90	3046.85	3470.75	4616.39

续表

地区＼年份	2002	2003	2004	2005	2006	2007	2008	2009	2010	2011	2012
湖北	1151.98	801.86	828.11	986.95	1151.98	1442.97	2234.79	3127.31	4224.20	4641.97	5605.95
湖南	1361.73	767.03	822.53	1022.89	1361.73	1847.96	2681.66	3729.29	4705.46	5067.10	6086.42
广东	2054.45	1492.08	1776.47	1929.06	2054.45	2403.45	2848.53	3308.00	3534.79	4111.73	5065.69
广西	1127.13	841.06	859.58	967.15	1127.13	1558.44	2044.88	3042.14	3478.23	4419.16	5609.15
海南	1617.40	1022.32	993.56	1252.39	1617.40	1866.57	2619.85	3626.28	5048.79	6022.78	8056.37
重庆	1304.78	794.69	821.22	1007.63	1304.78	1553.68	2208.94	2928.20	3810.79	4545.68	6002.60
四川	947.43	737.33	739.44	850.50	947.43	1403.36	2016.29	2769.26	3643.23	4308.86	5334.66
贵州	1039.17	664.45	715.66	821.72	1039.17	1251.72	1760.46	2357.23	2772.40	3279.70	4225.72
云南	1526.38	1122.09	1187.69	1349.63	1526.38	1805.22	2235.38	3030.18	4311.09	4649.15	5055.86
西藏	5190.30	2958.07	4361.64	4829.82	5190.30	4152.15	6701.42	6152.96	8202.72	7317.37	9895.80
陕西	1102.68	749.09	769.03	937.77	1102.68	1512.26	2188.59	3498.21	5213.57	5522.27	7653.36
甘肃	1216.92	862.25	845.68	993.91	1216.92	1645.33	2080.79	3164.69	4012.31	4575.79	5343.92
青海	2179.02	1574.69	1523.66	1685.64	2179.02	2399.39	3023.56	4697.60	6588.88	8528.01	11388.71
宁夏	1710.20	1204.03	1143.30	1353.99	1710.20	1945.85	2698.31	4766.78	5523.70	6364.35	7330.19
新疆	1932.56	1535.33	1514.17	1530.54	1932.56	2616.28	3310.66	4878.50	6977.45	8457.75	10878.71

附表4　居民收入

（单位：元）

年份 地区	2002	2003	2004	2005	2006	2007	2008	2009	2010	2011	2012
全国	9225.98	10178.43	11094.44	12358.01	13747.96	15346.49	17926.17	20541.38	22327.82	23979.20	26958.99
北京	16603.28	17862.40	19484.17	21808.17	24999.21	28252.99	31428.34	35386.81	38407.07	37124.39	41103.11
天津	12906.42	13616.27	14878.92	16486.69	18218.42	20511.03	23367.41	27333.31	30089.57	29916.04	32944.01
河北	8588.42	9364.84	10092.44	11122.37	12588.73	14106.38	15983.90	18236.55	19867.92	19591.91	21899.42
山西	7347.10	8384.18	9304.20	10492.46	11804.57	13208.62	15230.61	17216.29	18240.65	19666.10	22100.31
内蒙古	7509.26	8137.02	9280.55	10729.36	12125.66	13699.87	16330.94	19088.73	20786.99	21890.19	24790.79
辽宁	8354.94	9275.86	10175.02	11314.70	12797.76	14460.01	17073.82	19969.17	21719.38	22879.77	25915.72
吉林	7522.68	8561.15	9535.58	10840.23	11954.61	13416.20	15476.86	17762.19	19272.18	19211.71	21659.64
黑龙江	7706.15	8505.80	9187.84	10475.89	11493.78	12734.74	14377.57	16436.87	17772.74	17118.49	19367.84
上海	18754.33	19473.35	21521.41	23749.15	26892.80	29806.56	33767.35	38115.16	41320.72	40532.29	44754.50
江苏	11159.81	12157.43	13501.72	15235.78	17594.86	19897.49	22939.02	26035.99	28555.26	28971.98	32519.10
浙江	15047.01	16655.96	18568.57	20490.44	22953.72	25599.91	28838.97	31984.59	34618.12	34264.38	37994.83
安徽	7688.85	8149.96	8905.51	10010.76	11111.64	12740.13	15029.85	17192.84	18590.06	20751.11	23524.56
福建	11693.80	12728.19	13733.43	15264.75	16771.67	18588.03	20973.13	24157.52	26257.01	27378.11	30877.92
江西	7737.62	8642.09	9358.95	10346.42	11748.55	13010.65	15496.39	17563.63	19096.55	18656.52	21150.24
山东	9905.59	10562.01	11550.40	12945.23	14675.34	16560.57	19250.04	21946.84	23929.81	24889.80	28005.61
河南	7365.28	8461.14	9161.80	10258.05	11538.55	13071.29	15328.65	17685.35	19178.51	19526.92	21897.23

续表

年份 地 区	2002	2003	2004	2005	2006	2007	2008	2009	2010	2011	2012
湖北	8208.14	9232.58	9888.74	10912.76	11885.14	13222.00	15483.28	17809.24	19402.74	20193.27	22903.85
湖南	9080.02	9356.48	10207.07	11455.24	12641.71	13894.29	16197.74	18333.62	19993.35	20083.87	22804.55
广东	14185.00	15049.10	16435.01	17993.52	19460.43	21095.36	23323.34	26132.65	28481.65	30218.76	34044.38
广西	8610.06	9327.92	9879.55	10995.21	11781.37	12669.23	15424.49	17836.38	19431.92	20846.11	23209.41
海南	8065.31	9245.92	9847.31	10553.40	11127.97	12650.66	14788.24	16997.81	18495.21	20094.18	22809.87
重庆	8692.27	9335.62	10308.22	11731.37	13052.78	14443.57	16100.07	18493.76	20227.02	21794.27	24810.98
四川	8347.47	8718.44	9271.73	10228.80	11188.74	12352.49	14644.97	16754.59	18301.45	19688.09	22328.33
贵州	6863.64	7433.99	8133.89	9043.60	10028.09	11101.23	13052.39	14555.69	15867.94	17598.87	20042.88
云南	8331.45	8849.20	9340.69	10735.07	11307.69	12320.35	14130.20	16352.82	17793.27	20255.13	23000.43
西藏	9273.17	9541.39	10456.21	10967.38	11509.08	11376.04	13919.13	15657.33	17076.13	18115.76	20224.17
陕西	6974.53	7927.09	8482.01	9358.99	10324.65	11527.89	13408.03	15994.35	17566.31	20069.87	22606.01
甘肃	6891.52	7741.74	8330.29	9228.96	10066.70	11054.64	12341.26	13693.20	14909.88	16267.37	18498.46
青海	7411.04	7839.46	8539.45	9277.32	10209.31	11358.72	12959.84	14701.67	16038.00	17794.98	19746.63
宁夏	7367.23	7984.80	8573.78	9537.92	10602.53	11937.40	14040.17	16612.95	18073.03	19654.59	21902.24
新疆	8105.48	8762.90	9279.73	9748.35	10472.30	11608.55	13496.41	14935.00	16140.62	17631.15	2194.55

附表 5　人口密度

（单位：人/平方千米）

年份 地区	2002	2003	2004	2005	2006	2007	2008	2009	2010	2011	2012
北京	807.35	826.42	852.50	638.23	914.18	937.68	962.17	993.64	1028.86	1167.86	1201.55
天津	871.57	892.21	897.21	659.08	922.09	945.84	973.06	1009.07	1061.64	1149.56	1199.12
河北	350.97	354.05	356.79	262.47	360.22	369.49	371.35	373.71	375.25	383.27	385.75
山西	208.15	210.57	212.53	156.52	214.85	220.38	221.29	222.44	223.06	228.66	229.88
内蒙古	19.72	20.18	20.24	14.82	20.15	20.67	20.73	20.79	20.82	20.90	20.98
辽宁	287.06	289.04	290.40	212.90	289.42	296.87	299.83	301.68	302.12	299.86	300.41
吉林	143.02	144.17	145.00	106.31	144.79	148.51	148.62	148.98	148.83	146.59	146.71
黑龙江	76.61	80.90	81.15	59.42	80.68	82.76	82.67	82.68	82.50	84.28	84.30
上海	2587.97	2556.23	2579.72	1988.22	2801.63	2873.72	2928.15	2997.02	3037.86	3655.56	3726.13
江苏	711.93	719.81	724.22	531.80	727.83	746.57	752.69	760.04	763.33	766.96	769.86
浙江	451.19	455.06	459.49	338.67	480.66	493.03	500.37	508.32	511.66	534.02	535.59
安徽	422.64	455.20	457.02	338.30	437.96	449.23	447.68	448.20	448.33	426.41	427.20
福建	280.87	284.53	287.39	211.67	290.90	298.38	299.78	301.67	302.85	304.45	306.68
江西	242.05	251.80	254.68	187.77	258.06	264.69	265.93	267.65	268.94	267.19	268.77
山东	573.07	578.27	582.30	428.18	588.46	603.61	606.48	610.16	611.90	623.41	626.59
河南	546.33	574.52	579.47	426.49	561.12	575.56	575.25	573.19	575.99	563.17	562.16
湖北	320.11	322.70	324.20	237.54	306.85	314.75	313.24	313.52	313.40	308.12	309.71

续表

年份\地区	2002	2003	2004	2005	2006	2007	2008	2009	2010	2011	2012
湖南	298.74	312.69	315.02	231.76	298.38	306.06	306.27	306.86	307.30	310.20	311.41
广东	474.00	434.67	439.93	325.92	510.84	523.99	529.29	537.45	541.40	580.06	583.60
广西	185.59	203.47	205.39	151.42	197.01	202.08	204.27	206.36	207.92	195.34	196.82
海南	222.85	235.49	238.34	176.13	243.86	250.15	252.10	254.76	256.85	255.59	258.04
重庆	367.62	374.66	376.82	277.82	336.77	345.44	346.05	346.98	348.94	350.55	354.68
四川	169.79	178.86	180.02	132.14	169.15	173.51	172.28	171.37	171.16	167.12	167.22
贵州	200.04	216.48	219.23	161.82	211.47	216.92	218.10	218.35	219.60	197.67	197.09
云南	107.51	109.25	110.71	81.83	112.83	115.74	116.38	117.17	117.63	120.06	120.81
西藏	2.13	2.15	2.19	1.62	2.25	2.31	2.34	2.36	2.38	2.45	2.47
陕西	171.84	178.51	179.69	132.10	180.58	185.22	185.63	186.25	186.48	181.66	182.03
甘肃	55.22	56.83	57.36	42.15	56.95	58.42	58.58	58.82	58.92	56.34	56.43
青海	6.70	7.29	7.39	5.46	7.54	7.73	7.79	7.84	7.85	7.80	7.87
宁夏	82.63	85.19	86.65	64.36	89.67	91.97	93.04	93.94	94.95	95.33	96.30
新疆	11.09	12.04	11.52	8.56	12.05	12.37	12.59	12.87	13.06	13.16	13.31

附表 6　无量纲化后的教育基尼系数

年份 地区	2002	2003	2004	2005	2006	2007	2008	2009	2010	2011	2012
全国	5.143	5.217	5.196	5.160	5.164	5.286	5.227	5.272	5.229	5.256	5.261
北京	7.187	6.176	5.930	6.246	6.181	6.045	6.095	6.117	5.992	5.743	5.676
天津	6.706	6.056	5.817	6.182	6.294	6.278	6.033	5.987	5.928	5.864	5.795
河北	4.481	5.157	5.309	4.968	4.712	4.294	4.172	4.363	4.338	4.162	4.076
山西	5.023	5.037	4.970	4.585	5.051	5.053	5.041	4.882	4.847	4.892	4.906
内蒙古	4.962	5.157	4.913	5.287	5.447	5.170	5.413	5.142	5.165	5.317	5.320
辽宁	5.804	5.217	5.591	5.287	5.560	5.636	5.661	5.857	5.546	5.682	5.676
吉林	5.804	6.056	5.648	5.607	5.560	5.461	5.413	5.142	5.292	5.074	5.024
黑龙江	5.443	5.277	4.801	4.585	5.277	5.170	4.917	4.752	4.593	4.649	4.609
上海	6.466	5.217	5.365	5.671	5.899	5.753	5.847	5.922	5.737	5.743	5.735
江苏	5.143	4.678	4.801	4.649	5.334	5.403	5.413	5.077	5.101	5.317	5.380
浙江	4.902	5.457	5.309	5.415	5.277	5.870	5.785	6.052	6.055	6.168	6.269
安徽	4.301	3.899	4.801	4.457	4.204	4.294	3.862	3.973	3.957	3.980	3.957
福建	4.902	5.337	5.139	5.032	5.164	5.345	5.351	5.402	6.182	5.803	5.854
江西	4.842	5.037	5.704	5.224	5.051	5.286	5.971	5.792	5.737	5.925	5.972
山东	4.782	5.037	4.631	4.521	4.486	4.878	4.669	4.557	4.529	4.527	4.491
河南	4.481	4.618	4.179	4.393	4.260	4.061	3.924	3.908	4.020	3.858	3.779

续表

年份 地区	2002	2003	2004	2005	2006	2007	2008	2009	2010	2011	2012
湖北	5.323	5.097	5.139	5.096	4.995	5.520	5.537	5.597	5.165	5.439	5.439
湖南	5.023	5.397	5.252	5.224	5.108	5.228	5.413	5.402	5.101	5.256	5.261
广东	5.263	5.816	5.591	5.607	5.560	5.345	5.351	5.467	5.229	5.317	5.261
广西	5.023	5.097	5.196	5.287	4.995	5.111	4.607	4.233	4.465	4.405	4.313
海南	5.023	5.157	5.478	5.096	5.164	4.644	4.793	4.492	4.656	4.527	4.431
重庆	4.842	5.097	5.026	4.840	5.277	5.170	4.855	4.882	5.356	5.135	5.202
四川	4.662	4.978	4.913	4.713	4.486	4.995	4.855	4.817	5.229	5.013	5.024
贵州	3.820	4.498	4.913	4.649	4.147	3.827	4.048	4.168	3.957	3.980	4.016
云南	4.121	3.540	3.162	4.457	4.147	4.119	4.358	4.233	3.957	4.345	4.431
西藏	1.355	0.844	0.564	0.432	0.476	0.676	0.823	0.984	0.968	0.941	1.053
陕西	5.323	4.978	5.365	5.543	5.334	5.461	5.413	5.597	5.546	5.621	5.617
甘肃	4.301	4.558	4.744	5.032	4.712	4.061	4.234	4.427	4.529	4.405	4.431
青海	4.301	4.139	4.688	4.521	5.164	5.053	5.351	5.597	5.992	6.047	6.210
宁夏	4.962	5.217	5.196	5.607	5.277	5.403	5.351	5.532	5.419	5.560	5.558
新疆	6.285	6.954	6.665	6.629	6.237	6.103	6.219	6.376	6.182	6.047	5.972

附表 7 无量纲化后的初中生均预算内教育经费占初中生均教育经费的比例

年份 地区	2002	2003	2004	2005	2006	2007	2008	2009	2010	2011	2012
全国	4.578	4.653	4.681	4.668	4.633	4.745	4.770	4.773	4.724	4.779	4.827
北京	4.359	4.090	3.906	3.986	4.022	4.226	3.178	3.345	3.714	4.015	3.767
天津	5.807	4.568	5.130	5.307	5.600	5.046	5.430	5.567	4.815	4.553	4.158
河北	5.293	5.577	5.691	5.648	5.611	4.936	5.301	5.424	5.297	4.797	4.622
山西	5.140	4.611	5.171	5.395	5.327	4.812	5.057	5.091	5.554	5.457	5.199
内蒙古	5.112	5.099	5.293	5.395	5.590	5.117	5.014	4.900	4.815	4.310	4.399
辽宁	4.597	4.611	5.079	5.043	5.085	5.022	4.627	4.726	4.227	4.345	4.474
吉林	4.216	4.016	3.967	4.085	4.212	4.497	4.225	4.440	4.573	6.500	6.091
黑龙江	6.065	6.501	6.262	6.661	6.084	5.327	6.233	6.472	6.640	6.379	6.444
上海	5.064	5.301	5.191	4.988	5.085	4.903	5.717	5.567	5.584	6.014	6.184
江苏	3.930	3.698	3.671	3.722	3.707	4.268	3.867	3.885	4.091	4.762	3.786
浙江	3.482	3.698	3.753	3.600	3.528	4.302	3.479	3.091	3.216	2.919	3.544
安徽	4.902	4.972	4.763	4.602	4.454	4.626	4.899	4.869	4.754	4.519	4.753
福建	4.616	3.952	4.436	4.558	4.454	4.764	4.268	4.456	4.166	4.102	3.916
江西	4.540	4.738	4.865	4.966	4.980	4.793	5.559	5.345	5.056	4.745	5.663
山东	4.607	4.919	5.048	5.219	5.085	4.845	5.702	5.932	5.433	5.579	5.440
河南	4.492	5.089	5.099	5.241	5.232	5.008	5.702	5.345	5.313	5.249	4.957

续表

年份 地区	2002	2003	2004	2005	2006	2007	2008	2009	2010	2011	2012
湖北	3.911	4.452	4.396	4.514	4.485	4.683	5.344	5.488	5.539	5.301	5.459
湖南	3.663	4.398	4.436	4.591	4.790	4.721	4.039	4.027	4.151	3.858	3.842
广东	4.063	4.048	4.253	4.151	3.938	4.526	3.795	4.138	3.759	3.754	3.916
广西	4.845	4.972	5.018	4.745	4.696	5.217	5.530	5.837	5.780	5.718	6.370
海南	4.302	4.292	3.702	4.327	5.495	4.373	5.258	4.408	5.297	5.231	4.195
重庆	4.178	3.793	3.447	3.215	2.939	4.268	3.121	3.472	3.503	2.850	3.358
四川	4.178	4.175	3.865	3.501	3.255	4.521	3.981	3.123	2.582	3.702	4.567
贵州	5.645	5.821	5.518	5.956	5.716	5.318	6.391	6.107	6.172	6.639	6.537
云南	6.265	6.150	6.211	5.890	5.663	5.203	5.559	5.472	5.780	5.179	4.827
西藏	7.980	7.860	7.996	7.806	7.809	10.143	7.653	7.281	7.002	6.448	7.095
陕西	5.560	5.758	5.518	5.725	5.590	5.318	5.889	5.916	6.021	5.805	5.812
甘肃	5.941	6.034	6.058	5.824	5.853	5.427	6.089	6.059	5.765	5.683	5.701
青海	7.037	7.202	6.884	6.870	6.778	5.284	5.114	5.440	5.403	5.284	5.310
宁夏	6.131	5.545	5.620	4.844	5.484	5.003	4.870	5.662	5.720	5.231	4.585
新疆	5.502	5.407	5.069	4.955	4.822	4.755	4.340	4.345	5.554	6.292	6.202

附表 8　无量纲化后的初中生均教育经费

年份 地区	2002	2003	2004	2005	2006	2007	2008	2009	2010	2011	2012
全国	4.676	4.659	4.685	4.689	4.676	4.694	4.703	4.675	4.639	4.649	4.636
北京	7.157	7.476	7.099	7.203	7.157	7.809	8.060	8.171	8.204	8.727	8.810
天津	5.899	5.844	5.788	5.731	5.899	5.981	5.820	6.066	6.460	6.711	6.785
河北	4.582	4.415	4.477	4.532	4.582	4.569	4.566	4.655	4.606	4.634	4.557
山西	4.578	4.540	4.563	4.532	4.578	4.570	4.563	4.580	4.542	4.535	4.494
内蒙古	4.939	4.849	4.812	4.861	4.939	4.903	4.883	5.038	5.163	5.245	5.128
辽宁	5.037	4.835	4.891	5.006	5.037	5.128	5.006	5.011	4.940	5.019	5.186
吉林	4.748	4.805	4.725	4.737	4.748	4.789	4.784	4.873	4.912	4.978	4.971
黑龙江	4.891	4.814	4.859	4.837	4.891	4.970	4.919	4.914	4.748	4.730	4.655
上海	9.088	8.690	8.649	8.855	9.088	9.043	8.820	8.818	8.521	7.875	7.611
江苏	4.849	4.893	4.840	4.840	4.849	4.867	5.063	4.991	5.072	5.337	5.280
浙江	5.704	5.596	5.711	5.808	5.704	5.694	5.554	5.406	5.327	5.309	5.275
安徽	4.302	4.283	4.327	4.334	4.302	4.319	4.350	4.322	4.263	4.366	4.470
福建	4.647	4.779	4.767	4.743	4.647	4.696	4.673	4.653	4.656	4.755	4.777
江西	4.412	4.295	4.370	4.388	4.412	4.396	4.461	4.352	4.289	4.229	4.309
山东	4.828	4.567	4.689	4.751	4.828	4.863	4.959	4.926	4.748	4.810	4.830
河南	4.300	4.190	4.284	4.308	4.300	4.310	4.392	4.287	4.223	4.227	4.238

续表

年份 地区	2002	2003	2004	2005	2006	2007	2008	2009	2010	2011	2012
湖北	4.431	4.422	4.444	4.463	4.431	4.428	4.511	4.501	4.551	4.481	4.423
湖南	4.557	4.381	4.439	4.490	4.557	4.636	4.684	4.704	4.685	4.574	4.513
广东	4.971	5.253	5.293	5.150	4.971	4.920	4.748	4.562	4.359	4.366	4.322
广西	4.416	4.470	4.472	4.449	4.416	4.487	4.438	4.473	4.344	4.433	4.424
海南	4.710	4.688	4.592	4.657	4.710	4.645	4.660	4.669	4.781	4.781	4.882
重庆	4.523	4.414	4.438	4.479	4.523	4.485	4.501	4.435	4.436	4.460	4.497
四川	4.309	4.345	4.365	4.364	4.309	4.408	4.427	4.381	4.389	4.409	4.372
贵州	4.364	4.257	4.343	4.343	4.364	4.330	4.328	4.243	4.147	4.186	4.165
云南	4.655	4.808	4.766	4.728	4.655	4.614	4.511	4.469	4.575	4.483	4.320
西藏	6.848	7.016	7.608	7.263	6.848	5.815	6.239	5.517	5.659	5.062	5.226
陕西	4.402	4.359	4.391	4.428	4.402	4.464	4.493	4.626	4.827	4.672	4.806
甘肃	4.470	4.495	4.460	4.469	4.470	4.532	4.452	4.514	4.492	4.467	4.374
青海	5.046	5.352	5.067	4.973	5.046	4.918	4.816	5.029	5.209	5.325	5.505
宁夏	4.765	4.906	4.726	4.731	4.765	4.686	4.690	5.052	4.913	4.855	4.746
新疆	4.898	5.305	5.058	4.860	4.898	5.029	4.927	5.089	5.318	5.310	5.410

附表 9　无量纲化后的居民收入

年份 地区	2002	2003	2004	2005	2006	2007	2008	2009	2010	2011	2012
全国	4.934	4.986	4.988	4.998	5.009	5.022	5.067	5.082	5.080	5.211	5.260
北京	7.407	7.472	7.421	7.475	7.566	7.631	7.571	7.548	7.537	7.396	7.098
天津	6.168	6.099	6.086	6.080	6.025	6.066	6.076	6.210	6.266	6.198	6.038
河北	4.720	4.723	4.698	4.674	4.745	4.771	4.707	4.699	4.704	4.482	4.603
山西	4.304	4.406	4.469	4.509	4.567	4.590	4.567	4.530	4.455	4.495	4.629
内蒙古	4.359	4.326	4.462	4.571	4.640	4.689	4.771	4.841	4.844	4.864	4.979
辽宁	4.642	4.694	4.722	4.725	4.793	4.843	4.909	4.987	4.987	5.029	5.125
吉林	4.363	4.463	4.536	4.600	4.601	4.632	4.612	4.620	4.613	4.419	4.572
黑龙江	4.425	4.445	4.436	4.505	4.497	4.494	4.409	4.400	4.384	4.071	4.274
上海	8.128	7.994	8.011	7.984	7.997	7.945	8.004	8.002	7.982	7.962	7.572
江苏	5.582	5.627	5.686	5.752	5.883	5.942	5.996	5.995	6.031	6.041	5.983
浙江	6.885	7.082	7.155	7.130	7.102	7.094	7.090	6.983	6.958	6.920	6.694
安徽	4.419	4.330	4.354	4.383	4.410	4.495	4.530	4.526	4.508	4.675	4.814
福建	5.761	5.811	5.753	5.760	5.696	5.677	5.632	5.683	5.680	5.776	5.769
江西	4.435	4.489	4.485	4.471	4.554	4.550	4.616	4.587	4.586	4.327	4.506
山东	5.162	5.110	5.121	5.152	5.220	5.267	5.312	5.316	5.324	5.363	5.396
河南	4.310	4.431	4.428	4.448	4.507	4.562	4.585	4.608	4.598	4.471	4.603

续表

年份 地区	2002	2003	2004	2005	2006	2007	2008	2009	2010	2011	2012
湖北	4.593	4.680	4.639	4.619	4.585	4.592	4.614	4.628	4.633	4.582	4.733
湖南	4.885	4.720	4.731	4.761	4.757	4.728	4.746	4.715	4.723	4.564	4.720
广东	6.596	6.562	6.537	6.475	6.307	6.184	6.068	6.011	6.020	6.248	6.181
广西	4.728	4.711	4.636	4.641	4.562	4.481	4.603	4.633	4.637	4.691	4.773
海南	4.545	4.685	4.627	4.525	4.413	4.477	4.485	4.493	4.494	4.566	4.721
重庆	4.755	4.714	4.760	4.834	4.851	4.839	4.728	4.742	4.759	4.848	4.981
四川	4.640	4.514	4.460	4.440	4.427	4.417	4.458	4.453	4.464	4.498	4.659
贵州	4.142	4.098	4.130	4.129	4.163	4.164	4.163	4.088	4.092	4.151	4.362
云南	4.634	4.556	4.480	4.573	4.454	4.410	4.363	4.386	4.387	4.592	4.746
西藏	4.950	4.780	4.803	4.634	4.500	4.219	4.324	4.271	4.277	4.237	4.385
陕西	4.179	4.258	4.231	4.212	4.231	4.250	4.229	4.327	4.352	4.562	4.695
甘肃	4.152	4.198	4.187	4.178	4.172	4.154	4.031	3.944	3.946	3.930	4.161
青海	4.326	4.230	4.248	4.191	4.205	4.216	4.146	4.112	4.118	4.184	4.323
宁夏	4.311	4.277	4.258	4.259	4.294	4.333	4.346	4.429	4.429	4.493	4.603
新疆	4.559	4.528	4.462	4.314	4.264	4.266	4.245	4.151	4.134	4.156	2.043

附表 10　无量纲化后的人口密度

年份　地区	2002	2003	2004	2005	2006	2007	2008	2009	2010	2011	2012
北京	5.940	5.977	6.015	5.996	6.041	6.040	6.057	6.078	6.113	6.101	6.118
天津	6.075	6.118	6.109	6.053	6.056	6.056	6.078	6.106	6.172	6.073	6.115
河北	4.974	4.969	4.968	4.960	4.958	4.958	4.954	4.949	4.943	4.923	4.920
山西	4.672	4.663	4.663	4.667	4.674	4.674	4.674	4.673	4.671	4.691	4.691
内蒙古	4.274	4.257	4.257	4.277	4.294	4.294	4.299	4.306	4.309	4.380	4.384
辽宁	4.839	4.830	4.827	4.823	4.820	4.820	4.821	4.818	4.813	4.798	4.795
吉林	4.535	4.521	4.520	4.529	4.537	4.537	4.538	4.540	4.538	4.568	4.569
黑龙江	4.394	4.386	4.385	4.400	4.412	4.412	4.415	4.419	4.420	4.475	4.477
上海	9.706	9.669	9.664	9.718	9.728	9.728	9.728	9.727	9.709	9.833	9.826
江苏	5.738	5.750	5.744	5.702	5.676	5.676	5.666	5.653	5.638	5.499	5.484
浙江	5.186	5.185	5.185	5.170	5.194	5.194	5.195	5.194	5.188	5.150	5.140
安徽	5.126	5.185	5.179	5.169	5.110	5.110	5.097	5.085	5.074	4.988	4.981
福建	4.826	4.821	4.821	4.819	4.823	4.823	4.820	4.818	4.814	4.805	4.804
江西	4.744	4.751	4.752	4.754	4.759	4.759	4.757	4.756	4.753	4.749	4.748
山东	5.444	5.448	5.444	5.416	5.404	5.404	5.393	5.380	5.367	5.284	5.274
河南	5.388	5.440	5.438	5.412	5.351	5.351	5.335	5.312	5.303	5.193	5.179
湖北	4.909	4.902	4.899	4.891	4.854	4.854	4.846	4.839	4.833	4.811	4.808

续表

年份\地区	2002	2003	2004	2005	2006	2007	2008	2009	2010	2011	2012
湖南	4.864	4.881	4.879	4.875	4.837	4.837	4.833	4.827	4.822	4.814	4.811
广东	5.235	5.141	5.143	5.134	5.253	5.253	5.249	5.247	5.241	5.219	5.210
广西	4.625	4.648	4.648	4.653	4.639	4.639	4.642	4.644	4.644	4.641	4.642
海南	4.703	4.716	4.717	4.721	4.731	4.731	4.731	4.732	4.732	4.732	4.732
重庆	5.010	5.013	5.010	5.002	4.912	4.912	4.907	4.900	4.896	4.874	4.874
四川	4.591	4.595	4.594	4.600	4.585	4.585	4.582	4.580	4.578	4.599	4.599
贵州	4.655	4.676	4.677	4.682	4.668	4.668	4.668	4.666	4.665	4.645	4.643
云南	4.459	4.447	4.448	4.461	4.475	4.475	4.478	4.482	4.482	4.528	4.531
西藏	4.237	4.218	4.219	4.240	4.259	4.259	4.265	4.273	4.276	4.352	4.357
陕西	4.595	4.595	4.594	4.600	4.607	4.607	4.607	4.607	4.606	4.621	4.621
甘肃	4.349	4.335	4.335	4.352	4.366	4.366	4.370	4.375	4.377	4.433	4.436
青海	4.246	4.229	4.230	4.251	4.269	4.269	4.275	4.282	4.286	4.360	4.365
宁夏	4.407	4.395	4.397	4.413	4.430	4.430	4.434	4.439	4.442	4.491	4.495
新疆	4.255	4.239	4.238	4.259	4.278	4.278	4.284	4.292	4.295	4.368	4.373

附表 11 教育基尼系数与初中生均预算内教育经费占初中生均教育经费比例的差值

年份 地区	2002	2003	2004	2005	2006	2007	2008	2009	2010	2011	2012
北京	2.828	2.086	2.024	2.260	2.159	1.819	2.917	2.772	2.278	1.728	1.909
天津	0.899	1.488	0.687	0.875	0.694	1.232	0.603	0.420	1.113	1.311	1.637
河北	0.812	0.420	0.382	0.680	0.899	0.642	1.129	1.061	0.959	0.635	0.546
山西	0.117	0.426	0.201	0.810	0.276	0.241	0.016	0.209	0.707	0.565	0.293
内蒙古	0.150	0.058	0.380	0.108	0.143	0.053	0.399	0.242	0.350	1.007	0.921
辽宁	1.207	0.606	0.512	0.244	0.475	0.614	1.034	1.131	1.319	1.337	1.202
吉林	1.588	2.040	1.681	1.522	1.348	0.964	1.188	0.702	0.719	1.426	1.067
黑龙江	0.622	1.224	1.461	2.076	0.807	0.157	1.316	1.720	2.047	1.730	1.835
上海	1.402	0.084	0.174	0.683	0.814	0.850	0.130	0.355	0.153	0.271	0.449
江苏	1.213	0.980	1.130	0.927	1.627	1.135	1.546	1.192	1.010	0.555	1.594
浙江	1.420	1.759	1.556	1.815	1.749	1.568	2.306	2.961	2.839	3.249	2.725
安徽	0.601	1.073	0.038	0.145	0.250	0.332	1.037	0.896	0.797	0.539	0.796
福建	0.286	1.385	0.703	0.474	0.710	0.581	1.083	0.946	2.016	1.701	1.938
江西	0.302	0.299	0.839	0.258	0.071	0.493	0.412	0.447	0.681	1.18	0.309
山东	0.175	0.118	0.417	0.698	0.599	0.033	1.033	1.375	0.904	1.052	0.949
河南	0.011	0.471	0.920	0.848	0.972	0.947	1.778	1.437	1.293	1.391	1.178
湖北	1.412	0.645	0.743	0.582	0.510	0.837	0.193	0.109	0.374	0.138	0.020

续表

年份 地区	2002	2003	2004	2005	2006	2007	2008	2009	2010	2011	2012
湖南	1.360	0.999	0.816	0.633	0.318	0.507	1.374	1.375	0.950	1.398	1.419
广东	1.200	1.768	1.338	1.456	1.622	0.819	1.556	1.329	1.470	1.563	1.345
广西	0.178	0.125	0.178	0.542	0.299	0.106	0.923	1.604	1.315	1.313	2.057
海南	0.721	0.865	1.776	0.769	0.331	0.271	0.465	0.084	0.641	0.704	0.236
重庆	0.664	1.304	1.579	1.625	2.338	0.902	1.734	1.410	1.853	2.285	1.844
四川	0.484	0.803	1.048	1.212	1.231	0.474	0.874	1.694	2.647	1.311	0.457
贵州	1.825	1.323	0.605	1.307	1.569	1.491	2.343	1.939	2.215	2.659	2.521
云南	2.144	2.610	3.049	1.433	1.516	1.084	1.201	1.239	1.823	0.834	0.396
西藏	6.625	7.016	7.432	7.374	7.333	9.467	6.830	6.297	6.034	5.507	6.042
陕西	0.237	0.780	0.153	0.182	0.256	0.143	0.476	0.319	0.475	0.184	0.195
甘肃	1.640	1.476	1.314	0.792	1.141	1.366	1.855	1.632	1.236	1.278	1.270
青海	2.736	3.063	2.196	2.349	1.614	0.231	0.237	0.157	0.589	0.763	0.900
宁夏	1.169	0.328	0.424	0.763	0.207	0.400	0.481	0.130	0.301	0.329	0.973
新疆	0.783	1.547	1.596	1.674	1.415	1.348	1.879	2.031	0.628	0.245	0.230

注：表中数据通过比较有关参考序列 $y_0(k)$ 与比较序列 $y_m(k)$ 的差值 Δ，得到，附表 12 至附表 14 的计算方法与此相同。

附表 12　教育基尼系数与初中生均教育经费的差值

年份\地区	2002	2003	2004	2005	2006	2007	2008	2009	2010	2011	2012
北京	0.030	1.300	1.169	0.957	0.976	1.764	1.965	2.054	2.212	2.984	3.134
天津	0.807	0.212	0.029	0.451	0.395	0.297	0.213	0.079	0.532	0.847	0.990
河北	0.101	0.742	0.832	0.436	0.130	0.275	0.394	0.292	0.268	0.472	0.481
山西	0.445	0.497	0.407	0.053	0.473	0.483	0.478	0.302	0.305	0.357	0.412
内蒙古	0.023	0.308	0.101	0.426	0.508	0.267	0.530	0.104	0.002	0.072	0.192
辽宁	0.767	0.382	0.700	0.281	0.523	0.508	0.655	0.846	0.606	0.663	0.490
吉林	1.056	1.251	0.923	0.870	0.812	0.672	0.629	0.269	0.380	0.096	0.053
黑龙江	0.552	0.463	0.058	0.252	0.386	0.200	0.002	0.162	0.155	0.081	0.046
上海	2.622	3.473	3.284	3.184	3.189	3.290	2.973	2.896	2.784	2.132	1.876
江苏	0.294	0.215	0.039	0.191	0.485	0.536	0.350	0.086	0.029	0.020	0.100
浙江	0.802	0.139	0.402	0.393	0.427	0.176	0.231	0.646	0.728	0.859	0.994
安徽	0.001	0.384	0.474	0.123	0.098	0.025	0.488	0.349	0.306	0.386	0.513
福建	0.255	0.558	0.372	0.289	0.517	0.649	0.678	0.749	1.526	1.048	1.077
江西	0.430	0.742	1.334	0.836	0.639	0.890	1.510	1.440	1.448	1.696	1.663
山东	0.046	0.470	0.058	0.230	0.342	0.015	0.290	0.369	0.219	0.283	0.339
河南	0.181	0.428	0.105	0.085	0.040	0.249	0.468	0.379	0.203	0.369	0.459
湖北	0.892	0.675	0.695	0.633	0.564	1.092	1.026	1.096	0.614	0.958	1.016

续表

年份 地区	2002	2003	2004	2005	2006	2007	2008	2009	2010	2011	2012
湖南	0.466	1.016	0.813	0.734	0.551	0.592	0.729	0.698	0.416	0.682	0.748
广东	0.292	0.563	0.298	0.457	0.589	0.425	0.603	0.905	0.870	0.951	0.939
广西	0.607	0.627	0.724	0.838	0.579	0.624	0.169	0.240	0.121	0.028	0.111
海南	0.313	0.469	0.886	0.439	0.454	0.001	0.133	0.177	0.125	0.254	0.451
重庆	0.319	0.683	0.588	0.361	0.754	0.685	0.354	0.447	0.920	0.675	0.705
四川	0.353	0.633	0.548	0.349	0.177	0.587	0.428	0.436	0.840	0.604	0.652
贵州	0.544	0.241	0.570	0.306	0.217	0.503	0.280	0.075	0.190	0.206	0.149
云南	0.534	1.268	1.604	0.271	0.508	0.495	0.153	0.236	0.618	0.138	0.111
西藏	5.493	6.172	7.044	6.831	6.372	5.139	5.416	4.533	4.691	4.121	4.173
陕西	0.921	0.619	0.974	1.115	0.932	0.997	0.920	0.971	0.719	0.949	0.811
甘肃	0.169	0.063	0.284	0.563	0.242	0.471	0.218	0.087	0.037	0.062	0.057
青海	0.745	1.213	0.379	0.452	0.118	0.135	0.535	0.568	0.783	0.722	0.705
宁夏	0.197	0.311	0.470	0.876	0.512	0.717	0.661	0.480	0.506	0.705	0.812
新疆	1.387	1.649	1.607	1.769	1.339	1.074	1.292	1.287	0.864	0.737	0.562

附表 13　教育基尼系数与居民收入的差值

年份\地区	2002	2003	2004	2005	2006	2007	2008	2009	2010	2011	2012
北京	0.220	1.296	1.491	1.229	1.385	1.586	1.476	1.431	1.545	1.653	1.422
天津	0.538	0.043	0.269	0.102	0.269	0.212	0.043	0.223	0.338	0.334	0.243
河北	0.239	0.434	0.611	0.294	0.033	0.477	0.535	0.336	0.366	0.320	0.527
山西	0.719	0.631	0.501	0.076	0.484	0.463	0.474	0.352	0.392	0.397	0.277
内蒙古	0.603	0.831	0.451	0.716	0.807	0.481	0.642	0.301	0.321	0.453	0.341
辽宁	1.162	0.523	0.869	0.562	0.767	0.793	0.752	0.870	0.559	0.653	0.551
吉林	1.441	1.593	1.112	1.007	0.959	0.829	0.801	0.522	0.679	0.655	0.452
黑龙江	1.018	0.832	0.365	0.080	0.780	0.676	0.508	0.352	0.209	0.578	0.335
上海	1.662	2.777	2.646	2.313	2.098	2.192	2.157	2.080	2.245	2.219	1.837
江苏	0.439	0.949	0.885	1.103	0.549	0.539	0.583	0.918	0.930	0.724	0.603
浙江	1.983	1.625	1.846	1.715	1.825	1.224	1.305	0.931	0.903	0.752	0.425
安徽	0.118	0.431	0.447	0.074	0.206	0.201	0.668	0.553	0.551	0.695	0.857
福建	0.859	0.474	0.614	0.728	0.532	0.332	0.281	0.281	0.502	0.027	0.085
江西	0.407	0.548	1.219	0.753	0.497	0.736	1.355	1.205	1.151	1.598	1.466
山东	0.380	0.073	0.490	0.631	0.734	0.389	0.643	0.759	0.795	0.836	0.905
河南	0.171	0.187	0.249	0.055	0.247	0.501	0.661	0.700	0.578	0.613	0.824
湖北	0.730	0.417	0.500	0.477	0.410	0.928	0.923	0.969	0.532	0.857	0.706

续表

年份 地区	2002	2003	2004	2005	2006	2007	2008	2009	2010	2011	2012
湖南	0.138	0.677	0.521	0.463	0.351	0.500	0.667	0.687	0.378	0.692	0.541
广东	1.333	0.746	0.946	0.868	0.747	0.839	0.717	0.544	0.791	0.931	0.920
广西	0.295	0.386	0.560	0.646	0.433	0.630	0.004	0.400	0.172	0.286	0.460
海南	0.478	0.472	0.851	0.571	0.751	0.167	0.308	0.001	0.162	0.039	0.290
重庆	0.087	0.383	0.266	0.006	0.426	0.331	0.127	0.140	0.597	0.287	0.221
四川	0.022	0.464	0.453	0.273	0.059	0.578	0.397	0.364	0.765	0.515	0.365
贵州	0.322	0.400	0.783	0.520	0.016	0.337	0.115	0.080	0.135	0.171	0.346
云南	0.513	1.016	1.318	0.116	0.307	0.291	0.005	0.153	0.430	0.247	0.315
西藏	3.595	3.936	4.239	4.202	4.024	3.543	3.501	3.287	3.309	3.296	3.332
陕西	1.144	0.720	1.134	1.331	1.103	1.211	1.184	1.270	1.194	1.059	0.922
甘肃	0.149	0.360	0.557	0.854	0.540	0.093	0.203	0.483	0.583	0.475	0.270
青海	0.025	0.091	0.440	0.330	0.959	0.837	1.205	1.485	1.874	1.863	1.887
宁夏	0.651	0.940	0.938	1.348	0.983	1.070	1.005	1.103	0.990	1.067	0.955
新疆	1.726	2.426	2.203	2.315	1.973	1.837	1.974	2.225	2.048	1.891	3.929

附表14 教育基尼系数与人口密度的差值

年份 地区	2002	2003	2004	2005	2006	2007	2008	2009	2010	2011	2012
北京	1.247	0.199	0.085	0.250	0.140	0.005	0.038	0.039	0.121	0.358	0.442
天津	0.631	0.062	0.292	0.129	0.238	0.222	0.045	0.119	0.244	0.209	0.320
河北	0.493	0.188	0.341	0.008	0.246	0.664	0.782	0.586	0.605	0.761	0.844
山西	0.351	0.374	0.307	0.082	0.377	0.379	0.367	0.209	0.176	0.201	0.215
内蒙古	0.688	0.900	0.656	1.010	1.153	0.876	1.114	0.836	0.856	0.937	0.936
辽宁	0.965	0.387	0.764	0.464	0.740	0.816	0.840	1.039	0.733	0.884	0.881
吉林	1.269	1.535	1.128	1.078	1.023	0.924	0.875	0.602	0.754	0.506	0.455
黑龙江	1.049	0.891	0.416	0.185	0.865	0.758	0.502	0.333	0.173	0.174	0.132
上海	3.240	4.452	4.299	4.047	3.829	3.975	3.881	3.805	3.972	4.090	4.091
江苏	0.595	1.072	0.943	1.053	0.342	0.273	0.253	0.576	0.537	0.182	0.104
浙江	0.284	0.272	0.124	0.245	0.083	0.676	0.590	0.858	0.867	1.018	1.129
安徽	0.825	1.286	0.378	0.712	0.906	0.816	1.235	1.112	1.117	1.008	1.024
福建	0.076	0.516	0.318	0.213	0.341	0.522	0.531	0.584	1.368	0.998	1.050
江西	0.098	0.286	0.952	0.470	0.292	0.527	1.214	1.036	0.984	1.176	1.224
山东	0.662	0.411	0.813	0.895	0.918	0.526	0.724	0.823	0.838	0.757	0.783
河南	0.907	0.822	1.259	1.019	1.091	1.290	1.411	1.404	1.283	1.335	1.400
湖北	0.414	0.195	0.240	0.205	0.141	0.666	0.691	0.758	0.332	0.628	0.631

续表

年份 地区	2002	2003	2004	2005	2006	2007	2008	2009	2010	2011	2012
湖南	0.159	0.516	0.373	0.349	0.271	0.391	0.580	0.575	0.279	0.442	0.450
广东	0.028	0.675	0.448	0.473	0.307	0.092	0.102	0.220	0.012	0.098	0.051
广西	0.398	0.449	0.548	0.634	0.356	0.472	0.035	0.411	0.179	0.236	0.329
海南	0.320	0.441	0.761	0.375	0.433	0.087	0.062	0.240	0.076	0.205	0.301
重庆	0.168	0.084	0.016	0.162	0.365	0.258	0.052	0.018	0.460	0.261	0.328
四川	0.071	0.383	0.319	0.113	0.099	0.410	0.273	0.237	0.651	0.414	0.425
贵州	0.835	0.178	0.236	0.033	0.521	0.841	0.620	0.498	0.708	0.665	0.627
云南	0.338	0.907	1.286	0.004	0.328	0.356	0.120	0.249	0.525	0.183	0.100
西藏	2.882	3.374	3.655	3.808	3.783	3.583	3.442	3.289	3.308	3.411	3.304
陕西	0.728	0.383	0.771	0.943	0.727	0.854	0.806	0.990	0.940	1.000	0.996
甘肃	0.048	0.223	0.409	0.680	0.346	0.305	0.136	0.052	0.152	0.028	0.005
青海	0.055	0.090	0.458	0.270	0.895	0.784	1.076	1.315	1.706	1.687	1.845
宁夏	0.555	0.822	0.799	1.194	0.847	0.973	0.917	1.093	0.977	1.069	1.063
新疆	2.030	2.715	2.427	2.370	1.959	1.825	1.935	2.084	1.887	1.679	1.599

附表 15　初中生均预算内教育经费占初中生均教育经费比例的 E_{ij} 值

年份 地区	2002	2003	2004	2005	2006	2007	2008	2009	2010	2011	2012
北京	0.771	0.821	0.825	0.809	0.816	0.840	0.702	0.697	0.729	0.780	0.762
天津	0.914	0.866	0.934	0.917	0.933	0.886	0.921	0.940	0.847	0.824	0.789
河北	0.922	0.959	0.963	0.935	0.915	0.938	0.860	0.859	0.866	0.908	0.920
山西	0.989	0.959	0.981	0.923	0.973	0.977	1.000	0.971	0.898	0.918	0.957
内蒙古	0.986	0.996	0.963	0.991	0.987	0.997	0.948	0.966	0.948	0.860	0.871
辽宁	0.888	0.942	0.951	0.977	0.954	0.941	0.871	0.850	0.824	0.822	0.837
吉林	0.857	0.824	0.851	0.863	0.877	0.910	0.854	0.903	0.897	0.812	0.853
黑龙江	0.939	0.887	0.868	0.822	0.923	0.986	0.841	0.788	0.749	0.780	0.770
上海	0.872	0.993	0.984	0.935	0.923	0.920	0.984	0.950	0.979	0.960	0.934
江苏	0.887	0.908	0.895	0.913	0.855	0.895	0.818	0.844	0.860	0.919	0.794
浙江	0.871	0.845	0.861	0.841	0.846	0.860	0.750	0.682	0.683	0.652	0.691
安徽	0.941	0.900	0.998	0.987	0.976	0.968	0.871	0.878	0.886	0.921	0.887
福建	0.972	0.874	0.933	0.954	0.932	0.944	0.866	0.872	0.752	0.783	0.760
江西	0.970	0.971	0.921	0.976	0.995	0.953	0.946	0.937	0.902	0.839	0.954
山东	0.983	0.990	0.960	0.933	0.942	0.999	0.871	0.823	0.873	0.855	0.867
河南	1.000	0.955	0.913	0.920	0.909	0.911	0.796	0.817	0.826	0.816	0.840
湖北	0.872	0.938	0.929	0.944	0.951	0.921	0.975	0.986	0.945	0.981	1.000

续表

年份 地区	2002	2003	2004	2005	2006	2007	2008	2009	2010	2011	2012
湖南	0.882	0.913	0.929	0.946	0.976	0.958	0.843	0.832	0.890	0.837	0.836
广东	0.895	0.850	0.884	0.874	0.861	0.929	0.824	0.837	0.829	0.819	0.844
广西	0.990	0.996	0.990	0.954	0.978	0.998	0.892	0.808	0.846	0.846	0.770
海南	0.937	0.924	0.850	0.933	0.975	0.981	0.948	1.000	0.932	0.923	0.993
重庆	0.947	0.891	0.869	0.865	0.813	0.926	0.813	0.834	0.789	0.748	0.791
四川	0.964	0.934	0.913	0.899	0.897	0.965	0.903	0.804	0.717	0.847	0.960
贵州	0.850	0.889	0.953	0.891	0.870	0.876	0.759	0.780	0.754	0.716	0.728
云南	0.827	0.795	0.767	0.880	0.874	0.910	0.867	0.853	0.792	0.905	0.969
西藏	0.596	0.582	0.568	0.570	0.571	0.507	0.510	0.510	0.516	0.539	0.516
陕西	0.968	0.831	0.991	0.979	0.945	0.994	0.862	0.920	0.834	1.000	1.000
甘肃	0.679	0.703	0.677	0.789	0.681	0.636	0.556	0.590	0.600	0.590	0.591
青海	0.551	0.521	0.545	0.528	0.593	0.955	0.953	0.988	0.770	0.698	0.647
宁夏	0.675	0.916	0.880	0.773	0.966	0.889	0.860	1.000	0.944	0.926	0.623
新疆	0.803	0.632	0.623	0.610	0.656	0.669	0.578	0.557	0.722	0.986	1.000

注：求出新序列极值的最大值与最小值；$\Delta_{\max} = \max(\Delta_{ij})$，$\Delta_{\min} = \min(\Delta_{ij})$，运用关联系数矩阵中各因子的计算公式 $E_{ij} = \dfrac{\Delta_{\max} + \Delta_{\min}}{\Delta_{ij} + \Delta_{\max}}$，得出 E_{ij} 值。

附表 16 至附表 18 的计算方法与此相同。

附表 16 初中生均教育经费的 E_{ij} 值

年份 地区	2002	2003	2004	2005	2006	2007	2008	2009	2010	2011	2012
北京	0.996	0.844	0.858	0.877	0.867	0.754	0.734	0.696	0.680	0.586	0.577
天津	0.897	0.971	0.996	0.938	0.942	0.948	0.963	0.984	0.899	0.835	0.817
河北	0.986	0.905	0.894	0.940	0.980	0.952	0.933	0.942	0.946	0.903	0.907
山西	0.941	0.934	0.946	0.992	0.931	0.918	0.919	0.940	0.939	0.926	0.920
内蒙古	0.997	0.958	0.986	0.941	0.926	0.953	0.911	0.979	1.000	0.988	0.967
辽宁	0.902	0.949	0.910	0.961	0.924	0.914	0.892	0.851	0.889	0.867	0.905
吉林	0.870	0.849	0.884	0.887	0.887	0.890	0.896	0.950	0.929	0.982	0.998
黑龙江	0.927	0.938	0.992	0.965	0.943	0.965	1.000	0.971	0.972	0.986	1.000
上海	0.729	0.670	0.682	0.682	0.667	0.622	0.648	0.621	0.630	0.665	0.699
江苏	0.960	0.971	0.995	0.973	0.929	0.910	0.943	0.986	0.998	1.000	0.990
浙江	0.898	0.981	0.946	0.946	0.937	0.969	0.964	0.884	0.871	0.835	0.819
安徽	1.000	0.948	0.937	0.982	0.985	0.996	0.922	0.936	0.944	0.921	0.903
福建	0.965	0.927	0.950	0.960	0.925	0.893	0.893	0.867	0.759	0.805	0.806
江西	0.943	0.905	0.841	0.891	0.909	0.859	0.786	0.770	0.769	0.716	0.725
山东	0.994	0.938	0.992	0.968	0.949	0.997	0.954	0.933	0.961	0.943	0.938
河南	0.975	0.943	0.985	0.988	0.994	0.956	0.925	0.931	0.964	0.925	0.913
湖北	0.888	0.913	0.910	0.915	0.919	0.832	0.845	0.815	0.890	0.819	0.815

续表

年份 地区	2002	2003	2004	2005	2006	2007	2008	2009	2010	2011	2012
湖南	0.938	0.874	0.897	0.903	0.921	0.902	0.886	0.876	0.924	0.865	0.860
广东	0.960	0.926	0.960	0.937	0.916	0.927	0.904	0.843	0.849	0.820	0.827
广西	0.921	0.918	0.907	0.891	0.917	0.897	0.975	0.957	0.981	1.000	0.987
海南	0.958	0.938	0.888	0.940	0.934	1.000	0.983	0.971	0.982	0.956	0.915
重庆	0.962	0.916	0.928	0.955	0.899	0.894	0.945	0.920	0.843	0.873	0.867
四川	0.957	0.922	0.933	0.957	0.979	0.908	0.933	0.922	0.855	0.885	0.877
贵州	0.933	0.972	0.930	0.962	0.973	0.921	0.957	0.992	0.969	0.966	0.979
云南	0.934	0.852	0.819	0.967	0.932	0.923	0.979	0.960	0.891	0.981	0.987
西藏	0.565	0.536	0.503	0.503	0.503	0.517	0.503	0.513	0.504	0.510	0.507
陕西	0.671	0.756	0.658	0.626	0.606	0.581	0.601	0.586	0.603	0.542	0.584
甘肃	0.932	0.986	0.880	0.774	0.870	0.754	0.880	0.964	1.000	0.995	1.000
青海	0.751	0.633	0.878	0.850	1.000	1.000	0.970	0.953	0.845	0.907	0.916
宁夏	1.000	1.000	1.000	0.850	0.983	0.882	0.907	1.000	1.000	0.916	0.862
新疆	0.739	0.682	0.690	0.659	0.710	0.784	0.717	0.718	0.825	0.885	1.000

附表 17 居民收入的 E_{ij} 值

年份 地区	2002	2003	2004	2005	2006	2007	2008	2009	2010	2011	2012
北京	0.951	0.766	0.740	0.774	0.744	0.713	0.727	0.733	0.723	0.709	0.750
天津	0.888	0.990	0.941	0.977	0.938	0.949	0.989	0.947	0.927	0.928	0.962
河北	0.947	0.907	0.874	0.935	0.992	0.892	0.880	0.921	0.921	0.931	0.901
山西	0.855	0.871	0.895	0.982	0.893	0.895	0.893	0.918	0.916	0.914	0.954
内蒙古	0.876	0.836	0.904	0.855	0.833	0.891	0.860	0.929	0.931	0.903	0.940
辽宁	0.785	0.890	0.830	0.882	0.840	0.832	0.840	0.819	0.881	0.863	0.896
吉林	0.746	0.727	0.792	0.807	0.808	0.826	0.831	0.883	0.859	0.863	0.916
黑龙江	0.807	0.836	0.921	0.982	0.838	0.853	0.886	0.918	0.956	0.878	0.941
上海	0.719	0.604	0.616	0.645	0.657	0.642	0.646	0.654	0.641	0.643	0.696
江苏	0.906	0.817	0.827	0.792	0.880	0.880	0.871	0.811	0.814	0.850	0.886
浙江	0.681	0.723	0.697	0.710	0.688	0.763	0.751	0.809	0.819	0.845	0.922
安徽	0.973	0.908	0.905	0.983	0.952	0.952	0.855	0.877	0.883	0.856	0.839
福建	0.832	0.900	0.874	0.853	0.883	0.922	0.933	0.933	0.893	1.000	1.000
江西	0.913	0.886	0.777	0.848	0.890	0.842	0.744	0.765	0.781	0.718	0.769
山东	0.918	0.983	0.897	0.870	0.846	0.910	0.860	0.838	0.840	0.833	0.859
河南	0.961	0.958	0.945	0.987	0.942	0.887	0.856	0.849	0.880	0.874	0.873
湖北	0.853	0.911	0.895	0.898	0.908	0.809	0.810	0.802	0.889	0.829	0.895

续表

年份 地区	2002	2003	2004	2005	2006	2007	2008	2009	2010	2011	2012
湖南	0.969	0.862	0.891	0.901	0.920	0.887	0.855	0.851	0.921	0.859	0.928
广东	0.761	0.851	0.818	0.829	0.844	0.824	0.846	0.879	0.841	0.816	0.856
广西	0.935	0.917	0.884	0.867	0.903	0.862	0.999	0.908	0.968	0.941	0.946
海南	0.899	0.900	0.833	0.881	0.843	0.959	0.928	1.000	0.970	1.000	0.984
重庆	0.981	0.918	0.942	1.000	0.905	0.923	0.970	0.985	0.898	0.972	1.000
四川	0.996	0.902	0.905	0.940	0.987	0.873	0.909	0.934	0.866	0.923	0.978
贵州	0.930	0.915	0.845	0.891	0.997	0.922	0.973	1.000	1.000	1.000	0.982
云南	0.893	0.808	0.764	0.974	0.930	0.932	1.000	1.000	0.958	1.000	0.989
西藏	0.544	0.530	0.511	0.511	0.512	0.538	0.556	0.582	0.580	0.581	0.578
陕西	0.779	0.865	0.794	0.765	0.799	0.782	0.808	0.808	0.820	0.842	0.866
甘肃	0.970	0.937	0.897	0.841	0.900	1.000	1.000	0.952	0.931	0.953	1.000
青海	1.000	1.000	0.975	1.000	0.968	0.987	0.916	0.869	0.811	0.810	0.807
宁夏	1.000	1.000	1.000	0.916	0.964	0.941	0.953	0.935	0.956	0.939	0.961
新疆	1.000	0.907	0.804	0.775	0.802	0.816	0.797	0.764	0.787	0.806	0.597

附表 18　人口密度的 E_{ij} 值

年份\地区	2002	2003	2004	2005	2006	2007	2008	2009	2010	2011	2012
北京	0.782	0.958	0.982	0.943	0.968	1.000	0.992	0.992	0.972	0.921	0.904
天津	0.877	0.987	0.937	0.970	0.946	0.950	0.990	0.973	0.945	0.953	0.929
河北	0.901	0.960	0.927	0.999	0.944	0.861	0.841	0.876	0.872	0.844	0.830
山西	0.928	0.923	0.934	0.981	0.917	0.916	0.919	0.953	0.960	0.954	0.951
内蒙古	0.867	0.833	0.868	0.803	0.781	0.825	0.787	0.831	0.828	0.815	0.815
辽宁	0.823	0.921	0.850	0.899	0.848	0.835	0.831	0.798	0.849	0.823	0.824
吉林	0.779	0.744	0.793	0.792	0.801	0.817	0.825	0.873	0.845	0.891	0.901
黑龙江	0.810	0.834	0.913	0.958	0.826	0.845	0.892	0.926	0.961	0.960	0.970
上海	0.579	0.500	0.500	0.503	0.517	0.508	0.514	0.519	0.508	0.501	0.501
江苏	0.866	0.781	0.802	0.784	0.918	0.930	0.933	0.857	0.865	0.951	0.971
浙江	0.932	0.934	0.969	0.941	0.980	0.842	0.855	0.800	0.799	0.771	0.746
安徽	0.823	0.748	0.911	0.843	0.808	0.816	0.737	0.755	0.754	0.773	0.765
福建	0.981	0.882	0.924	0.948	0.919	0.874	0.868	0.855	0.715	0.775	0.760
江西	0.976	0.931	0.801	0.891	0.930	0.873	0.740	0.768	0.777	0.745	0.731
山东	0.853	0.904	0.825	0.811	0.806	0.873	0.827	0.807	0.804	0.820	0.810
河南	0.808	0.823	0.752	0.790	0.777	0.736	0.710	0.709	0.728	0.720	0.703
湖北	0.903	0.952	0.942	0.950	0.965	0.844	0.834	0.819	0.913	0.846	0.841

续表

年份\地区	2002	2003	2004	2005	2006	2007	2008	2009	2010	2011	2012
湖南	0.961	0.882	0.912	0.917	0.934	0.903	0.857	0.857	0.926	0.887	0.881
广东	0.994	0.850	0.896	0.890	0.926	0.976	0.973	0.941	0.998	0.973	0.986
广西	0.906	0.895	0.875	0.858	0.915	0.885	0.991	0.894	0.952	0.937	0.911
海南	0.923	0.897	0.834	0.911	0.898	0.978	0.984	0.936	0.980	0.945	0.918
重庆	0.959	0.979	0.997	0.960	0.913	0.934	0.987	0.996	0.882	0.930	0.911
四川	0.983	0.910	0.924	0.972	0.976	0.899	0.928	0.936	0.841	0.893	0.887
贵州	0.821	0.956	0.943	0.992	0.880	0.811	0.849	0.874	0.829	0.838	0.842
云南	0.919	0.808	0.748	1.000	0.921	0.911	0.968	0.933	0.868	0.950	0.972
西藏	0.570	0.531	0.511	0.501	0.501	0.501	0.501	0.510	0.508	0.501	0.501
陕西	0.790	0.878	0.760	0.717	0.743	0.711	0.723	0.680	0.669	0.650	0.651
甘肃	0.984	0.926	0.858	0.779	0.860	0.874	0.941	0.978	0.928	0.988	1.000
青海	1.000	1.000	0.935	1.000	0.930	0.959	0.871	0.810	0.711	0.709	0.679
宁夏	1.000	0.993	1.000	0.888	0.946	0.900	0.917	0.866	0.892	0.851	0.849
新疆	0.909	0.794	0.687	0.668	0.685	0.704	0.685	0.660	0.677	0.697	0.706

参 考 文 献

安虎森.1998.新产业区理论与区域经济发展［J］.北方论丛（2）：17－22.

邦克.2011.世界是开放的：网络技术如何变革学校［M］.焦建利，译.上海：华东师范大学出版社.

彼得斯.2001.政府未来的治理模式［M］.吴爱明，夏宏图，译.北京：中国人民大学出版社.

波普诺.1987.社会学：下［M］.刘云德，王戈，译.沈阳：辽宁人民出版社.

陈德第，李轴，库桂生.2001.国防经济大辞典［M］.北京：军事科学出版社.

陈帆波，王丹彤.2008.东北师大在东三省建教师教育实验区［N］.中国教育报，01－09（2）.

陈海东.2010.信息技术促进教育优质均衡发展：内涵、案例与对策［J］.中国电化教育（12）：35－38.

陈丽娜.2008.青海省与陕西师范大学共建教师教育创新实验区［N］.中国教育报，11－12.

陈三林.1992.常州市教育综合改革的实践与探索［J］.人民教育（2）：16－20.

陈至立.2000.在中小学大力普及信息技术教育［N］.光明日报，11－22（7）.

程蓉.2008.基于产品设计链的企业协同创新研究［D］.武汉：武汉理工大学.

迟巍，钱晓烨，吴斌珍.2012.我国城镇居民家庭教育负担研究［J］.清华大学教育研究（3）：75－82.

崔功豪.1999.区域分析与规划［M］.北京：高等教育出版社.

丁钢.2013.新技术与教学方式的转变［J］.现代远距离教育（1）：3－7.

杜育红.2000.教育发展不平衡研究［M］.北京：北京师范大学出版社.

范国睿.1998.试论教育资源短缺及其对教育生态系统发展的影响［J］.河北师范大学学报：教育科学版（1）.

范国睿.1999.教育生态学［M］.北京：人民教育出版社.

范卫萍.2005.区域教育发展规划研究［D］.长春：东北师范大学.

房淑云，窦文章．1997．区域教育发展理论探索［M］．太原：山西教育出版社．

冯帮，熊文．2013．一个十三岁初中生的账单：义务教育下的农村学生教育消费调查［J］．上海教育科研（6）：46－48．

高吉喜．2000.21世纪生态发展战略［M］．贵阳：贵州科技出版社．

戈峰．2002．现代生态学［M］．北京：科学出版社．

共建"长三角教育综合改革试验区"课题组．2012．推进长三角教育综合改革实现区域教育联动发展［J］．教育发展研究（5）：27－45．

顾建军．1999．区域教育发展不平衡的理论探讨［J］．内蒙古师范大学报：哲学社会科学版（4）．

顾明远．2012．试论教育现代化的基本特征［J］．教育研究（9）：4－10．

关振宇．2012．预算改革理论与实践研究［M］．北京：中国经济出版社．

规划编制专家组．2012.《教育信息化十年发展规划（2011—2020年）》解读［M］．北京：人民教育出版社．

郭琴．2000．信息技术对现代教育的影响［J］．电化教育研究（6）：8－13．

郭秀锐．2000．国内环境承载力研究进展［J］．中国人口·资源与环境（3）：28－30．

国家教育委员会．2001．全国农村教育综合改革实验区工作指导纲要（试行）［EB/OL］．（08－30）［2009－01－28］．http：//www.edu.cn/nong_cun_jiao_yu_239/20060323/t20060323_14129.shtml.

国务院教育督导委员会办公室．2014．深化教育督导改革转变教育管理方式的意见［EB/OL］．（02－08）［2014－3－18］．http//www.gov.cn/zhuanti/2014－02/18/content_2615522.htm.

过剑飞．2008．绩效预算浦东政府治理模式的新视角［M］．北京：中国财政经济出版社．

哈特向．1981．地理学性质的透视［M］．北京：商务印书馆．

贺祖斌．2004．中国高等教育系统的生态学分析［D］．武汉：华中科技大学．

亨利．2002．公共行政与公共事务［M］．张析，等，译．北京：中国人民大学出版社．

亨廷顿．2008．变动社会中的政治秩序［M］．王冠华，刘为，等，译．上海：上海人民出版社．

胡焕庸．1983．论中国人口之分布［M］．上海：华东师范大学出版社．

黄超英．2007．河南某县农村家庭教育负担实证研究［J］．上海教育科研（6）：24－27．

黄葳.2009.我国教育督导体制现状、问题与改革路径［J］.教育发展研究（12）：16－20.

黄幼岩.2007.市场配置：欠发达地区高中教育跨越式发展的重要手段［J］.教育理论与实践（15）：28－30.

黄忠敬.2007.我国教育政策的制定过程［J］.教育理论与实践（3）：21－24.

江新军，刘秋泉，陈文静，等.2013.绿满岳麓［J］.人民教育（24）.

姜美玲.2009.教育公共治理：内涵、特征与模式［J］.全球教育展望（5）：39－46.

焦瑶光.2004.区域教育学［M］.兰州：甘肃教育出版社（45）.

教育部.2008.教育部和湖北省签订合作协议共建武汉城市圈教育综合改革试验区.［EB/OL］.（08－05）［2009－01－28］.http：//www.moe.edu.cn/edoas/website18/37/info1217890919889237.htm.

《教育综合改革实验丛书》编委会.2012a.追求卓越 对话世界：深圳南山教育综合改革试验模式［M］.北京：教育科学出版社.

《教育综合改革实验丛书》编委会.2012b.高位均衡 轻负高质：杭州下城教育综合改革试验模式［M］.北京：教育科学出版社.

《教育综合改革实验丛书》编委会.2012c.多元开放 国际融合：大连金州新区教育综合改革试验模式［M］.北京：教育科学出版社.

《教育综合改革实验丛书》编委会.2012d.城乡统筹 质量领先：成都青羊教育综合改革试验模式［M］.北京：教育科学出版社.

杰索普.1991.治理的兴起及其失败的风险：以经济发展为例的论述［J］.国际社会科学（1）：31－48.

金林.2007.科技中小企业与科技中介协同创新研究［D］.大连：大连理工大学.

卡蓝默.2005.破碎的民主：试论治理的革命［M］.高凌瀚，译.北京：生活·读书·新知三联书店.

考夫曼.2004.法律哲学［M］.刘幸义，等，译.北京：中国社会科学出版社.

孔茨，韦里克.1998.管理学［M］.10版.马春光，译.北京：经济科学出版社.

赖配根，等.2011.好学校，每所皆有可能［J］.人民教育（1－2）.

黎小勇.2003.试析网络高等教育［J］.湖南师范大学教育科学学报（4）：48－50.

李凡，陈琳，蒋艳红.2010.英国信息化策略"下一代学习活动"的发展及启示［J］.中国电化教育（6）：39－47.

李福华.2008.大学治理的理论基础和组织架构［M］.北京：教育科学出版社.

李惠斌.2003.全球化与公民社会［M］.桂林：广西师范大学出版社.

李金龙 . 2012. 走联创之路 创优质教育 [J] . 人民教育 (21) : 21 – 23.

李伟，张清东 . 2012. 高校扩招背景下研究生教育现状及问题研究 [J] . 教育与职业 (36) .

李晓玲 . 2008. 区域教育发展规划研究综述 [J] . 湖南第一师范学报 (1) : 17 – 19.

李亚东 . 2003. 区域教育质量保障体系研究 [D] . 上海 : 华东师范大学 .

梁永丰 . 1998. 顺德教育综合改革基本经验探析 [J] . 现代教育论丛 (5) : 35 – 38.

刘贵华 . 2002. 大学学术生态 [D] . 上海 : 华东师范大学 .

刘贵华 . 2007. 试论生态学对于教育研究的适切性 [J] . 教育研究 (7) .

刘贵华，王小飞，祝新宇 . 2009. 论区域教育综合改革模式 [J] . 教育研究 (12) .

刘贵华，岳伟 . 2013. 论教育在生态文明建设中的基础作用 [J] . 教育研究 (12) .

刘嘉麟，郭金元 . 2010. 顺德教育改革车轮再启动 [N] . 南方日报，2010 – 04 – 27 (2) .

刘利民 . 2013. 走内涵式综合改革之路 [J] . 人民教育 (10) : 10 – 15.

刘诗白，邹广严 . 2000. 新世纪企业家百科全书 : 第 5 卷 [M] . 北京 : 中国言实出版社 .

刘兴红 . 2009. 农村远程教育工程对城乡教育数字鸿沟的影响 [J] . 中国电化教育 (4) : 45 – 48.

刘延东 . 2009. 推进均衡发展是义务教育的战略性任务 [N] . 中国教育报，11 – 07.

刘志波，郑良栋 . 2004. 当前我国中小学教育信息化进程中的主要误区及其对策 [J] . 电化教育研究 (8) : 75 – 78.

柳俊峰 . 2004. 中央和地方政府的利益博弈关系及对策研究 [J] . 西南交通大学学报 : 社会科学版 (3) : 69 – 72.

龙腾锐，姜文超，何强 . 2004. 水资源承载力内涵的新认识 [J] . 水利学报 (1) .

卢梭 . 1980. 社会契约论 [M] . 何兆武，译 . 北京 : 商务印书馆 .

罗茨 . 2000. 新的治理 [J] // 俞可平 . 治理与善治 . 北京 : 社会科学文献出版社 .

罗西瑙 . 2001. 没有政府统治的治理 [M] . 张胜军，刘小林，等，译 . 南昌 : 江西人民出版社 .

马国贤 . 2008. 政府预算理论与绩效政策研究 [M] . 北京 : 中国财政经济出版社 .

马青 . 2010. 县域内义务教育管理公共性问题研究 [D] . 长春 : 东北师范大学 .

孟德斯鸠 . 1978. 论法的精神 : 上册 [M] . 彭盛，译 . 北京 : 商务印书馆 .

潘懋元 . 1997. 区域教育的基本功能 : 文化选择与创造 [M] // 潘懋元区域教育文集 . 汕头 : 汕头大学出版社 .

彭世华.2003.发展区域教育学［M］.北京：教育科学出版社.

蒲蕊.2007.公共利益：公共教育体制改革的基本价值取向［J］.教育研究与实验
（1）：34－37.

邱伟华.2008.公共教育支出调节收入差异的有效性研究［J］.清华大学教育研究
（3）：20－26.

"区域教育可持续发展研究"课题组.2000.可持续发展区域教育研究［J］.中国人
口·资源与环境（10）.

瞿堃，钟晓燕.2012.教育信息化概论［M］.重庆：西南师范大学出版社.

曲绍卫，李廷洲.2012.当前我国农村义务教育公用经费增长态势分析［J］.教育与
经济（2）：27－29.

尚玉昌.2003.生态学概论［M］.北京：北京大学出版社.

沈百福.2006.我国普通高中预算内教育经费及学费的地区差异分析［J］.上海教育
科研（9）：9－11.

沈喜云.2007.我国区域教育发展趋势研究［D］.兰州：西北师范大学.

盛冰.2003.高等教育的治理：重构政府、高校、社会之间的关系［J］.高等教育研
究（2）：47－51.

石人炳.2005.人口变动对教育的影响［M］.北京：中国经济出版社.

舒尔茨.1990.人力资本投资：教育和研究的作用［M］.蒋斌，译.北京：商务印
书馆.

宋德民.2013.尽快形成深化教育领域综合改革新机制［N］.中国教育报，12－19
（2）.

宋艳.2009.农民工子女教育的"两为主"政策：全面实施免费义务教育后的分析
［J］.教育理论与实践（9）：37－40.

孙长青.2009.长江三角洲制药产业集群协同创新研究［D］.上海：华东师范大学.

塔皮诺，等.1982.60亿人：人口困境和世界对策［M］.张开敏，译.上海：上海译
文出版社.

泰勒.2013.科学管理原理［M］.马风才，译.北京：机械工业出版社.

谈松华，王蕊，王建.2002.中国区域教育现代化研究［M］.北京：教育科学出
版社.

唐斌.2012.教育多元筹资问题研究［M］.武汉：华中师范大学出版社.

田方.1986.中国人口迁移［M］.北京：知识出版社.

田家盛.2000.教育人口学［M］.北京：人民教育出版社.

王建廷.2007.区域经济发展动力与动力机制 [M].上海:上海人民出版社.

王培章.2007.简论加强教育督导信息收集工作 [J].中国成人教育 (10):57-58.

王世涛.2012.财政宪法学研究财政的宪政视角 [M].北京:法律出版社.

王玺,张勇.2013.公共投资在中国经济转型中有效引导教育投入机制改革的研究:基于不同教育投入形式长期经济效果的实证分析 [J].财政研究 (10):43-47.

魏志春.2009.新阶段政府教育管理职能应如何转变 [J].人民教育 (23):6-9.

乌巧沧萍.2006.人口学学科体系研究 [M].北京:中国人民大学出版社.

吴德刚.2011.中国农村教育综合改革研究 [M].北京:教育科学出版社:21.

吴景松.2008.政府职能转变视野中的公共教育治理范式研究 [D].上海:华东师范大学.

吴俊培.2012.地方政府预算改革研究 [M].北京:中国财政经济出版社.

吴宣德.2003.中国区域教育发展概论 [M].武汉:湖北教育出版社.

吴玉鸣,李建霞.2002.我国区域教育竞争力实证研究 [J].教育与经济 (3):15-19.

习近平,刘云山,张高丽,等.2013.《中共中央关于全面深化改革若干重大问题的决定》辅导读本 [M].北京:人民出版社.

夏尔·雷奥波·马耶人类进步基金会.2005.治理改革讨论与比较研究国际网络:夏尔·雷奥波·马耶人类进步基金会的一项建议 [J].跨文化对话 (17):48-51.

熊才平,何向阳,吴瑞华.2012.论信息技术对教育发展的革命性影响 [J].教育研究 (6):22-29.

续梅.2008.教育部发布会介绍我国农村教育事业改革发展情况 [EB/OL].[10-27].http://www.gov.cn/xwfb/2008-10/27/content_1132539.htm.

杨持.2009.生态学 [M].北京:高等教育出版社:13-14.

杨继瑞,杨蓉,马永坤.2013.协同创新理论探讨及区域发展协同创新机制的构建 [J].高校理论战线 (1):56-62.

杨令平,司晓宏.2012.西部地方政府履行义务教育均衡发展责任状况的调查研究 [J].教育探索 (1):5-9.

杨培峰,甄峰,王兴平,等.2013.区域研究与区域规划 [M].北京:中国建筑工业出版社.

杨润勇.2010.区域教育政策行为与地方教育发展 [J].当代教育科学 (15):13-16.

杨耀录.2006.论陕南文化对区域教育的影响 [J].安康师专学报 (5):13-15.

杨银付.2014.深化教育领域综合改革的若干思考 [J].教育研究 (1).

于根元. 1994. 现代汉语新词词典［M］. 北京：北京语言学院出版社.

余胜泉. 2011. 技术何以革新教育：在第三届佛山教育博览会"智能教育与学习的革命"论坛上的演讲［J］. 中国电化教育（7）：1－6.

俞可平. 2000. 治理与善治［M］. 北京：社会科学文献出版社.

俞可平. 2005. 论政府创新的主要趋势［J］. 学习与探索（4）：2－6.

袁贵仁. 2013. 深化教育领域综合改革［M］//习近平，刘云山，张高丽，等.《中共中央关于全面深化改革若干重大问题的决定》辅导读本［M］. 北京：人民出版社.

袁贵仁. 2014. 深化教育领域综合改革 加快推进教育治理体系和治理能力现代化：在2014年全国教育工作会议上的讲话［N］. 中国教育报，02－13（2）.

岳伟，黄道主. 2014. 彰显教育的公平与公益：城市免费义务教育问题研究［M］. 武汉：华中师范大学出版社.

翟烜. 2011. 土地出让收益按比提取教育金［N］. 京华时报，06－09（3）.

张车伟. 1994. 关于人口迁移理论的一种生态学观点［J］. 中国人口科学（1）：43.

张成福，党秀云. 2007. 公共管理学［M］. 北京：中国人民大学出版社.

张绘. 2013. 追求高额利润与接受监督管理：美国教育管理组织（EMOs）发展模式探析［J］. 教育与经济（1）：67－72.

张兰芳，林盟初，贺祖斌. 2010. 广西高等教育系统生态承载力调控模型及其应用［J］. 广西师范学院学报：哲学社会科学版（4）：71－77.

张新明，黄学敏. 2001. 信息技术、教育信息化及其发展对策［J］. 电化教育研究（10）：22－26.

张秀山，张可云. 2003. 区域经济理论［M］. 北京：商务印书馆.

张志勇. 2014. 综合改革需要突破部门利益格局［N］. 中国教育报，03－07（2）.

赵宏强. 2013. 教育行政转型的价值取向与路径：基于山东潍坊教育行政创新实践的分析［J］. 教育发展研究（Z1）：73－77.

中国大百科全书出版社《简明不列颠百科全书》编辑部. 1986. 简明不列颠百科全书：第6卷［M］. 北京：中国大百科全书出版社.

中国教科院成都青羊实验区专家组. 2011. 青羊实验区教育科研频传捷［EB/OL］.（11－28）［03－22］. http：//www. nies. net. cn/ky/syq/qdqy/gzdt/201111/t20111128_36611. html.

中国教育与人力资源问题报告课题组. 2003. 从人口大国迈向人力资源强国［M］. 北京：高等教育出版社.

中华人民共和国统计局．2013. 中国统计年鉴 2013［EB/OL］．［03 - 18］．http：//
www. stats. gov. cn/tjsj/ndsj/2013/indexch. htm.

中央教育科学研究所教育督导评估研究中心．2008. 特色·均衡·现代化：全国区域教
育发展特色示范区［Z］．北京：中央教育科学研究所.

钟为春．2012. 改革育人模式 提升教育品质［J］．人民教育（17）.

周鸿．2005. 人类生态学［M］．北京：高等教育出版社：109.

周凯．2011. 大学生短期支教隐现"副作用"［N］．中国青年报，11 - 10（3）.

周晓红，李红艳．2013. 农村学校布局调整过程中不同利益主体的博弈分析［J］．教
育理论与实践（5）：21 - 23.

朱哲，任国平．2012. 以管理激活教育发展的内驱力［J］．人民教育（6）.

庄西真．2011. 地方政府教育治理"管办分离"模式改革的分析［J］．当代教育科学
（2）：3 - 7.

宗秋荣．2001. 基于现代信息技术的教育改革与创新［J］．教育研究（5）：41 - 45.

Commission des Communautés Européennes. 2001. Livre Blancde la Gouvernance Europeenne
［R］．Bruxelles.

Ewel J. 1983. Succession［M］//Golley F B. Tropical rain forest ecosystems：a structure and
function. Amsterdam：Elsevier.

Skinner G W. 1977. The city in late imperial China［M］．Stanford University Press.

后 记

本书的编写，旨在为地方教育管理者、教师、教育研究人员、家长乃至社会公众理解和掌握区域层面推进教育领域综合改革的重要方面，提供基本原理、政策导向、实践方法与案例资料，引导地方教育行政管理部门和中小学校探寻如何以全新理念推进全面改革，促进自身发展，提高教育质量。

在写作过程中，本书以教育生态学为主要理论基础，同时借鉴了大量其他学科如区域学等的概念与思维方式，以探求解决区域推进教育综合改革过程中的主要热点难点问题。基于参与中央教育科学研究所（现中国教育科学研究院）教育综合改革实验区（2008年至今）"先行先试"的经验，编者尝试用亲身实践和贴近教育实际的案例，"现身说法"，打破"理论语言"、"政策语言"与"实践语言"之间的壁垒，解读国家政策要点并拉近实验建构与读者之间的距离。

本书是集体智慧的结晶。刘贵华、王小飞负责全书的设计策划、论证研讨及修改和统稿，刘贵华负责定稿。参与书稿各章写作的相关同志均对书稿设计做出了重要贡献。中国教育科学研究院教育综合改革实验区办公室主任李晓强贡献了学术思想，刘光余博士提供了部分实验区数据案例。各章节具体分工如下：导言由刘贵华执笔；第一章由王小飞、杨清执笔；第二章由柳劲松执笔；第三章由柳劲松、燕学敏执笔；第四章由张伟执笔；第五章由王小飞执笔；第六章由杨清执笔；第七章由张伟执笔；第八章由岳伟执笔；后记由王小飞执笔。

教育科学出版社为本书的编辑出版做出了很大的努力。感谢李东总编辑、刘明堂主任的大力支持，责任编辑何艺认真负责的态度与辛勤工作为本书及时出版做出了贡献！

因研究水平和时间所限，书中难免有很多不成熟的考虑和疏漏之处，请专家学者及广大读者批评指正。

编　者
2014 年 12 月 11 日

出 版 人　所广一
责任编辑　何 艺
版式设计　杨玲玲
责任校对　贾静芳
责任印制　曲凤玲

图书在版编目(CIP)数据

区域综合改革:中国教育改革的转型与突破/刘贵华
等著.—北京:教育科学出版社,2015.4
　ISBN 978−7−5041−9332−2

　Ⅰ.①区… Ⅱ.①刘… Ⅲ.①地方教育—教育改革—
研究—中国 Ⅳ.①G527

中国版本图书馆 CIP 数据核字(2015)第 031429 号

区域综合改革:中国教育改革的转型与突破
QUYU ZONGHE GAIGE:ZHONGGUO JIAOYU GAIGE DE ZHUANXING YU TUPO

出版发行	**教育科学出版社**				
社　　址	北京·朝阳区安慧北里安园甲9号		**市场部电话**	010-64989009	
邮　　编	100101		**编辑部电话**	010-64981167	
传　　真	010-64891796		**网　　址**	http://www.esph.com.cn	
经　　销	各地新华书店				
制　　作	北京广联信达文化发展有限公司				
印　　刷	保定市中画美凯印刷有限公司				
开　　本	169毫米×239毫米 16开		**版　　次**	2015年4月第1版	
印　　张	19.5		**印　　次**	2015年4月第1次印刷	
字　　数	261千		**定　　价**	49.00元	

如有印装质量问题,请到所购图书销售部门联系调换。